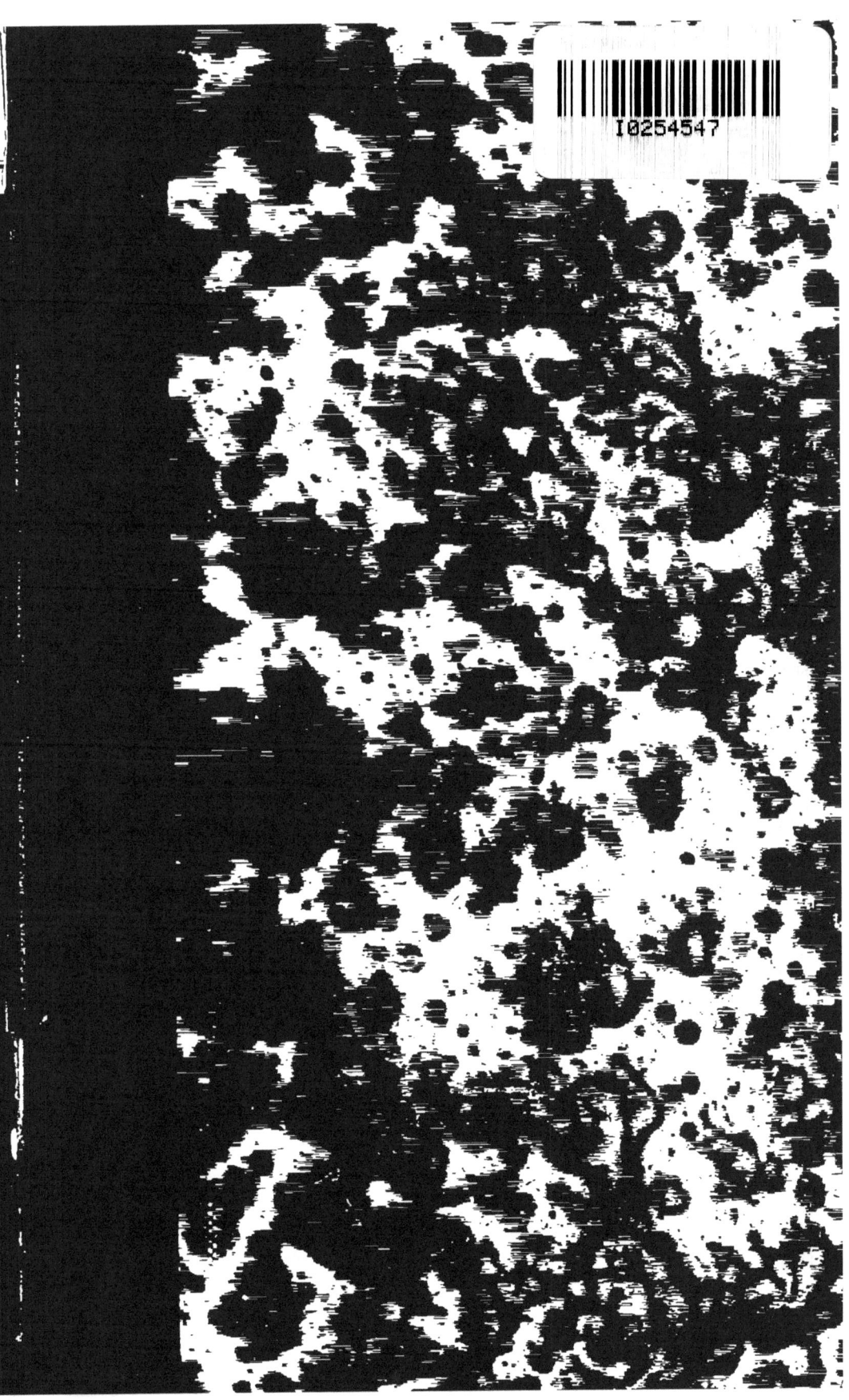

Z.

16821

MÉMOIRES
SECRETS

Pour servir à l'histoire de la république des lettres en FRANCE, depuis 1762 jusqu'à nos jours,

OU

JOURNAL D'UN OBSERVATEUR,

CONTENANT

LES Analyses des Pieces de Théatre qui ont paru durant cet intervalle ; les Relations des Assemblées littéraires ; les Notices des Livres nouveaux, clandestins, prohibés ; les pieces fugitives, rares ou manuscrites, en prose ou en vers, les Vaudevilles sur la Cour ; les Anecdotes & bons Mots ; les Éloges des Savants, des Artistes, des Hommes de Lettres morts, &c. &c. &c.

TOME VINGTIEME.

. . hùc propiùs me,
. . vos ordine adite.
HOR. *Lib. II. Sat.* 3. ⸸. 81 & 82.

A LONDRES,
Chez JOHN ADAMSON.

M. DCC. LXXXIII.

MÉMOIRES SECRETS

Pour servir

A L'Histoire de la République des Lettres en France, depuis MDCCLXII. jusqu'à nos jours.

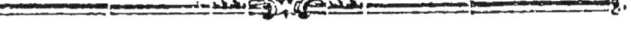

ANNÉE MDCCLXXXII.

1 *Janvier* 1782. Quelque recherche qu'on ait pu faire pour découvrir quel étoit le pélerin mystérieux dont on a parlé, la curiosité est en défaut; & par ce que rapporte aujourd'hui le supérieur du Mont-Valérien, ou celui qui le remplaçoit le jour de l'aventure, le héros en est plus que jamais dans l'obscurité.

Ce supérieur, ayant tous les caracteres d'un prêtre véridique, a dit que le dimanche où le pélerin avoit été à Sainte Génevieve & à Notre-

Dame, il se rendit au Mont-Valérien, vers l'heure des vêpres; qu'une espece de Savoyard vint lui remettre un billet qui portoit: " Vous êtes prié ,, de vouloir bien accueillir le pélerin qui vous ,, arrive, lui donner quelques rafraichissements, ,, & le mettre en un lieu où il puisse se dévê- ,, tir ". Il l'informa en même temps que ce pélerin étoit à l'église à faire sa priere, suivi d'une foule considérable. Ce saint prêtre s'y rendit; il y vit bientôt à ses pieds le masque pieux y déposant son cierge & sa croix. Il imposa silence à la populace, & pria l'inconnu d'entrer dans la maison. Il lui témoigna la surprise de sa démarche, & son desir de savoir quel en étoit le motif.

Le pélerin répondit que c'étoit l'effet d'un vœu émis en 1770, lors du massacre de la rue Royale. Sur ce que le supérieur lui représenta qu'il avoit été bien long-temps à le remplir, il répliqua qu'on y regardoit à deux fois pour se porter à une course aussi extraordinaire. Cependant il se déshabilloit & se laissa envisager. C'étoit un homme d'environ cinquante ans, d'une assez belle figure, & point mal bâti: une femme le suivoit avec ses habits qu'il reprit; habits simples & bourgeois, n'annonçant aucune magnificence. Il déclara en outre qu'il étoit marié; mais qu'il s'étoit arrangé de façon que son étrange démarche fût absolument ignorée chez lui. Le bon prêtre n'ayant pu en tirer autre chose, se rendit à l'église pour l'office. Durant cet intervalle, l'inconnu, après s'être rafraîchi, pria qu'on lui indiquât un endroit par où s'en aller sans affectation & en évitant le peuple, ce qu'il fit. Ce même supérieur ajoute qu'il avoit gardé quelques jours le billet, & que ne voyant personne venir lui demander raison de l'inconnu, & respectant son secret, il l'avoit brûlé; qu'au moment où il venoit de perdre ainsi la trace de l'aventurier, il étoit venu un exempt de police le questionner de la part du magistrat; qu'il lui avoit dit le peu qu'il savoit; mais que non content de cet interrogatoire, M. le lieutenant de police lui avoit écrit depuis jusqu'à deux fois, pour le prier de lui donner des renseignements plus certains; que le roi desiroit connoître qui étoit cet étranger; qu'il avoit répondu avec regret n'en pas savoir davantage, & être bien surpris qu'on n'eût pas mieux instruit dans le temps M. le Noir. Il indiqua cependant un moyen de remonter à la source, s'il étoit possible. C'étoit de questionner séparément tous les ébénistes sur la fameuse croix déposée au Mont-Valérien, & fabriquée vraisemblablement dans la capitale. La chose est restée-là, & depuis ce supérieur n'a entendu parler de rien. Alors il s'ensuit que le billet présenté à Notre-Dame ne venoit point de la police, ainsi qu'on l'avoit cru, mais du pélerin même.

1 *Janvier*. On a joué aujourd'hui en effet sur le théatre lyrique, la *Colinette à la cour*, de M. Lourdet de Santerre, & l'on y a remarqué des défauts de plus d'un genre, sur lesquels il est inutile de s'appesantir, à moins que l'engouement du public n'oblige à revenir sur cet ouvrage, & à lui dessiller les yeux.

On voit en général que le desir excessif du poëte de présenter des tableaux nouveaux, de produire de nouveaux effets, lui a tellement fait multiplier, sans choix, sans goût & sans discrétion, cet agrément accessoire, que l'action est étouffée sous leur nombre, & se perd absolument de vue. Il n'a fu donner à fon héroïne qu'un caractere de coquetterie, qui empêche qu'on ne prenne intérêt à elle, tandis qu'on en prend un bien vif à celle de M. Favart, fur-tout dans le dernier acte, où elle fe montre fi fage, fi généreufe, fi fidelle à fon amant; quoique celui-ci lui ait donné un motif réel de lui retirer fa tendreffe : rien de tout cela chez M. Lourdet, & fon dénouement eft auffi peu attachant & auffi peu vraifemblable que l'autre eft naturel & même attendriffant. Ce dénouement d'ailleurs fondé fur un changement de domino entre le prince & le payfan, fituation qui ne va pas mieux à l'un qu'à l'autre, fe fait au fecond acte; enforte que le troifieme eft tout-à-fait hors d'œuvre. Il n'eft auffi qu'une répétition de celui du *Seigneur bienfaifant*, donné tout récemment encore, & il eft incroyable que l'auteur ait pu fe porter à cet *excès de plagiat*.

M. *Gretry* eft très-louable pour le foin avec lequel il a tâché d'affortir fa mufique, prefque toujours fraîche, variée & piquante, au fujet de cette comédie, & pour fon attention à éviter une richeffe d'accompagnement néceffairement ridicule, fi-tôt qu'elle eft déplacée. Son chant a par-tout l'expreffion propre, quand il peint la naïveté des habitants de la campagne, genre dans lequel ce compofiteur excelle principalement. Peut-être n'a-t-il pas faifi également bien le ton des autres perfonnages; mais il faut convenir auffi que ce ton eft quelquefois fi étrange, qu'il n'eft pas étonnant que le muficien fe reffente des difparates dont le poëte fourmille. Il y a néanmoins entre le prince & la comteffe des morceaux de fentiment bien faits; les chœurs au dernier acte ont été généralement applaudis; celui où les paysans invoquent le ciel pour leur bon seigneur, est de la simplicité la plus touchante, & en même temps la plus noble.

1 *Janvier.* Monsieur l'archevêque de Toulouse a été nommé aujourd'hui cordon bleu & seul. Cet honneur & cette distinction sont un foible dédommagement de la place qu'il a perdue, & de la maniere cruelle dont on l'a tympanisé. Il est actuellement à présider aux états de Languedoc, où il apprendra une nouvelle aussi flatteuse.

2 *Janvier.* Les journalistes de Paris donnoient depuis quelques jours le bulletin de madame la comtesse d'Artois, & y avoient joint celui de *Madame.* Le 30 décembre il portoit à la fin du meilleur état de son altesse royale annoncé : *Madame a senti son enfant remuer*, ce qui étoit confirmer les soupçons de grossesse dont on parloit depuis quelque temps.

Il paroit que c'étoit un tour qu'on avoit joué aux journalistes, & que le bulletin s'est trouvé fictif. Ils ont été réprimandés de l'avoir inféré, & il leur a été fait défense vraisemblablement de parler des personnes de la famille royale ; car ils ont brusquement cessé de rendre compte du meilleur état de la comtesse d'Artois.

On juge avec douleur de cette anecdote, que la grossesse de *Madame* n'est point vraie, & toutes les apparences à cet égard s'évanouissent encore.

2 *Janvier.* On parle beaucoup d'un ouvrage politique nouveau de M Panchault, sur le crédit public de la France & de l'Angleterre, dans lequel, par des calculs graduels, il prouve que depuis la guerre, celui de la premiere puissance a constamment augmenté, & celui de la seconde a constamment décru.

2 Janvier. On a fait à M. de Maurepas l'efpece d'épitaphe fuivante, qui, dans fa précifion & fa fimplicité, embraffe tout le cercle de fon miniftere, depuis le regne de Louis XVI ; on concevra facilement que c'eft un partifan de M. Necker qui l'a compofée.

 Huit mois plutôt il mouroit adoré,
 Huit mois plus tard il eft mort abhorré.

2 Janvier. Il eft mort le 6 novembre dernier un abbé Sauvage, riche amateur qui avoit pouffé la recherche & la perfection des tours, machines & outils de toute efpece à un tel point, qu'il a laiffé des ouvrages de la plus grande beauté, & que fon laboratoire précieux eft devenu un objet de curiofité, qu'on va voir chez lui comme un fpectacle.

3 Janvier. On a fait à M. l'archevêque de Paris l'épitaphe fuivante, remarquable feulement, comme celle du comte de Maurepas, par fa briéveté, fa fimplicité & fa juftefse.

 Par l'impofture il fut fouvent préoccupé ;
 Mais fon cœur bienfaifant jamais ne l'a trompé.

3 Janvier. Le mufée dont on a parlé, autorifé par le gouvernement, fous la protection de *Monfieur*, & de *Madame*, acquiert confiftance de plus en plus. Son fondateur, M. Pilatre de Rozier, encouragé par les fuffrages de MM. de l'académie royale des fciences, de l'académie françoife, de l'obfervatoire, de la fociété royale de médecine, de l'école royale vétérinaire, outre les cours annoncés, en entreprend d'autres encore ;

favoir, ceux de mathématiques, d'aftronomie, d'électricité, d'aimant, &c.

Outre cet avantage, pour s'initier à toutes les fciences & à tous les arts, ce mufée offre ceux de l'affemblée de M. de la Blancherie, ce qui défole ce dernier. On y voit également des objets dignes de la curiofité des amateurs; on y montra hier un fufil avec lequel on peut tirer 24 coups, fans être obligé de le recharger.

M. de la Blancherie, pour donner quelque véhicule à fon établiffement, vient d'obtenir la liberté d'y raffembler des femmes aux mêmes heures que les hommes, ce qui lui avoit été interdit jufqueslà; mais comme fon rival a la même faculté, le premier ne peut fe flatter de ramener la foule qui s'en écarte pour courir chez l'autre, qui à fon tour lui porte le dernier coup en recevant auffi gratuitement les amateurs.

4 *Janvier.* Ce font aujourd'hui deux perfonnages de l'efpece la plus chere & la plus précieufe qui concourent à avoir ou à conferver la confiance du roi. Madame Adélaïde d'une part, tante de S. M., en qui elle a beaucoup de confiance, & qui dans le temps ne contribua pas peu au rappel & à la faveur du comte de Maurepas, defireroit garder le même crédit fur l'efprit de fon neveu, & le diriger au bien qu'elle cherche par deffus tout. La reine, qui, à tant de titres, mérite l'oreille de fon augufte époux, a la délicateffe de ne vouloir partager avec perfonne une intimité qu'elle fe flatte de mériter exclufivement, & par fon zele pour l'état, & par fon attachement pour le roi, & par la pureté de fes vues. On croit que le monarque, confultant l'une & l'autre fuivant les circonftances, les écoutera féparément; & après

les avoir entendues, fe dirigera par fa propre fageffe, & choifira dans la droiture de fon cœur.

4 *Janvier*. Ce font tous les jours de nouvelles doléances des auteurs contre les comédiens François, plus infolens que jamais depuis qu'ils ont eu le deffus; depuis que le bureau de légiflation dramatique eft difperfé, & qu'ils ont vu le chef à leurs genoux fe foumettre au dernier réglement de l'arrêt du confeil du 9 décembre 1780, & mendier leurs fuffrages. C'eft maintenant M. de la Place, qui, dans une nouvelle édition de fa *Venife fauvée*, fe plaint que cette tragédie, repréfentée à Paris en 1746, après les tracafferies les plus notoires, & cependant avec le plus grand fuccès; conftamment jouée jufqu'à ce jour fur tous les théatres de provinces & fur ceux de l'Europe, où nos comédiens font accueillis; redemandée nombre de fois à Paris, toujours promife, jamais apprife, quoique les rôles en euffent été diftribués & acceptés deux fois par les acteurs pendant un intervalle de 35 ans, foit reftée fur le répertoire inutilement.

A cette pièce l'auteur a joint *Jeanne Gray*, qui parut en 1748 fous le titre de *Jeanne d'Angleterre*, & ne réuffit pas. Il apprend au public qu'elle a été refondue, lue & agréée de nouveau à la comédie le premier mars 1777; mais qu'après quatre ans d'attente, ayant écrit aux comédiens, le 5 mars 1781, une lettre reftée fans réponfe, il prend également le parti de renoncer à la voir jouer.

Il promet de faire imprimer inceffamment une troifieme tragédie de fa façon, *Adèle de Ponthieu*, & d'expliquer alors plus au long & plus clairement fon grief contre les hiftrions, de dévoiler les causes de sa disgrace auprès d'eux. En attendant, il leur fait, par un *post-scriptum*, l'adieu poëtique suivant, qu'il met dans la bouche d'un Anglois.

> Sotte victime des noirceurs
> De vous, de vos prédécesseurs,
> Par leurs promesses & les vôtres
> Depuis trente ans amadoué,
> Vous ne m'avez que trop joué ;
> Adieu, Messieurs, jouez en d'autres.

5 *Janvier.* Les comédiens italiens annoncent pour demain la premiere représentation du *Gâteau des Rois*, opéra comique nouveau, en un acte & en vaudevilles. Les amis des auteurs qui sentent vraisemblablement le foible de leur production, craignent qu'elle n'ait pas le succès ordinaire, sur-tout à cause du ton insolent qu'a pris M. de Piis, trop irrité des critiques, & trop vain de ses triomphes précédents. Comme la piece est déja imprimée, en voici d'avance le canevas.

Un paysan, nommé Martin, invite tous les notables du village à faire les rois avec lui. L'assemblée, après s'être bien chauffée, prend place à une très-grande table. Le bailli coupe le gâteau ; mais quand les parts sont distribuées, il se trouve deux fèves, dont l'une tombe justement à Martin, & l'autre au pere du prétendu de sa fille, ce qui occasionne une querelle entre les deux rois. On tâche de les réconcilier, en les invitant de remettre chacun leur fève à leur enfant, qui, unis par l'amour, ne seront pas susceptibles de rivalité. Ce conseil est suivi, & alors tous les convives crient en *chorus : Le roi boit*.

5 *Janvier.* Tous nos Gluckistes ont tressailli de

joie ici en apprenant de Vienne que M. & Mad. la comtesse du Nord ont honoré d'une visite M. le chevalier Gluck. Nos poëtes ne sont pas moins glorieux que M. l'abbé Métastase ait reçu cet honneur. Ce dernier montoit à leur appartement lorsqu'ils en sortoient ; ils lui dirent qu'ils iroient eux-mêmes lui faire visite. La comtesse ajouta qu'elle devoit tout honneur à un poëte dont les drames lui avoient si souvent causé de l'admiration.

6 Janvier. M. Gabriel, ancien contrôleur-général des bâtiments, jardins, arts & manufactures du roi, ancien inspecteur-général des bâtiments de S. M. & son premier architecte ordinaire, directeur de l'académie d'architecture, honoraire amateur de celle de peinture & sculpture, & maître de la garde-robe de madame, est mort. Tous ces titres pompeux n'empêchent pas qu'il ne passe, bien apprécié, auprès de la postérité, pour un artiste médiocre & de l'espece la plus ordinaire. On en peut juger par sa colonade de la place de Louis XV, comparée à celle du Louvre.

6 Janvier. Le *Gâteau des Rois*, joué aujourd'hui n'a point été mal accueilli d'abord : on a trouvé dans les premieres scenes de l'ingénuité, de la gaieté ; mais on n'a bientôt plus remarqué qu'une farce misérable, ignoble, de la plus basse espece ; & les ennemis des auteurs se sont prévalus du mécontentement général pour la siffler jusqu'au bout. Il est inconcevable, au surplus, que ces messieurs se soient imaginés pouvoir faire passer quelque chose d'aussi plat.

7 Janvier. M. *Laus de Boissy*, se trouvant à un souper où l'on tiroit le gâteau des rois, & une jeune demoiselle qui distribuoit les parts ayant donné la feve à un homme de la compagnie, a fait fur le champ cet impromptu.

Sur l'air : *Nous fommes précepteurs d'amour.*

Pourquoi nous avoir fait un roi ?
Garde pour toi le rang fupréme ;
Il vaut mieux vivre fous ta loi
Que de porter le diadéme.

8 *Janvier.* On fait que M. *Sedaine* eft en général fort récalcitrant à la critique, qu'il n'aime point à corriger fes ouvrages, & préfere de leur laiffer leurs imperfections, leurs défauts, leurs abfurdités méme, parce qu'il prétend qu'en les refondant, ou retouchant, il leur ôteroit cet air original qui les diftingue, & dont il fe fait gloire. Il a donc eu beaucoup de peine à fe déterminer à revoir *Aucaffin & Nicolette*, & il a fallu les prieres des comédiens & du muficien, ajoutées à la difgrace du public, pour l'exciter à fe rendre. Il n'a point lieu de s'en repentir.

Cette piece de quatre actes réduite à trois, & confidérablement élaguée dans plufieurs fcenes, a eu hier un fuccès complet. De nouveaux morceaux de mufique rendent cette œuvre une des meilleures de M. Gretry ; ils prouvent combien ce compofiteur eft à la fois fécond & jaloux de mériter les fuffrages des vrais amateurs. Dans le nombre des airs qu'on a confervés, celui du pâtre & le *duo* des gardes, ont excité les plus vifs applaudiffemens. Il en a été de méme de la fcene où *Nicolette*, au pied de la tour, ferre la main de fon amant, qui la lui préfente au travers des barreaux. Mad. Dugazon rend parfaitement cette fituation, ainfi que tout son rôle. Le sieur Clairval, dans celui d'Aucassin, ne fait pas moins de plaisir.

8 *Janvier*. On parle déja de l'institution de l'évêque de Boulogne, qui, à l'exemple de saint Médard, évêque de Noyon, a fondé des *prix de sagesse* au nombre de six, pour autant de paroisses dont il est seigneur; savoir, *Alquine, Brunembert, Fruges, Humiere, Lisbourg & Saint-Martin - d'Hardinghen*. Ces prix sont de 300 livres chacun, provenant des intérêts d'un capital de 36,000, qu'il a placé sur le clergé de France.

Suivant le réglement qu'il a fait imprimer, c'est le 8 juin, jour de la fête de St. Médard, que dans l'église de chacune desdites paroisses il doit se tenir une assemblée, composée du curé & de tous ceux des habitants qui voudront y assister; mais en laquelle le curé, le vicaire, le maître d'école, les officiers de justice de l'évêque, les marguilliers, le syndic, & toutes les personnes du sexe, ayant fait leur premiere communion, & n'ayant été ni notées d'incontinence, ni mariées, feront les seules qui auront droit de donner leurs suffrages, & procéderont à la nomination des trois filles à présenter à M. l'évêque, & entre lesquelles il choisira la Rosiere.

Nulle fille ne pourra être comprise dans la nomination, qu'elle ne soit native de la paroisse, qu'elle n'ait tenu une conduite irreprochable, que sa famille ne soit également sans reproche. Il faut en outre qu'elle ne soit ni riche, ni dans l'aisance; mais qu'elle soit pauvre, c'est-à-dire, ayant besoin du travail de ses mains pour subsister.

Le curé annoncera la nomination le dimanche suivant au prône de la messe paroissiale, après laquelle le célébrant poſera ſur l'autel le chapeau de roſes, garni d'un large ruban bleu à bouts flottants ſur le derriere d'icelui, & orné par devant d'un anneau d'argent; il en fera la bénédiction, ſuivie d'une pieuſe exhortation, dont la formule eſt indiquée, en tenant à ſa main le chapeau de roſes pour le poſer ſur la téte de la Roſiere. Il lui remettra immédiatement après un livre de la dévotion au ſacré cœur de notre Seigneur, ou une paire d'heures, ou un autre livre de piété.

Les frais de ce livre, du chapeau, de l'anneau, &c. feront prélevés ſur les 300 liv., le ſurplus ſervira de dot à la Roſiere, ſoit qu'elle ſe marie, ſoit qu'elle entre dans quelque communauté de religieuſes.

9 *Janvier.* On attribue à M. *Laus de Boiſſy* les couplets ſuivants, d'un caractere original & piquant. Ils font fortune dans la ſociété, ne pouvant guere s'imprimer dans nos journaux trop pudiques.

Couplets à deux êtres également intéreſſants.

Air: *Faut attendre avec patience.*

O vous qui par la ſeule vue
Portez le trouble dans les ſens;
Mais qu'une pudeur ingénue
Dérobe à mes regards brûlants.
Servez mon amoureuſe envie,
Repouſſez un peu ce mouchoir.
Ah! n'en murmurez pas, Zélie,
Comment les chanter ſans les voir?

Par quelle étonnante manie,
Vouloir nous ravir tant d'attraits?

L'Amour en les formant, Zélie,
Epuisa sur eux tous ses traits.
On ressent un tendre délire,
Lorsqu'on y rêve seulement ;
En les regardant on soupire ;
On feroit mieux en y touchant.

Objets, que mon cœur idolâtre,
Paroissez sans déguisement ;
De la rose unie à l'albâtre
Montrez le contraste piquant....
Hélas ! cette gaze cruelle
Se plaît encor à vous cacher ;
Que ma main au moins ne peut-elle
Suivre l'œil qui va vous chercher !

9 *Janvier*. Entre les divers établissements qui font honneur à l'administration philosophique & humaine de M. le lieutenant-général de police, il faut regarder comme un des plus utiles à la population *l'hospice de santé* établi à Vaugirard, aujourd'hui réuni à l'hôpital-général, & consacré uniquement à recevoir indistinctement toutes les femmes & tous les enfants jugés vénériens. De mille enfants qui naissoient de meres infectées de la maladie syphillitique, à peine en échappoit-il un autrefois ; maintenant il en survit plus d'un quart ; ce qui rend cet hospice encore plus salutaire que la maison même des enfants trouvés, où l'on ne conserve guere qu'un sixieme de ceux qu'on y porte.

Cette vérité paradoxale se trouve démontrée dans un mémoire du docteur Doulet, *sur les symptomes & les traitements de la maladie syphillitique dans les enfants nouveaux-nés.* C'est le médecin de l'hospice de santé, dont la formation est due sur-tout au docteur *Colombier*, honoré de la confiance du ministere pour l'administration des hôpitaux.

9 *Janvier*. La société royale de médecine en est, suivant toutes les apparences, à son dernier choc contre la faculté. Il s'agit d'un grand procès, au sujet du refus que cette derniere fait depuis plus d'un an d'admettre à la régence les membres de l'autre, qui seroient dans le cas d'y monter. Ils sont exclus, au moyen de cette difficulté, des assemblées, de leurs jetons, & de presque toutes les prérogatives de leur état ; ce qui les prive d'ailleurs de l'intérêt d'environ deux mille écus qu'il leur en a coûté pour parvenir au bonnet de docteur.

Ce procès est pendant au parlement depuis plus d'un an, & la société royale en craignant les suites, d'ailleurs desirant en éviter les longueurs, travaille à faire évoquer au conseil la contestation. Elle use de son crédit pour employer à cet effet l'autorité qui l'a si bien servie jusqu'à présent. Les jeunes gens même, qui souffrent spécialement du retard, reprochent à M. de la Sône, leur chef, son indolence & sa mollesse.

9 *Janvier*. On parle beaucoup d'une parodie de *Jeanne de Naples*, présentée à la comédie italienne sous le nom de *Jeannette* ; mais que M. *Suard*, le censeur des spectacles, n'a pas voulu passer, comme attaquant la gloire d'un membre de l'académie françoise.

10 *Janvier*. On a joué derniérement sur le théatre de madame de Montesson, la tragédie en prose de M. *Sedaine*, intitulée : *les Maillotins*, ou *Paris sauvé*. Quoique cette piece ait été exécu-

tée par les acteurs ordinaires de l'illuſtre ſociété, c'eſt-à-dire, par tout ce qu'il y a de mieux, elle n'a point réuſſi. On a trouvé beaucoup de défauts qu'on a reprochés franchement à l'auteur. Il a répondu que ſes peintres lui avoient cependant aſſuré que telle & telle ſituations produiroient de l'effet. On lui a demandé l'explication de cette phraſe. Il a dit qu'il convenoit ne ſavoir ni compoſer un plan ni l'écrire; mais qu'il entendoit les effets de la ſcene, & qu'il conſultoit là-deſſus ordinairement des peintres & autres artiſtes connoiſſeurs en tableaux ou en deſſins. On n'a pu que rire de cette naïveté, & *Corneille*, *Racine*, *Crébillon*, *Voltaire* en auroient bien fait autant. Ce n'étoient pas là les juges qu'ils appelloient.

11 *Janvier*. Hier l'académie françoiſe s'eſt aſſemblée pour procéder à l'élection du ſucceſſeur de M. *Saurin*. Les ſuffrages ont été long-temps balancés entre M. le marquis de Condorcet & M. Bailly, tous deux membres de l'académie des ſciences. Enfin, M. le comte de Treſſan a fait pencher la balance en faveur du premier.

11 *Janvier*. On a parlé dans le temps du *barométrographe* imaginé par M. Changeux, invention ingénieuſe, par laquelle l'obſervateur retrouve les variations qui ont eu lieu dans l'athmoſphere durant ſon abſence. Un M. Romilly a perfectionné l'inſtrument, en y ſubſtituant, au lieu d'un crayon, un ſtilet qui laiſſât par ſa piquée une trace indélébile; en ſorte que l'on peut aujourd'hui, au bout de l'année, au bout de dix ans, réunir les diverſes obſervations de tous les jours.

12 *Janvier*. *Mémoire au roi en dénonciation d'abus d'autorité*, exercés à la ſuite de la ceſſion d'un bail & priſe de poſſeſſion d'une carriere à

plâtre située à Pantin, de la vente & livraison des chevaux, chariots, charrettes, fours économiques, meubles, & généralement de tous les uftenfiles néceffaires à l'exploitation, faite aux fieurs de Beaumont & de Flandres de Brunville, fecretaire du roi, affociés, par le fieur Garnier de la Cetrée, ancien capitaine d'infanterie. Tel eft le titre de l'écrit répandu par ce dernier, & que les partifans de M. de Brunville qualifient de *libelle*, en ce qu'il n'eft figné d'aucun avocat, & ne paroît dans aucune inftance pendante en juftice.

12 *Janvier*. Quelque mal accueilli qu'ait été du public le *Gâteau des Rois*, les auteurs peu accoutumés à pareille difgrace, ne peuvent la digérer. Ils voudroient bien en rappeller, & en conféquence ils font conftamment annoncer la feconde repréfentation de cette farce, comme retardée par l'indifpofition d'un acteur, foit pour fe ménager le temps de la refondre & de la reproduire, foit pour perfuader aux gens qui n'étoient pas à la premiere repréfentation, que cette piece n'a pas réellement été fifflée, & que s'ils l'abandonnent, c'eft que par des circonftances étrangeres ils en auront perdu l'à-propos.

Quoi qu'il en foit, leurs ennemis, leurs jaloux s'en prévalent, & voudroient faire accroire aujourd'hui que leurs autres pieces ne font pas d'eux. Derniérement qu'on leur intentoit publiquement cette accufation dans le foyer de la comédie italienne, le muficien *Defaides* s'écria : *Sans doute, tout le monde fait aujourd'hui qu'elles font d'un favetier*.

13 *Janvier*. Suivant le mémoire au roi, de M. Garnier de la Cetrée, il auroit vendu à un fieur

de Beaumont l'exploitation d'une carriere à plâtre, située à Pantin, 112,000 livres, qui lui furent payées en billets du fieur de Brunville, la caution & l'affocié de l'acquéreur. Cette vente ne pouvoit être réputée frauduleufe, puifque ces deux hommes devoient être experts en affaires, le premier ayant exercé un emploi à la marque d'or & d'argent, & le fecond ayant d'abord été commis, puis directeur des aides.

Cependant M. de Brunville, confeiller au parlement, fils de l'acquéreur, & M. Duclufel, intendant de Tours, fon gendre, ne trouvant pas ce marché convenable, expoferent à M. le lieutenant de police que le prix de la vente étoit exceffif; que cette vente étoit frauduleufe; que c'étoit un vol manifefte. Ce magiftrat prit des informations; mais ne pouvant employer que des fuppôts de police aifés à corrompre, M. Garnier prétend que, gagnés par fes accufateurs, ils firent un faux rapport, & tromperent la religion de ce magiftrat furpris. De là l'origine des vexations qu'il a éprouvées & contre lefquelles il réclame.

13 *Janvier.* Le comte de Kerguelen qui commandoit le *Liber Navigator*, bâtiment envoyé pour faire des découvertes, & enlevé au mépris des paffe-ports Anglois, eft revenu en France après plufieurs mois de captivité, & fans aucune fatisfaction. En effet, parti de Nantes le 22 juillet dernier, il fut arrêté dès le 23 par le corfaire *le prince Alfred*, & conduit à Kinfal; & l'on juge par une lettre de cet officier, datée de Saumur le 8 décembre dernier, qu'il n'a pu en ce moment développer fon droit & les horreurs de la captivité qu'il a éprouvées. Tout cela fe dit dans

un mémoire qu'il a adreffé au lord Sandwich, dont le réfultat eft de demander un dédommagement à l'amirauté.

13 *Janvier*. La *double Epreuve* ou *Colinette à la cour*. La comédie lyrique nouvelle en trois actes, ayant mieux pris aux repréfentations fuivantes, exige qu'on en parle de nouveau.

Dans fon avertiffement l'auteur déclare qu'il n'a eu en compofant d'autre prétention que d'effayer fur la fcene lyrique une comédie qui réunit le férieux à la gaieté, qui offrît à la mufique de nouveaux effets à peindre par le contrafte des genres divers, & qui fût en même temps fufceptible de tous les agréments acceffoires, qui font de l'opéra le plus riche & le plus féduifant des fpectacles.

Il ajoute qu'il a cru trouver tout ce qu'il defiroit dans le fujet très-connu de *Ninette à la cour*; & que peu jaloux de la gloire de l'invention, il ne s'eft fait aucun fcrupule de s'en emparer. Il regarde les théatres étrangers, ainfi que les théatres anciens, comme un fonds commun, où il eft permis à tout le monde de puifer. Il ne voit pas pourquoi plufieurs poëtes n'auroient pas la liberté de faire d'un opéra bouffon italien ce qu'on fait des tragédies de Sophocle & d'Euripide.

M. Lourdet fait avec quel art & quel fuccès le *Bertholde* italien a été parodié & embelli par le poëte aimable & fécond, fon maître & fon ami, dont les ouvrages refpirent le goût, l'élégance & la gaieté. Il fait que ce même opéra comique a été enfuite transformé en un ballet charmant, qu'on revoit toujours avec le même plaifir fur le théatre lyrique.

Il convient que deux essais heureux lui imposoient la nécessité de s'écarter un peu, & de l'original italien, & de son ingénieux imitateur, afin de ne pas reproduire aux yeux du public les mêmes choses.

Le desir d'éviter des ressemblances trop fortes, de mettre en même temps un peu plus de vraisemblance dans l'action, l'a fait renoncer à quelques situations qui auroient pu répandre plus d'intérét & de comique dans son drame; il a tâché d'y suppléer par la rapidité du dialogue, par le mouvement de la scene & par la variété des tableaux.

Presque toutes les assertions de cet avertissement sont erronées.

1°. Quelle comédie plus sérieuse & plus gaie en même temps que celle du *Seigneur bienfaisant?* Quel ouvrage lyrique offre plus de variété & de contrastes piquants, plus susceptible enfin de tous les tableaux & de tous les agréments possibles? Ainsi, M. Lourdet n'avoit que faire de se donner la torture pour imaginer ce qui étoit déja & tout récemment offert sur la scene.

2°. Sans doute *Ninette à la cour* présentoit un sujet très-analogue à ses vues; mais plus il avoit été bien traité, plus M. Lourdet devoit s'abstenir d'y retoucher, & il devoit concevoir qu'un opéra bouffon italien ne pouvoit lui prêter un fonds de beautés inépuisables, comme les tragédies grecques.

3°. Qui le croiroit? malgré ces réflexions qu'il auroit dû faire, malgré sa déclaration que M. Favart est son ami & son maître, que sa *Ninette* est charmante, que ses ouvrages respirent le goût, l'élégance & la gaieté, que ce même opéra comique a déja été transformé en un ballet délicieux, il ose remanier ce sujet dans l'espoir d'être encore neuf, de plaire, de surpasser ou d'égaler au moins ses modeles ? Quel amour-propre, ou quelle extravagance !

4°. Enfin il avoue avoir été obligé de renoncer à ce que la Ninette de M. Favart présentoit de meilleur, aux situations, à l'intérêt, au comique de ce drame, & il a cru suppléer à tout cela par la rapidité du dialogue en faisant un opéra comique de trois actes, qui a 92 pages d'impression, lorsqu'un opéra en cinq actes n'en a pas 80 ; par le mouvement de la scene, c'est-à-dire, par huit ballets qui suppléent à l'action dramatique & la remplacent, sur-tout totalement au troisieme acte, puisqu'elle est finie dès le second ; & par la variété des tableaux, c'est-à-dire, par des fêtes bizarres, incohérentes, postiches, qui peuvent s'ajouter, se soustraire à volonté, sans nuire au fonds du sujet.

14 *Janvier*. Le sieur Duquesnoi, notaire reçu depuis environ six mois, s'est fait éveiller ce matin à six heures par son laquais. Celui-ci retiré, il est monté dans la goutiere de sa maison avec un pistolet, & ayant manqué son coup, il s'est servi d'un rasoir pour s'achever. Son troisieme moyen étoit sans doute de se jetter ensuite sur la place des victoires où il demeuroit.

14 *Janvier*. Les principaux griefs articulés dans le mémoire au roi, de M. Garnier, sont :

1°. Qu'un sieur de la Chauffée, chevalier de Saint-Louis, & un sieur Jaquet, ancien magistrat de Trevoux, se rendant espion de police auprès de lui, sont venus le surprendre ; & s'étant chargés de négocier une portion des billets du sieur de

Brunville pour trente mille livres, les ont remis au lieutenant de police comme effets volés. C'est du moins ce que le sieur de la Chauffée a déclaré, le 2 juillet 1781, au tribunal des maréchaux de France, lorsqu'il y a été traduit par son adversaire.

3°. Que M. de Beaurepaire, avocat, créancier du S. Garnier de 3000 livres, ayant aussi été chargé par lui de 10,000 livres de ces billets, ne lui a point payé l'excédent de sa dette, ni remis les billets, mais a excité en justice d'une force majeure qui, par ordre, les lui avoit enlevés le 13 décembre 1780, toujours comme effets volés.

3°. Que le sieur de Beaumont, menacé d'être arrêté, fut obligé de fuir, & n'obtint la liberté de reparoître qu'après avoir signé un acte de désistement de son association avec le sieur de Brunville.

4°. Que le sieur de Brunville pere a été renfermé à Charenton, où il a été interrogé & interdit juridiquement par le lieutenant civil.

5°. Qu'un arrêt du conseil a dépouillé le parlement de la connoissance des contestations élevées par les créanciers du sieur de Brunville, & a nommé une commission, à la tête de laquelle est M. le Noir, qui seroit ainsi juge & partie, ce qui répugne à la délicatesse de ce magistrat.

6°. Enfin, que le plaignant a été forcé de se réfugier au Temple, où le sieur de Brugnières, inspecteur de police, est venu lui déclarer devant témoins qu'il avoit ordre de l'arrêter.

Le sieur Garnier réclame en conséquence la justice du roi, & demande à être remis en justice réglée. Il assure qu'il l'a obtenu.

14 *Janvier*. Au premier acte du double déguisement, le théatre représente un payſage agréable dans le fond & des bois fur les côtés. *Colinette*, *Julien* ſon amant, & *Juſtine* & *Baſtien*, leur couſin & couſine, ſont aſſis ſur un banc de gazon, & chantent leur double hymen qui va ſe faire en ce jour, où l'on doit célébrer auſſi la fête du duc de Milan. Colinette, au lieu de ſe répandre en ſentiments vifs & naturels ſur ſon union, ne parle guere que de ſon deſir de voir les réjouiſſances qu'on doit faire à la cour; ce qui aſſez juſtement excite la jalouſie de ſon amant. A cette ſcene de coquetterie ſuccede une chaſſe à la pipée. Le fond du théatre change & repréſente un château avec une cour & des avenues d'arbres. Le prince, ſa maîtreſſe & leur ſuite, vont à la chaſſe à l'oiſeau. Le duc voit Colinette, & la croit propre au deſſein ſecret qu'il a conçu. En conſéquence, il ſe propoſe de l'emmener à ſa cour, ce à quoi elle conſent pour corriger la jalouſie de Julien. Tout cela eſt entremêlé d'une ſcene aſſez niaiſe, où cette même jalouſie a éclaté vivement, à l'occaſion d'un oiſeau donné à Colinette par un berger: Julien laiſſe envoler l'oiſeau, & briſe la cage. Une autre fête étrangere à l'action, prolonge cet acte, & l'on plante le mai.

Une galerie eſt le lieu de l'action du commencement du ſecond acte, dont la premiere ſcene ſe paſſe entre le duc & la comteſſe qu'il aime. Celle-ci eſt calquée ſur la bergere de Fontenelle, qui ne veut avoir que de l'amitié & point d'amour: c'eſt alors que le duc fait paroître Colinette. Les louanges que le prince & ſa cour lui donnent, commencent à remuer le cœur de la comteſſe, qui croit le duc amoureux de la payſanne. Cependant celle-ci ayant exigé à fon tour que Julien la vit dans fa gloire, pour qu'il connût mieux enfuite le prix du facrifice qu'elle lui doit faire, le villageois eft décraffé & amené dans les atours d'un feigneur. Quand la jaloufie de part & d'autre eft pouffée au comble, le prince & Colinette profitent d'un bal & du mafque pour connoître à fond le cœur qu'ils veulent féparément éprouver, & pour fe découvrir. Toutes ces fcenes font en outre mêlées de trois ballets ou fêtes, dont la premiere donnée par la comteffe au prince qu'elle couronne; la feconde eft une revanche qu'il prend. Le théatre change, & repréfente des bofquets de verdure, ornés de treillage & illuminés de toutes fortes de couleurs. Survient une troupe de Catalans, jouant des inftruments, des chars chargés de Bohémiens & de Bohémiennes, avec des tambours de bafque. Le fond d'un char s'ouvre, & il en fort un amour avec un arc, qu'il dépofe aux pieds de la comteffe.

On fe retrouve à la campagne dans le troifieme acte. C'eft une chambre ruftique, où Mathurine, tante de Colinette, gémit de la coquetterie de fa niece & de fa défertion. Cependant on procede au mariage de Juftine, fille de Mathurine, avec Baftien, lorfque Colinette arrive avec fon cher Julien qu'elle époufe. Pour derniere fête, le théatre change & repréfente la place du village éclairée en petites lanternes, & le château du feigneur dans le fond illuminé en tranfparent. On voit de tous côtés des grouppes de buveurs à table, qui boivent à la fanté de monfeigneur. Il arrive, & fa cour fe mêle aux jeux des payfans pour célébrer encore mieux ce bon maître.....

14 Janvier. Il y a eu appartement hier à Verfailles, jeu & banquet, ce qui a d'abord occafionné une difpute d'étiquette entre les gardes-ducorps de monfieur & ceux du roi : ils ont accompagné cette princeffe jufques chez le roi. Les gardes-du-corps, par refpect, ne s'y font pas oppofés ; mais ils en ont rendu compte aux officiers majors, & le capitaine des gardes en ayant porté fes plaintes à S. M., elle a décidé qu'ils ne pouvoient fe trouver en fonction dans fon intérieur.

Du refte, tout ce gala a été fort trifte ; on s'eft plaint que la galerie étoit mal éclairée, ce qui ne faifoit pas reffortir convenablement la richeffe des habillements des feigneurs & dames de la cour, dont plufieurs avoient fait des dépenfes exceffives & génantes pour briller. On cite entr'autres Mad. de Matignon, qui ne pouvant payer fa robe en argent comptant, l'a achetée pour une rente viagere de 600 livres.

15 *Janvier*. Le duc de Chartres, qui aime fans doute à ne rien faire comme un autre, vient d'inftituer gouverneur des princes fes enfants Mad. la comteffe de Genlis ; cette innovation fans exemple a révolté M. le chevalier de Bonnard, qui étoit fous-gouverneur, & il a donné fa démiffion.

On raconte que M. le duc de Chartres étant allé, fuivant l'ufage, prendre les ordres du roi à cet égard, S. M. à cette nouvelle, avoit fait un moment de réflexion, puis lui avoit dit : j'ai un dauphin ; *Madame* pourroit être groffe ; M. le comte d'Artois a plufieurs princes.... vous pouvez faire ce que vous voudrez, & lui avoit tourné le dos.

En conféquence, les jeunes princeffes ayant eu la rougeole, madame la ducheffe de Chartres s'est enfermée avec elles, & madame de Genlis est restée avec les princes.

On fait la plaisanterie de nommer dans le public M. de la Harpe pour sous-gouvernante, parce qu'il est soupçonné correcteur & auteur des comédies de cette dame.

15 *Janvier*. Les fêtes de Paris sont absolument décidées pour le lundi 21 & le mercredi 23. En conséquence, on ne cesse de s'occuper des mesures nécessaires pour y mettre l'ordre, la décence & la circulation convenable.

Beaucoup de gens d'abord ont critiqué ces fêtes mêmes; ils ont cru que la ville auroit fait plus sagement de mettre en œuvres de charité les millions qu'elle doit dépenser en spectacles frivoles. M. le prévôt des marchands s'excuse en ce qu'ayant demandé au roi si S. M. vouloit que la ville donnât des fêtes à l'occasion de l'heureux événement de la naissance d'un dauphin, l'auguste pere, dans l'excès de la joie, avoit répondu: sans doute & les plus brillantes; ce qui devenoit un ordre. On sait bien que depuis le monarque s'est repenti de cet acquiescement; mais la reine étant instruite de ces fêtes, s'y attendant & les désirant avec ardeur, il a craint de lui donner le déplaisir de les voir supprimer ou diminuer.

On a critiqué encore l'emplacement, la forme & le temps de ces fêtes. Quant à l'emplacement, l'usage étant que le roi vînt dans la maison commune, il n'étoit guere possible de le déplacer pour lui faire voir ailleurs le spectacle qu'on lui préparoit. Quant à la forme, il a fallu se conformer au plan des architectes, qui, jaloux de briller, ont voulu faire quelque chose d'extraordinaire & de neuf. A l'égard de la saison, il n'étoit guere possible de reculer plus loin, connoissant l'impatience de la reine, qui, sur quelques représentations faites à cet égard, avoit demandé si, lorsqu'on donnoit des fêtes en réjouissance de la naissance d'un dauphin, il falloit attendre que le nouveau né pût les voir & y danser ?

Du reste, depuis ce temps M. le prévôt des marchands & les échevins ne dorment point, tant que leur inquiétude est grande qu'il n'arrive quelque catastrophe semblable à celle de 1770, tant leur activité est infatigable à prendre toutes les précautions nécessaires pour la prévenir.

15 *Janvier* 1782. Indépendamment de l'édifice en bois, en face de l'eau, dont on a parlé, formant une vaste galerie, d'où le roi, la reine & toute la cour verront le feu d'artifice élevé au bord de la riviere, on a établi une charpente en retour, formant une décoration parallele à celle de l'hôtel-de-ville ; ce qui rétrecit encore la place de Greve, mais donne un coup d'œil régulier & nécessaire. Cet inconvénient a fait prendre le parti de ne point laisser le peuple y entrer le jour de la fête, & il paroît que tout l'espace en sera occupé par les troupes, par les gens de service, indépendamment d'une route spacieuse qu'on y a formé par deux ballustrades, afin que les carrosses de la cour puissent arriver librement à l'hôtel-de-ville. On croit qu'en conséquence ceux des particuliers n'y entreront pas.

Afin de faire diversion, d'éparpiller le peuple & de le consoler de ne pouvoir jouir du spectacle du feu & de ses maîtres, comme il l'auroit desiré, on a imaginé de construire aux extrémités de Paris plusieurs salles de bal, où l'on lui fournira des rafraichissements, & où il danfera : il est encore question de donner ce jour-là gratis tous les spectacles ; enfin, les princes, les grands seigneurs, les gens en place, doivent de leur côté l'amuser par ce que le luxe & la décoration peuvent offrir pour fixer ses regards.

16 *Janvier*. Les philosophes, les membres de l'académie, les partisans de Voltaire sur-tout, sont furieux de voir M. le cardinal de Rohan, philosophe, académicien & ami de Voltaire, en sa qualité d'évêque de Strasbourg, publier un mandement pareil à celui de l'évêque d'Amiens & de l'archevêque de Vienne, où il s'éleve avec force contre l'audace sacrilege d'imprimer dans son diocese la collection complete des œuvres de cet auteur, si dangereuses pour la religion, les mœurs & même pour l'autorité.

16 *Janvier*. Messieurs le maréchal de Biron, colonel des gardes françoises, le comte d'Affry, colonel des gardes suisses, & le chevalier Dubois, commandant le guet, se sont assemblés, & ont conféré ensemble sur la meilleure maniere de garder Paris durant les fêtes, & d'y empêcher les désordres & les malheurs presque inévitables dans ces jours de licence & de tumulte.

D'un autre côté, la ville a consulté l'académie d'architecture pour la prier d'examiner la construction du nouvel édifice élevé depuis peu en bois, & décider s'il n'y avoit rien de contraire pour la sûreté de la famille royale qui doit y voir le feu.

L'académie a nommé des commissaires pour l'examen, & du tout a été dressé procès-verbal, conformément aux intentions de la ville ; il a été décidé que le bâtiment en bois étoit solidement fait & dans toutes les regles de l'art ; mais d'abondance l'académie a donné quelques conseils dans ce procès-verbal.

1°. De ne laisser personne sur le pont rouge, qui n'étant qu'en bois, pourroit ne pas soutenir une trop grande foule, & manquer par ses parapets.

2°. D'élever de fortes barrieres le long de la riviere depuis le pont de la Tournelle jusqu'au Port au bled, afin que les flots du peuple, venant en foule des parties supérieures, ne puissent nuire aux premiers rangs, qui ne seroient garantis par rien, & ne pouvant soutenir, seroient obligés de céder, & dont les plus près de la riviere y seroient précipités nécessairement.

3°. D'élever le long du parapet du quai de Gevres des traverses en bois, garnies de planches, de façon à soutenir les indiscrets du peuple qui oseroient monter sur le mur d'appui.

4°. Enfin, comme la salle en bois, construite dans la cour de l'hôtel-de-ville pour le bal du mercredi, n'est couverte que d'un simple plafond en toile, l'académie a observé qu'il faudroit l'établir en planches, pour que les pompiers pussent aller sans risque aux endroits où leur présence seroit nécessaire ; mais vu les frais énormes de cette addition & l'impossibilité d'y réussir en aussi peu de temps, elle a conseillé d'établir au moins des galeries de distance en distance avec des filets sur les côtés, de maniere qu'un homme qui tomberoit pût être retenu dedans, ne se fit aucun mal, & sur-tout, par le poids de son corps, en faisant une trouée au plafond, n'occasionnât pas de plus grands malheurs.

M. Morat, le directeur-général des pompes & pompiers, a donné aussi son avis sur ce qui le concerne, & a rassuré beaucoup en certifiant qu'il ne craignoit pas le feu, qu'il redoutoit seulement la moindre terreur panique résultant des cris de quelque femmelette criant au feu pour peu qu'il y en eût, ou qu'elle crût en voir. Quant à lui, il a donné l'ordre à tous les subalternes de n'avertir de rien, quelque chose qu'ils vissent, & de se contenter d'y porter un prompt secours.

Au sur plus, M. Morat a conseillé de son côté, 1°. de s'assurer des maisons sur lesquelles est appuyée la portion de l'édifice en bois du côté opposé à l'hôtel-de-ville, d'en faire déménager tout le monde, afin de prévenir les mal-intentionnés, & de les faire garder par la garde du roi.

2°. D'y ménager une ou plusieurs sorties, de maniere à ce qu'en cas d'accident, on pût s'écouler de droite ou de gauche, suivant que les circonstances l'exigeroient.

17 *Janvier.* On a fait sur M. Lourdet de Santerre & son opéra, la plaisanterie suivante, ou plutôt on l'a renouvellée d'un ancien *rebus*. Elle porte sur sa qualité de membre de la chambre des comptes dont il est maître; il faut savoir que dans cette compagnie il y a un autre ordre qu'on appelle les *correcteurs*, parce qu'ils corrigent les comptes des comptables.

Pour oser ainsi paroître,
A l'opéra, comme auteur,
Vous auriez, monsieur le maître,
Grand besoin d'un correcteur.

17 *Janvier.* Toutes nos jeunes femmes, qui varient continuellement de modes dans leurs

ajuſtemens, n'en pouvant inventer de nouvelles, ſont obligées de revenir aux anciennes ; elles portent aujourd'hui de grands tabliers & d'amples fichus ſur leur gorge. Madame la maréchale de Luxembourg ne peut les ſouffrir ainſi ; elle dit qu'elles ont l'air de cuiſinieres & de tourieres. En conſéquence, pour perſifler la jeune ducheſſe de Lauzun, ſa petite fille, elle lui a envoyé pour étrennes cette année un tablier de toile à emballage, entouré d'une ſuperbe dentelle, & une demi-douzaine de mouchoirs de col d'un linon très-épais, également garnis. M. le chevalier de Bouflers s'eſt égayé ſur cet envoi, & a fait une chanſon charmante, comme le ſont toutes les productions de cet aimable & ſpirituel ſeigneur.

17 *Janvier*. On ne ſauroit exprimer les terreurs qui ſe répandent dans les ſociétés à l'occaſion des fêtes, & que ne font qu'augmenter les précautions même exceſſives, quoique très-ſages, priſes par l'adminiſtration.

Une ordonnance de police a ordonné de ramoner dans le courant de cette ſemaine, à peine d'amende, toutes les cheminées dans l'entour de la Greve à une certaine diſtance.

Tous les bateliers, nageurs, plongeurs de la riviere doivent être diſtribués avec leurs bateaux le long de l'eau & des ports adjacents à la Greve, prêts à pêcher les malheureux que leur curioſité trop téméraire pourroit y précipiter.

Une ſalle eſt diſpoſée pour y recevoir les bleſſés ; le ſieur Dumont, le grand rebouteur ; les médecins, chirurgiens & autres gens de l'art, ſont retenus pour s'y trouver en nombre compétent ; des uſtenſiles & inſtruments ſont prêts ; il n'eſt pas juſqu'aux prêtres de la paroiſſe St. Jean en Greve, qui ont ordre de ne pas défemparer, afin d'être à portée d'adminiftrer les fecours fpirituels à ceux qui en auront befoin. On n'auroit pas plus de prévoyance à la veille d'une bataille.

Le prévôt des marchands & les échevins font depuis quelques jours occupés à conférer avec les chefs des corps & de la garde fur la meilleure maniere de faire circuler les voitures, & il doit paroître inceffamment à ce fujet un très-grand réglement.

Comme la Greve ne défemplit point aujourd'hui de curieux, & qu'il s'y tient des propos très-indifcrets, capables d'augmenter les alarmes, des efpions rodent & arrêtent ceux auxquels on fuppofe de mauvaifes intentions en parlant.

18 *Janvier*. La chanfon de M. le chevalier de Boufflers, à Mad. de Lauzun, fa coufine, aimable, charmante, pleine de graces & d'élégance, eft divifée en deux parties, fur l'*air de Joconde*. Dans la premiere il parle à la cuifiniere.

> J'applaudis à l'emploi nouveau
>   Qu'on donne à ma coufine,
> Jamais auffi friand morceau
>   N'entra dans ma cuifine;
> Elle auroit tort de répugner
>   A l'état qu'elle embraffe,
> C'eft où le bon goût doit régner
>   Qu'elle eft mieux à fa place.

> On fait que des goûts délicats
>   Le fien eft le modele;
> Ceux même qui ne le font pas,
>   Le deviennent près d'elle.

Mais, ma tante, on vous avertit
Que votre cuisiniere
Ne fait qu'éveiller l'appétit
Et point le satisfaire.

Il apostrophe ensuite la Touriere.

Vous en qui mon œil prévenu
Vit une cuisiniere,
Passez-moi d'avoir méconnu
La plus digne touriere.
Pieux costume, doux maintien,
Prévenance discrete,
Oh! ma touriere, l'on voit bien
Qu'au tour vous êtes faite.

Entre le cloître & les mondains,
Ma divine touriere,
Semble habiter sur les confins
Du ciel & de la terre.
Tous deux à son aspect émus,
Doivent rendre les armes,
Les immortels à ses vertus,
Les mortels à ses charmes.

18 *Janvier*. Outre les troupes ordinaires concernant la garde de Paris, toutes les brigades des maréchaussées voisines ont ordre de se rapprocher; le guet des gardes-du-corps, qui a cessé son service le premier janvier, a reçu celui de ne point s'éloigner, & a été distribué à la Craye dans les environs; enfin, on fait venir quelques régiments qui n'étoient pas loin.

Il faut ajouter aux précautions prises pour donner sur le champ du secours aux mourants,

& blessés qui en auront besoin, que les hôpitaux & sur-tout la Charité, ont reçu ordre de conserver leurs lits à cet effet.

Des conférences tenues entre les chefs, pour se concilier sur la meilleure maniere de faire le service, & d'établir la circulation en conservant le bon ordre, il en a résulté une longue instruction imprimée, qu'on distribue aujourd'hui *gratis* & en profusion, où l'on voit de quelle maniere les voitures s'y prendront pour aborder. Comme il n'y a que trois portes, & qu'il ne pourra arriver qu'un carrosse à la fois, il est calculé qu'à une minute pour que chaque maître descende & se dégage dans l'espace de quatre heures que durera l'introduction, il n'y aura que 720 carrosses qui seront admis, lesquels, en les supposant pleins, ne fourniront pas 3000 spectateurs, & il y a six mille places à donner.

18 *Janvier.* M. de la Harpe, mécontent sans doute du public, a fait annoncer qu'il retiroit sa *Jeanne de Naples* après six représentations.

19 *Janvier.* On n'a pas manqué de faire un vaudeville sur les fêtes que la ville doit donner, où, suivant l'usage, on tourne en ridicule messieurs de la ville & leur plan.

AIR: *Mon pere étoit pot.*

Vous qui voulez fêter vos rois
  Comme ont fait vos ancêtres,
Bons Parisiens, braves bourgeois,
  Qui tant aimez vos maîtres,
    Venez lundi soir.
  Vous pourrez les voir

Tous, en place de Greve,
Gardés comme il faut
Sur un échafaud
Qu'un prévôt leur éleve.

Mais n'allez pas prétendre tous
  Partager cette grace,
Vous favez bien qu'étant chez vous,
  Vous n'aurez pas de place.
    L'ami Caumartin
    Fermant le chemin
    Au peuple qui s'effraie,
    S'embarraffe peu
    Qu'on voie le feu,
    Il fuffit que l'on paie.

Pour vous confoler du feftin
  Courez de place en place ;
On vous prodiguera le pain
  Dont le pauvre fe paffe ;
    De vieux cervelas
    Dont on ne veut pas,
    Et qu'on jette à la tête,
    Avec des milliers
    De bons fufiliers,
    Pour avoir l'air de fête.

Caffez-vous les jambes, les bras,
  Les reffources font prêtes :
Vous en aurez ; mais n'allez pas
  Auffi vous perdre la tête.
    Monfieur le prévôt,
    Dont c'eft le défaut,

Croit la tête inutile ;
Car il a prouvé
Qu'on n'en a trouvé
Aucune dans la ville.

Sage ordonnateur de ces jeux,
  Et vous, monfieur le maître (1),
Qui faites paffer à vous deux
  Le roi par la fenêtre,
    Convenez tout net
    Que ce beau projet
Arrangé, Dieu fait comme,
    Ne va qu'au Martin,
    Qu'au génie enfin,
Qu'à Montmartre on renomme.

19 *Janvier*. On a commencé jeudi dernier la tranflation à l'hôtel de la Force, rue des Ballets, de tous les prifonniers civils, confondus jufqu'à préfent avec ceux détenus pour crimes dans les différentes prifons de la Conciergerie, du grand & du petit Châtelet & du Fort-l'Evêque.

Il faut fe rappeller que l'objet de cet établiffement, commencé fous M. Necker, eft de féparer les malfaiteurs de ceux que leur inconduite ou le malheur feul a mis en captivité.

Les débiteurs détenus pour mois de nourrice en font fans contredit la claffe la plus intéreffante ; elle eft moins nombreufe en ce moment par les bienfaits répandus fur elle, à l'occafion de la naiffance du Dauphin.

20 *Janvier*. M. Moreau, architecte du roi,

---

(1) Le fieur Moreau, architecte de la ville.

maître général, contrôleur, inspecteur des bâtiments de la ville, sachant qu'on critiquoit l'emplacement où les fêtes sont établies, comme trop étranglé, & ne pouvant contenir la foule du peuple pour qui elles sont principalement instituées, a jugé à propos, pour sa justification & pour convaincre les incrédules, de répandre le calcul suivant.

1°. Le feu peut être vu à des croisées de maisons particulieres par un nombre de citoyens, montant à . . . . 17,220. perf.
2°. En appréciant la superficie des quais, ports, ponts, rues & places adjacentes ou éloignées . 241,360. *idem.*
3°. Dans la place de l'hôtel-de-ville . . . . 16,000. *idem.*
4°. Enfin, dans l'hôtel-de-ville même. . . . . 6,000. *idem.*
                                           ─────────
                                           280,580. . .

Nombre qu'on peut regarder comme excédant le tiers de la population de la capitale, & supérieur incomparablement à celui que pouvoit contenir la circonscription de la Greve, & l'ancien emplacement des feux.

20 *Janvier.* Hier à la comédie françoise on devoit jouer *Zaïre*, & le sieur Gramont s'étant présenté pour faire le rôle d'*Orosmane*, le public n'a pas voulu le laisser parler, & a crié: *la Rive, la Rive;* c'est l'acteur qu'il doubloit. Les clameurs ont été si bruyantes & si longues, que le sieur

Gramont s'eſt ennuyé & a quitté la ſcene. Un moment après le ſieur Florence, en ſa qualité de ſemainier, a été obligé de venir haranguer le parterre, & a dit qu'on avoit en vain cherché le ſieur la Rive qui n'étoit pas chez lui, & il l'a ſupplié de vouloir bien ſe contenter de ſon double. Gramont a reparu & a reçu le même accueil, de façon qu'il eſt ſorti du théatre pour n'y plus rentrer. Sur ce les comédiens ont tenu conſeil, & ont fait demander quelle piece on vouloit; on a répondu: *le Roi de Cocagne;* nouveau meſſage pour annoncer que les acteurs ne ſe trouvoient pas en nombre compétent. Ces pourparlers avoient duré plus d'une heure, lorſque le ſieur Dorival, qui autrefois a tenu les premiers emplois en province, a propoſé à ſes camarades de remplacer le ſieur Gramont & de faire lire ſon rôle de Châtillon par un autre. Nouvelle députation au parterre afin de lui parler de cet arrangement, qu'il a enfin accepté; ce qui a fait dégénérer en farce cette touchante tragédie. Cependant on a ſu gré au ſieur Dorival de ſon zele, & il a été fort applaudi.

Il n'eſt point mal que de temps en temps le public donne ainſi une leçon aux comédiens, & tempere leur inſolence. Il eſt vrai qu'il en réſulte ordinairement quelque détention, & trois jeunes gens ont été ce jour-là arrêtés, & ont couché en priſon; ce qui paroît d'autant plus injuſte, que c'étoit le vœu général de l'aſſemblée, & que les loges mêmes s'étoient jointes au parterre.

21 *Janvier.* Extrait d'une lettre de Bordeaux, du 15 janvier....Notre premier préſident, revenu ici, y a été reçu preſque avec les mêmes acclamations qu'en 1774. Il s'eſt prévalu de ce triomphe

pour humilier les partifans les plus connus de M. Dupaty ; il a refufé fa portée à M. & madame Dupré de Saint-Maur, l'intendant & fa femme ; à meffieurs Gobinau & l'abbé Barbeyeres, confeillers au parlement, & à M. Dufaur de la Jarte, avocat-général, tous très-déclarés & agiffant en faveur de ce préfident. On trouve cela très-bien, & ces meffieurs le méritent par leur baffeffe.

En outre, le parlement a obtenu le retrait de l'arrêt du confeil qui fufpendoit les procédures commencées au fujet des pamphlets répandus dans l'affaire de M. Dupaty ; mais la connoiffance en eft toujours retirée au parlement de Bordeaux & renvoyée à celui de Touloufe.

21 *Janvier. Réflexions fur l'état actuel du crédit public de l'Angleterre & de la France.* Tel eft le titre du pamphlet de M. Panchault, daté du 9 novembre 1781. Il paroît que c'eft pour faire fa cour à M. de Fleury, qu'il a été entrepris. Suivant les fpéculations de ce financier, la dette nationale d'Angleterre en 1700 n'étoit que de feize millions de livres fterlings ; elle fut portée en 1715, à 55 millions ; en 1748, à 78 millions ; en 1762, à 148 millions ; enfin, au mois de juillet dernier, elle étoit à 177 millions toujours fterlings. La banque d'Angleterre, fondée vers la fin du dernier fiecle, formée au fein des orages qui porterent *Guillaume III* au trône, a été le grand & principal inftrument de l'élévation du crédit public de cet état ; c'eft avec ce fecours magique que l'Angleterre levant aujourd'hui fur fes fujets près de treize millions de livres fterlings tous les ans par la voie de l'impofition, & à peu près autant par la voie de l'emprunt, fait

ainfi paffer plus de 25 millions dans les coffres du fifc public, quoique tout l'argent monnoyé du royaume ne s'éleve pas à plus de vingt millions de livres fterlings. Mais cette illufion ne peut durer, & la banque d'Angleterre fléchit déja fous fon propre poids.

Au contraire, la France n'ayant befoin de fecours extraordinaires pour continuer la guerre que d'environ 150 à 160 millions par an, y a pourvu fuffifamment par des emprunts peu onéreux. Les loteries à époque n'ont coûté à l'état qu'environ fix pour cent ; les rentes viageres n'ont guere coûté que neuf pour cent fur une tête & huit fur deux ; & par l'impôt que vient de mettre M. de Fleury, rapportant environ vingt-cinq millions, il s'eft ménagé la facilité de faire des emprunts pour les années fuivantes. Sous M. Necker la feule opinion de l'économie a fuffi pour établir la confiance : fous M. de Fleury, fon apologifte prétend qu'elle fera encore mieux établie fur la réalité des richeffes par l'augmentation des revenus du roi.

Ce feul trait prouve combien M. Panchault a à cœur d'élever l'adminiftration du dernier au-deffus de celle de fon prédéceffeur. On lui attribuoit deja le fameux pamphlet imprimé à Liege contre M. Necker : il l'attaque ici plus ouvertement ; il le caractérife comme un écrivain plus remarquable dans la carriere de l'ambition que dans celle des lettres ; comme un enthoufiafte des Anglois, qui, dans fon *éloge de Colbert*, cite perpétuellement leur gouvernement, fans en avoir même l'idée. Il s'exprime encore affez amérement fur la fuppreffion des receveurs - généraux des finances, & loue singuliérement M. de Fleury de leur rétablissement.

On sait que la caisse d'escompte est une production de M. Panchault ; il l'exalte en conséquence, & voudroit bien qu'elle prît plus de consistance en France.

Tel est le précis de cet ouvrage, en général fort sec & fort ennuyeux, mais nerveux & bien écrit. Il est terminé par un double tableau comparatif de la dégradation des papiers Anglois depuis 1776, & de la hausse des François.

21 *Janvier*. Malgré la dépense énorme faite pour décorer l'hôtel-de-ville, pour l'augmenter & suppléer par la magnificence des ornements à la petitesse du local, les gens de goût trouvent le nouvel édifice & ses divers accompagnements mesquins, au milieu de toute leur richesse. Quoi qu'il en soit, c'est aujourd'hui que la cérémonie doit avoir lieu. La terrible étiquette a déja occasionné bien des représentations au roi.

1°. Les freres de S. M. vouloient venir *in fiocchi*, & conséquemment accompagnés de leurs gardes, ce qui étant contraire à la derniere décision, on n'a trouvé d'autre tournure pour leur sauver ce désagrément, que de faire conduire ces princes par le roi & dans son carrosse.

2°. M. le duc d'Orléans a représenté au roi, au nom des autres princes du sang, que n'ayant point été priés du repas, & seulement invités de se trouver à l'hôtel-de-ville, ils supplioient S. M. de trouver bon qu'ils n'y allassent pas. On assure que le roi les a laissés maîtres de faire ce qu'ils voudroient. Leur difficulté vient de ce que, dans ces cérémonies, ils prétendent devoir manger avec la famille royale, & que celle-ci n'admet que les princes qui la compofent.

3°. Les ducs fe font trouvés fcandalifés de n'avoir pas été invités différemment que la haute noblefſe, & la haute noblefſe a dit que fi l'on mettoit quelque différence entr'elle & eux, elle ne s'y trouveroit pas. Il paroît que celle-ci l'a emporté.

4°. Il n'eſt pas enfin jufqu'à la chambre qui a fait des conteſtations, & exigé une décifion du monarque. Celle dont les fonctions ont fini au 1 Janvier, a prétendu que la naiſſance du dauphin, objet des fêtes, ayant eu lieu durant leur fervice auprès du roi, c'étoit à eux à accompagner leur maître en cette occaſion : ceux du fervice actuel n'ont pas voulu ceſſer leurs fonctions, & ils ont en effet gagné leur procès.

22 *Janvier*. La fête annoncée a eu lieu hier, & malgré les apparences du plus mauvais temps, la journée a été beaucoup plus belle qu'on n'auroit oſé l'efpérer. La reine eſt venue avec un cortege peu nombreux, mais radieuſe elle-même. Elle avoit dans fon carroſſe Mad. Elifabeth, Mad. Adelaïde, Mad. la ducheſſe de Bourbon, Mlle. de Condé, Mad. la princeſſe de Conti, Mad. la princeſſe de Lamballe. Après avoir été à Notre-Dame & à Ste. Genevieve, elle s'eſt rendue à l'hôtel-de-ville, où étoient raſſemblés, pour la recevoir, les feigneurs & dames qui ne l'avoient point accompagnée, & pour y attendre l'arrivée du roi.

On leur a fervi une table de 78 couverts, où il n'y avoit que le roi & fes deux freres en hommes, du reſte la reine, les princeſſes & femmes de la cour.

Les autres tables ont été fort mal fervies, non à défaut de victuailles, mais par le peu d'intelligence de ceux qui préfidoient aux diftributions. Les ducs & pairs entr'autres ont diné avec du beurre & des raves, parce que S. M. ayant forti de table promptement, il a fallu lever toutes les tables : du refte, on peut juger de la profufion de ce jour par la viande de boucherie feule, dont il a été confommé 102,000 milliers.

Le feu d'artifice, dont la décoration étoit fuperbe & analogue à la fête, a été mal exécuté, & d'ailleurs maigre : on en a été très-indigné contre le maître artificier, le fieur de la Varinière.

Du refte, des deffinateurs montés fur un échafaud dreffé en face de l'hôtel-de-ville, ont dû lever le plan & deffin des diverfes parties de ce fpectacle, pour en perpétuer la mémoire aux yeux de la poftérité.

22 Janvier. Il paroît un arrêt du confeil, daté d'hier, par lequel S.M. ne pouvant faire participer tous les habitants de fa bonne ville de Paris à fes bienfaits, a cru devoir s'occuper de ceux moins en état de fupporter les charges publiques, & ajouter aux différents fecours qui ont déja été diftribués par fes ordres, la remife de toute capitation pour la préfente année en faveur des bourgeois, marchands & artifans qui n'ont été impofés en 1781 qu'à 9 livres de capitation & au deffous.

23 Janvier. En vertu des fêtes & indépendamment des bénéfices que doivent faire les officiers municipaux, ils ont obtenu quatre cordons noirs, deux aux premiers échevins, *Richer & Bordenave*; un au fieur *Moreau*, architecte, & le dernier au fieur *Buffaut*, le receveur. On ne fait trop, par exemple, à quoi revient celui-ci. Quoi qu'il en foit, les calembouriftes ne manquent pas de dire que ce font des *cordons de greve.*

23 *Janvier.* M. *Dutartre de Bourdonné*, tréforier-payeur des rentes affignées fur l'ancien clergé de France, vient de mourir. C'étoit un des héros de méchanceté, fur lefquels on prétendoit que Greffet avoit modelé fon Cléon. Quoi qu'il en foit, incapable de rien produire par lui-même, M. de Bourdonné avoit l'art d'apprécier affez bien les ouvrages d'autrui, & fur-tout d'y répandre ce ridicule qui rendoit fés jugements redoutables aux auteurs. Les poëtes dramatiques le craignoient principalement ; il tenoit fes affifes dans les foyers des différents fpectacles, & étoit écouté comme un oracle, des gens du monde.

24 *Janvier.* Le bal qui a eu lieu cette nuit à la ville, étoit déteftable par la difficulté d'y aborder en voiture, malgré toutes les précautions prifes à cet effet; pour la cohue immenfe qui s'y eft trouvée en plus grand nombre que n'en pouvoit contenir la fuperficie de l'hôtel ; enfin, pour l'efpece de monde, dont la plus vile canaille de Paris faifoit une très-grande partie. Le roi & la reine ont d'abord foupé au Temple très-gaiement, & fe font enfuite rendus à la fête. La reine s'eft habillée chez le fieur Buffaut, le tréforier de la ville, & eft de là entrée au bal, au milieu d'une quarantaine de femmes de la cour. Leurs majeftés fe font trouvées elles-mêmes fi preffées, que la reine a crié un moment : *j'étouffe*, & que le roi a été obligé de fe faire place à coups de coude. Malgré cela, ils ont paru s'amufer.

24 *Janvier.* Le fameux Olavides eft conftamment ici depuis plufieurs mois, & il n'y a pas d'apparence qu'il retourne en Efpagne. Il s'eft tiré

adroitement de l'inquifition, fecondé de fon médecin, qui a déclaré que les eaux de Banieres feroient néceffaires à fa fanté. Il paroit qu'on a bien voulu adopter en quelque forte cette tournure, & favorifer fon évafion indirectement, puifqu'on auroit pu prendre des précautions pour s'affurer de fon retour. Quoi qu'il en foit, étant à Banieres il s'en eft bien trouvé, & a eu befoin d'aller à Touloufe; de-là il a pris fon effor pour Paris, où il eft. L'Efpagne a fait quelque réclamation à fon égard, & il a été obligé de fe retirer vers M. de Vergennes, qui l'a affuré de la protection du roi. Il eft ici fous le nom de comte de Pillo.

Les humiliations, les indignités, les mauvais traitements qu'il a éprouvés, ont altéré fa figure, qui étoit très-belle; il paroit affaiffé fous le poids de la douleur. Il vit des rentes qu'il s'étoit conftituées fur cet état.

Nos philofophes ne manquent pas de le voir, & cherchent à adoucir fes chagrins. On fait qu'un de fes griefs étoit d'avoir traduit en efpagnol divers ouvrages de Voltaire, & fur-tout fon *Dictionnaire philofophique*. Les partifans de ce grand homme ne peuvent que lui favoir gré d'avoir été ainfi le martyr de fon enthoufiafme pour lui.

25 *Janvier*. Paris eft plein de gens de lettres eftimables & d'érudits modeftes, qui, fans avoir ni titres littéraires, ni penfions, n'en travaillent pas moins avec ardeur au progrès de nos connoiffances. Tel étoit un favant trop peu connu, mort le 20 novembre dernier, c'étoit M. *Barbeau de la Bruyere*, né à Paris en 1710, d'un marchand de bois. Pour fe fouftraire aux reproches de fa mere, qui vouloit en faire un marchand, & non un litté-

rateur, il fe refugioit, il fe cachoit avec fes livres fur les plus hautes piles du chantier. Il avoit d'abord embraffé l'état eccléfiaftique, & fait plufieurs ouvrages de théologie imprimés chez l'étranger, ce qui doit le faire fufpecter violemment de janfénifme, d'autant qu'il avoit commencé à étudier à la Doctrine chrétienne, congrégation très-renommée dans le parti.

Il changea de goût en Hollande, & fe livra à la géographie & à l'hiftoire. Il en rapporta plufieurs cartes du pays fort favantes, peu connues alors en France, & très-utiles à M. Bouache, de l'académie des fciences, qui a de grandes obligations à M. Barbeau de la Bruyere, auteur de toute la partie érudite de fes ouvrages.

En 1759 il parut cependant, fous le nom de M. Barbeau, une *Mappemonde hiftorique*, carte ingénieufe & vraiment nouvelle, où il a fu réunir en un feul fyftéme la géographie, la chronologie & l'hiftoire : il eut la modeftie de ne fe donner que pour avoir exécuté l'idée de M. l'abbé *d'Artois*, chanoine de Saint Honoré, mort vingt-quatre ans avant ; mais on ne voulut pas croire fon annonce généreufe.

M. Barbeau n'a pu développer tout le talent qu'il avoit en ce genre, par la néceffité de gagner fa vie en donnant des éditions, & en travaillant en fous-ordre pour des auteurs qui ne le valoient pas, & fe paroient de fon mérite. Tel étoit l'abbé de la Croix, dont *la Géographie moderne* appartient plus, quant au fonds, à l'éditeur qu'au propriétaire même : il a encore confidérablement amélioré les *Tablettes Chronologiques* de l'abbé Langlet. Son œuvre la plus confidérable, eft la *Bibliotheque hiftorique de la France*, en cinq volumes in-fol. Ce livre, ébauché

ché par le pere le Long, continué par M. de Fontette, a été perfectionné par M. Barbeau.

Quoique très-mal-aisé, un trait qui lui fait plus d'honneur que tous ses ouvrages, c'est d'avoir vendu un contrat de 400 liv., seul bien qu'il eût recueilli de la fortune de son pere, pour sécourir deux jeunes Russes que l'amour des lettres avoit engagé de sortir de leur pays.

Sentant dans la vieillesse la nécessité d'une compagne, il se maria en 1779. Quelques heures avant d'être frappé d'apoplexie, il travailloit encore à des recherches sur les antiquités de l'église de Montmartre, sa paroisse.

La seule société savante où M. Barbeau soit entré, c'est l'académie des sciences & belles-lettres d'Auxerre. Il desiroit fort qu'on créât pour lui un titre d'*antiquaire de France*, & il l'a rempli sans l'avoir. Dès l'âge de cinq ans il avoit annoncé une mémoire prodigieuse : il étoit une bibliotheque vivante, & se connoissoit parfaitement en bibliographie.

26 *Janvier*. La piece de *Jeanne de Naples* étoit déja tombée deux fois dans les regles aux termes du nouveau réglement, & à la troisieme fois elle auroit appartenu en propre aux comédiens. L'auteur a craint cet événement, & a préféré en la retirant de se ménager le moment favorable de la remettre avec des corrections.

26 *Janvier*. On compte déja trois personnages arrêtés & détenus prisonniers, rélativement à l'ouvrage intitulé, dit-on aujourd'hui *Vie d'Antoinette* : savoir, ce *Jaquet* dont on a parlé, un libraire nommé *Costar*, très-connu & ayant déja fait banqueroute, & un M. de *Marcenay*, homme du monde, mais libertin & mauvais sujet.

27 *Janvier*. On a célébré, suivant l'usage, la

venue de leurs majestés dans Paris par une médaille, représentant d'un côté le roi & la reine, avec cette légende. Lud. XVI. Fr. & Nav. Rex: Mar. Ant. Auſt. Reg. Fr. ; & de l'autre la France, tenant le dauphin dans ſes bras, avec cette légende: *Felicitas publica ;* & pour exergue: *natalis Delphini die XXII Octobris* 1781. Ces médailles ont été diſtribuées le lundi aux perſonnes en place, & jetées au peuple ſur la route.

27 *Janvier*. La tranſlation des priſonniers civils à l'hôtel de la Force, commencée le 10 janvier, a été entiérement achevée le 19. Ce nouvel établiſſement eſt diſtingué des autres par l'étendue du local, & conſéquemment par la ſalubrité qui en doit réſulter, par la commodité des logements, la diminution des frais, & la ſuppreſſion de perceptions abuſives, telles que les droits de bienvenue & autres en uſage juſqu'à ce moment.

Un des avantages de cette maiſon la plus remarquable, conſiſte dans la ſéparation de chaque genre de priſonniers. Il y a huit cours & ſix départements.

Le premier eſt uniquement deſtiné au logement des employés aux premiers guichets & à tous les acceſſoires du ſervice.

Le ſecond aux priſonniers détenus pour mois de nourrice.

Le troiſieme aux autres débiteurs civils de toute eſpece.

Le quatrieme aux priſonniers de police.

Le cinquieme réunit toutes les femmes priſonnieres.

Et le ſixieme ſert de dépôt aux mendiants.

Un des changements les plus eſſentiels, dont on s'apperçoit déja dans la maiſon, c'eſt que les chefs en sont infiniment plus honnêtes, & qu'il n'est pas jusqu'aux guichetiers qui, au lieu d'être repoussants & barbares comme autrefois, semblent porter sur leur physionomie l'humanité, la commisération, la bienfaisance.

27 *Janvier*. M. *Mercier* n'a point perdu de tems chez son imprimeur de Neuchatel; & il paroît déja une nouvelle édition de son *Tableau de Paris*, augmenté de deux volumes, en sorte qu'il est en quatre aujourd'hui.

28 *Janvier*. Extrait d'une lettre de Besançon, du 15 janvier... Nous ne sommes pas surpris du Sr. *Jaquet*. Un homme qui de magistrat, à son aise, appartenant à plusieurs conseillers de notre parlement, se transforme en espion, en colporteur, ne peut être qu'un mauvais sujet, & l'on ne sauroit le plaindre. Le bruit s'est bien répandu ici qu'il avoit été expédié à la Bastille. Cependant nous croyons qu'on l'eût supplicié plus légalement, si l'on eût voulu en faire un exemple.

28 *Janvier*. Tous ceux qui ont occasion d'aller voir les nouvelles prisons, en sortent enchantés.

Chacun des six départements a ses guichets particuliers, & ils ont entr'eux les communications qui peuvent être utiles au service sans nuire à la sûreté; il y a dans la plupart des chambres, un, deux, trois & quatre lits, &, sur-tout dans le département des débiteurs, plusieurs chambres ont des cheminées; il y a en outre de vastes dortoirs, dans lesquels les prisonniers, hors d'état de payer un loyer, sont cependant couchés dans des lits à bascule, qui se relevent pendant le jour, & qui sont garnis d'un matelas de laine & crin, d'un traversin & d'une couverture.

Chaque département a sa cour, sa galerie couverte, des fontaines qui fourniſſent toute l'eau néceſſaire ; il y a en outre un chauffoir commun pour les priſonniers qui n'ont pas le moyen d'être en chambre particuliere, des reverberes illuminés toute la nuit, & un lieu deſtiné pour les repas communs.

On a placé dans cette priſon deux chapelles, où chaque eſpece de priſonniers aſſiſte réguliérement aux offices, ſans qu'ils puiſſent ſe voir, ni ſe communiquer en aucune maniere.

Une infirmerie très-ſalubre, & dans laquelle tous les malades ſeront couchés ſeuls, eſt diviſée en deux ſalles, l'une pour les hommes, & l'autre pour les femmes ; elle eſt placée à la portée des différents départements. On y a réuni tous les acceſſoires néceſſaires, & principalement une pharmacie où ſe trouve le dépôt des drogues à fournir dans toutes les priſons de la ville.

Enfin, tous les pauvres priſonniers qui n'ont aucune reſſource, y ſont non-ſeulement couchés ſeuls, comme on l'a déja dit, mais ils reçoivent encore chaque jour une livre & demie de bon pain & une portion, ſoit de viande, ſoit de légumes ; on leur donne des vêtements quand ils en manquent, & du linge blanc une fois la ſemaine.

28 *Janvier*. MM. *Piis* & *Barré* s'obſtinent à vouloir être ſifflés une ſeconde fois, & demain l'on reprend leur *Gâteau des rois*. En attendant, voici une épigramme qu'on diſtribue ; elle eſt adreſſée au Sr. *Piis*.

Pour ton gâteau fait à la hâte,
Te voilà, cher Piis, rudement rembarré.
Quoi diable auſſi fais-tu de ton monſieur Barré ?
Car entre nous, c'eſt un vrai gâte-pâte.

Veux-tu favoir le fin de l'art?
Chaffe-moi ce garçon, travaille davantage,
Et chez le pâtiffier Favart
Va faire encore deux ans d'apprentiffage.

29 *Janvier.* Un plaifant a parodié l'épigramme contre Mad. la comteffe de Genlis, & fait la réponfe fuivante.

Aujourd'hui prude, hier galante,
Tour-à-tour folle & docteur,
Genlis, douce gouvernante,
Deviendra dur gouverneur,
Et toujours femme charmante
Saura remplir fon deftin :
On peut bien être pédante
Sans ceffer d'être catin.

La reine répugnant de venir aux bals de l'opéra dans la nouvelle falle des boulevards, ils ont été transférés au château des Tuilleries, à celle où joue aujourd'hui l'académie françoife. Le bruit fe répand même qu'après le départ de celle-ci, l'académie royale de mufique y reprendra fes féances ; mais M. le comte d'Angiviller s'y oppofe fortement & non fans raifon.

Meffieurs Mique, Hezon, Brebion, intendants & infpecteurs des bâtiments du roi, conjointement avec M. Morat, commandant de la compagnie des gardes-pompes, fe font tranfportés au Louvre & aux Tuilleries, & ont fait une vifite générale des deux palais. Leur rapport a été des plus effrayants ; ils fe font accordés à déclarer qu'il n'y avoit point de palais plus combuftibles, fur-tout dans la partie où eft la falle de la comédie françoife. C'eft ce qui déterminé M. le directeur-général des bâtiments du Roi à rejeter tout établiffement de cette efpece; on regarde même le projet de bâtir l'opéra futur dans le voifinage, comme très-incertain; & il en pourroit bien réfulter que le duc de Chartres obtiendroit de nouveau la faveur d'avoir l'opéra chez lui.

29 *Janvier.* Quoique le feu ait été très-mefquin, la décoration en étoit fuperbe, & frappoit le fpectateur par un coup d'œil impofant. Elle repréfentoit le temple de l'hymen, formé par un portique de colonnes, furmonté d'un fronton & couronné d'un attique. Sur les degrés étoient des piédeftaux dans les angles, où des enfants fe voyoient portant des torches & des brandons enflammés. Du centre du temple s'élevoit un autel chargé des offrandes des François pour la profpérité de la famille royale. La France étoit fous l'embléme d'une femme devant le portique du temple, recevant des mains de l'Hymen, accompagné de la paix & de l'abondance, l'enfant augufte & précieux qui vient de naître.

Le couronnement de l'edifice étoit orné d'emblémes & de bas-reliefs, furmonté par des enfants & des aigles, tenant des guirlandes, & en décorant le temple.

Le tout étoit pofé fur un double foubaffement en rochers, dont le premier orné fur le devant d'un grouppe de figures repréfentant la Seine & la Marne; leurs eaux mêlées fortant par une urne, couloient dans une grande conque, d'où elles tomboient en nappe au milieu des Tritons & des Nayades, habitants de ces fleuves, raffemblés pour prendre part à la fête; du refte des fontaines jailliffantes des baffins. Le fecond foubaffement étoit formé par des rochers & des grottes agréables au deſſous du temple, où l'on montoit par des eſcaliers tournants, bordés de plantes & d'arbres fleuris.

Des deux côtés le temple étoit accompagné de deux colonnes coloſſales, ſurmontées d'un grouppe de dauphins, portant un globe aux armes de France, terminé par une couronne.

20 *Janvier*. Le mandement du cardinal de Rohan, évêque prince de Strasbourg, a été rendu pour la ſolemnité de la fête ſéculaire du rétabliſſement du culte catholique dans la cathédrale & la ville de Strasbourg. A la fin il eſt dit: donné à Verſailles, où nous ſommes fixés par notre charge auprès du roi, le 12 octobre 1781.

Le prélat prend occaſion de cette circonſtance pour déclamer contre la nouvelle philoſophie, qui déclare une guerre ouverte à la croyance de dix-huit ſiecles, qui écrit publiquement contre l'évangile, qui lui ſubſtitue des écrits inſidieux, reproduit des ouvrages qu'une ſage génération avoit condamnés aux ténebres & à l'oubli. Il vient enſuite à la nouvelle édition de Voltaire, à laquelle on travaille au fort de Kell, près de ſa ville épiſcopale & ſous ſa juriſdiction ſpirituelle; mais il n'oſe nommer ni l'ouvrage, ni l'auteur; il prend une circonlocution, & s'écrie:

" Eh! dans quel ſiecle auroit-on vu établir
„ une forge d'impiété, où l'on fabriquât con-
„ tre la religion des armes nouvelles, que l'art
„ y prépare avec ſoin, & que l'induſtrie va ré-
„ pandre avec profuſion. Là cependant ſe réuni-
„ ront les productions des écrivains les plus licen-
„ cieux, les paradoxes des auteurs les plus témé-
„ raires: ce n'étoit point aſſez de tous ceux qu'ils
„ avoient haſardés dans les ouvrages qu'ils ont

,, pu publier de leur vivant ; on va fouiller dans ,, leurs cendres pour en extraire ce qu'ils auroient ,, rougi d'avouer.... ,,

Tel est le paragraphe que les académiciens & partifans de Voltaire reprochent à un prélat, membre de l'académie françoife & confrere du defunt, & dont les dévots & les zélés lui font un crime auffi pour fa pufillanimité à n'ofer attaquer ouvertement & de front une entreprife fi dangereufe pour l'autel & le trône.

Quoi qu'il en foit, les grands-vicaires du cardinal de Rohan fe difculpent de leur côté en cette occafion, & déclarent que c'eft lui-même qui a fait fon mandement.

30 *Janvier*. C'eft aujourd'hui que doit enfin avoir lieu à Verfailles le bal des gardes-du-corps, qui fera d'abord paré, & enfuite mafqué. Il fe donnera dans la nouvelle falle d'opéra, décorée particuliérement pour cette fête. On a fait hier la répétition de l'illumination, qui a produit le meilleur effet & enchanté tous les gens de goût appellés à ce fpectacle.

31 *Janvier*. Ce qu'on rapporte du bal des gardes-du-corps en donne la plus haute idée ; jamais fête n'a été fi brillante ni fi bien ordonnée ; tout s'y eft paffé avec la plus grande décence, avec une politeffe rare & foutenue depuis le commencement jufqu'à la fin. En voici les anecdotes principales.

M. de Prefy, un des majors de cour, & le plus ancien des gardes-du-corps, devant avoir l'honneur de danfer avec la reine, fuivant un ancien ufage, S. M. lui a permis de faire la révérence du menuet avec elle ; on en eft refté là & l'on eft paffé aux contre-danfes. Entre les huit gardes-du-corps nommés pour faire les honneurs du bal, la reine a choisi M. de Mouret, qui, intimidé d'abord, a vu la souveraine le rassurer avec bonté. A la fin il a reconduit S. M. à sa place, & elle lui a remis sur son chapeau un paquet où s'est trouvé une boëte d'or, dans laquelle étoit un brevet de colonel.

Un particulier s'étant immiscé de danser à une des trois contre-danses où étoit la reine, le roi, quoiqu'il ait la vue basse, l'a fort envisagé, & ne le reconnoissant point pour lui avoir été présenté, a chargé le prince de Poix de vérifier le fait. Le quidam a répondu qu'il étoit le comte de Luçon, capitaine à la suite du régiment de Champagne, que n'étant point colonel, il ne pouvoit encore être présenté; mais qu'il étoit fait pour l'être. S. M. a ordonné en conséquence à M. de Ségur qu'il eût à le faire partir incessamment pour son régiment. Par une impudence rare, ce même aventurier a eu celle de se trouver aussi au bal masqué sans l'être, en sorte que le prince de Poix n'a pu s'empêcher de lui témoigner sa surprise de le rencontrer encore là, malgré la liberté que tout le monde avoit d'y être à cet instant.

M. le prévôt des marchands étant venu badauder au bal masqué, un masque lui a dit qu'il faisoit bien de se trouver en pareil lieu pour apprendre à donner des fêtes.

1 *Février* 1782. Les calembours continuent: il est question aujourd'hui d'un voyage que M. le duc de Chartres doit faire en Italie pendant qu'on bâtira son palais; on dit qu'il poussera jusqu'à Constantinople, pour y apprendre le rôle de grand seigneur.

On dit que Mad. la comtesse de Genlis doit

commencer l'éducation des princes par le reverfi, afin de leur apprendre *à le mettre à la bonne.*

2 *Février.* MM. Piis & Barré avoient d'abord cru capter les fuffrages du public pour leur feconde repréfentation du *Gâteau des Rois* ou *Gâteau à deux feves*, par une longue piece de vers inférée au journal de Paris fous le titre de *Stances élégiaques*, dans lefquelles ils fembloient perfifler leurs critiques & rire de leur chûte prétendue; enfuite par une précaution mieux imaginée, ils avoient répandu à-peu-près deux cents battoirs dans le parterre, d'où il eft réfulté une cacophonie confidérable, puifqu'une moitié applaudiffoit à tout rompre, lorfque l'autre fiffloit encore plus fort.

Mais le parquet & les loges ne pouvant être gagnés ainfi, & piqués d'une note infolente defdites ftances élégiaques, ont malheureufement fait pencher la balance du côté des frondeurs.

Les acteurs d'ailleurs, eux-mêmes indifpofés contre ces auteurs des boulevards, voulant leur faire la loi & les traiter defpotiquement, ont déclaré à ces meffieurs que c'étoit beaucoup trop de s'être prêtés à une feconde repréfentation; cependant, pour ménager l'amour-propre des auteurs, ils font convenus qu'ils feroient cenfés la retirer de leur plein gré, & écriroient aux comédiens une lettre oftenfible pour le public, où, en convenant que le laps de temps écoulé entre la premiere & la feconde repréfentation annulloit le feul mérite de cette bagatelle, ils fe défifteroient de leur droit, en fe réfervant la liberté de le faire valoir en temps & lieu.

Tel a été le *Mezzotcrminé*, trouvé à cette grande & longue négociation.

2 *Février.* Mad. la comtesse de Beauharnois, qui tient aujourd'hui le bureau d'esprit le plus accrédité, qui d'ailleurs n'est pas sans prétention encore à la beauté, doit nécessairement être en bute à beaucoup de sarcasmes. En voici un nouveau lancé contr'elle; c'est un distique.

Chloé, belle & poëte, à deux petits travers;
Elle fait son visage & ne fait pas ses vers.

3 *Février.* Le sieur Piis, d'une insolence qui n'a pas d'exemple, & se manifeste dans une foule de vers contre ses critiques dont il inonde le public, reçoit de temps en temps des ripostes très-humiliantes. Il en veut sur-tout à M. Geoffroy, qui fait aujourd'hui en chef l'année littéraire, & le persifle souvent sur ses pieces. Dans ses diatribes il s'efforce quelquefois de singer Voltaire, qui, connoissant le goût du siecle pour les calembours, s'y livroit souvent afin de rendre ses ennemis plus ridicules, & jouoit sur le mot. En parlant du journaliste, & feignant de le regarder comme un nouveau venu dans la littérature, le sieur Piis a affecté dans une facétie de demander quel est ce Geoffroy, si c'est *Geoffroy l'Angevin* ou *Geoffroy l'Asnier*, noms de deux rues de Paris? Celui-ci en parlant de ce dernier quolibet l'assomme par le quatrain suivant.

Oui, Piis, je suis Geoffroy l'Asnier sans doute,
Car à grands coups de fouet je chasse devant moi
Tous les ânes brayants & têtus comme toi,
    Que je rencontre sur ma route.

3 *Février.* On s'occupe actuellement à l'opéra,

du *Théſée*, remis en muſique par le ſieur Goſſec. Comme il a fallu adapter le poëme aux intentions du compoſiteur, le réduire en 4 actes, y faire des ſuppreſſions, des coupures, des changements, celui-ci a eu recours à ſept ou huit perſonnes, à meſſieurs de *Cinqmars*, *Gaillard*, *Pitra*, *Desfontaines*, *de Charnoi* : c'eſt aujourd'hui un véritable habit d'arlequin. Pour comble de ridicule, il a exigé un nouveau dénouement. Suivant les notes conſervées dans les archives du théatre lyrique, celui de *Quinault* a paru toujours brusqué, forcé & a manqué ſon effet. Ce travail exigeant plus de génie, il a clandeſtinement engagé M. Rochon de Chabannes à lui en fournir un. Le poëte moderne n'a pas cru devoir mutiler l'ancien ; mais en intercallant dans la ſcene une douzaine de vers qui ſe lient adroitement à ceux qui précedent & à ceux qui ſuivent, il a eu l'art de le rendre vraiment dramatique, & d'y jeter le plus grand intérêt. Le muſicien étoit convenu de lui garder le ſecret ; malheureuſement néceſſité à montrer ce nouveau dénouement au comité, meſſieurs en l'approuvant ont jugé à propos d'y mettre du leur, & il n'eſt pas juſqu'à un M. Morel, ami & conſeil de M. de la Ferté, qui s'eſt aviſé d'y inſérer de ſes vers. M. Rochon, ne pouvant tolérer un pareil accouplement, a été obligé de ſe démaſquer, de réclamer ſa propriété, & d'exiger ou que le dénouement fût donné tel qu'il l'avoit fait, ou lui fût reſtitué. C'eſt aujourd'hui la matiere d'une grande négociation qui retarde la repréſentation de l'ouvrage.

3 *Février*. Le concert d'hier n'a pas pris, & nos petits-maîtres s'écrioient ſouvent & très-haut : *C'eſt déteſtable.* D'ailleurs tous les morceaux qui

le compofoient étoient connus du public, & entre les virtuofes il n'y avoit de nouveau que meffieurs *Wachtres* & *Ech*. La belle exécution du premier a fait grand plaifir : on a fur-tout admiré la netteté & la pureté des fons qu'il a l'art de tirer d'un inftrument auffi ingrat que la clarinette. Le fecond de qui l'on devoit plutôt attendre ce genre de mérite, parce que le violon eft plus propre à rendre agréablement les difficultés, n'a pas produit la même fenfation : fon jeu a quelquefois paru maigre; il eft cependant en total affez brillant; mais trop fouvent peut-être aux dépens de la fûreté des intonations; qualité effentielle, qu'il eft à préfumer que ce jeune muficien acquerra par le travail. Du refte, il n'a que quatorze ans; il eft de la mufique de S. A. S. monfeigneur l'électeur Palatin.

3 *Février*. On a mis en chanfon le calembour concernant Mad. la comteffe de Genlis.

Sur l'air : *Vous m'entendez bien.*

Aux princes Genlis doit, dit-on,
  Du reverfi donner leçon :
    C'eft de fa politique,
      Eh bien !
    Une fine rubrique,
  Vous m'entendez bien.

Ces éleves bientôt inftruits,
S'amufant les jours & les nuits,
    Pour peu que le jeu donne,
      Eh bien !
    Le mettront à la bonne,
  Vous m'entendez bien.

4 *Février*. On assure que le roi a été si content de la fête de messieurs les gardes-du-corps, qu'il se propose d'en donner une pareille à M. le comte & à madame la comtesse du Nord, lorsqu'ils viendront en France. En attendant, pour qu'il ne manquât rien à la première, on y a distribué aussi des couplets, & voici un impromptu à la reine, qui doit la flatter infiniment.

 Le ciel de tous ses dons, aimable souveraine,
  Fut envers vous si libéral,
  Que quand vous ne seriez pas reine,
 On vous proclameroit par choix reine du bal.

On a fait aussi un calembour sur M. le comte de Luçon. Comme ce qui le fit remarquer du roi, c'est qu'il n'étoit pas dans le costume brillant des autres danseurs : on dit qu'il va avoir un procès avec son tailleur, parce qu'il lui avoit demandé un habit de bal, & qu'il ne lui a apporté qu'un *habit de chasse*.

4 *Février*. Les comédiens François ont remis depuis quelque temps, on ne sait pourquoi, une tragédie de M. le Blanc, intitulée *Manco Capac*, jouée pour la première fois en 1763, avec un succès très-équivoque : il n'avoit pas été plus considérable à cette reprise ; mais, aujourd'hui que c'étoit la troisieme représentation, le parti qui la soutient a fait un effort violent & l'a emporté. On a demandé l'auteur avec acharnement, & celui-ci a cru devoir se rendre au desir du public, & a paru sur le théatre traîné par le sieur la Rive.

De grandes sentences philosophiques, de belles maximes philosophiques, & puis de la philosophie, & toujours de la philosophie, voilà ce qui fait le fonds de cette piece. Du refte, ni mouvement, ni action, ni intérêt : mais c'eft un ouvrage de fecte, & il a été foutenu par toute la cabale philofophique. On ne doute pas que cette explofion ne pouffe inceffamment l'auteur à l'académie françoife, dont les coriphées le foutiennent.

4 *Février.* Les comédiens Italiens ne tariffent point : ils jouent demain une nouveauté, ayant pour titre la *Soirée d'été*, opéra comique en un acte & en vaudevilles. Il eft de M. *Parifau.*

5 *Février.* La nouveauté jouée aujourd'hui aux Italiens, n'a point d'intrigue ; on n'y trouve pas même des couplets auffi agréables que dans la parodie de Richard III. Cependant on a eu de l'indulgence pour l'auteur, & l'on a fait répéter le dernier couplet, confacré, felon le vieil ufage, à fe concilier le public. C'eft une villageoife qui chante.

  Hélas ! du moins fi notre zele
Fait tout pour rechauffer nos jeux,
  Sur les défauts de fte bagatelle,
Meffieurs, daignez fermer les yeux.

Le plaifir que prennent des payfans à jouer au gage touché & à fe faire des niches, forme tout le fonds de la piece. Ce léger moyen ne laiffe pas que d'amener des fituations, mais trop foibles fans doute pour foutenir l'ouvrage.

5 *Février.* La géographie vient de perdre un de fes plus grands coriphées en la perfonne de M. *Bourguignon d'Anville* : comme il étoit membre des deux académies des fciences & des belles-lettres, fon éloge y fera fans doute traité amplement. Nous nous contenterons d'obferver ici que

c'étoit un favant dans le genre ancien, point petit-maitre, point bel efprit, point répandu. Il ne connoiffoit guere que fon cabinet. Tant que fes forces le lui ont permis, il a travaillé quatorze ou quinze heures par jour ; & il trouvoit fort étrange que fes éleves ne puffent pas l'imiter. Un de fes grands regrets, qu'il exprimoit bonnement, fans orgueil & fans fe rendre ridicule, étoit que la fcience qu'il foutenoit, feroit enfevelie avec lui ; & il avoit raifon à un certain point. Il étoit frere de M. Gravelot, un des plus habiles deffinateurs de ce fiecle.

5 *Février.* M. le comte de Buffon ayant eu occafion d'envoyer fes œuvres à la czarine, cette magnifique fouveraine lui a fait donner en échange la collection des médailles de fon regne en or, préfent d'environ 40,000 liv. Elle y a joint une lettre charmante, & le philofophe très-galant a répondu par une de remerciement dans le genre de celle qu'on a vue, il y a un an, adreffée à Mad.la comteffe de Genlis, mais proportionnée toujours à l'illuftre héroïne.

6 *Février.* MM. *Piis & Barré*, dans une note inferée au journal de Paris avec leurs ftances élégiaques fur la premiere repréfentation du Gâteau à deux feves, caractérifent ainfi les diverfes claffes de fpectateurs, leur jugement & leur façon de s'exprimer.

Nous aurions dû rire de la chûte de cette piece, pour & contre laquelle on avoit parié ; mais nous écoutâmes aux portes, & voici ce que nous entendîmes aux petites loges des troifiemes : *D'honneur, Vicomte, il faut que ces jeunes auteurs voient bien mauvaife compagnie ; car ils ne mettent jamais que des payfans fur la fcene ;* aux fecondes loges : *je ne leur conseille plus de répondre à M. G., qui vient de prouver dans l'année littéraire, N°. 39, que l'invention du pot-de-chambre de Jeannot, vaut mieux que celle de la balançoire dans les Vendangeurs ;* aux premieres loges : *détestable, incroyable ! je ne voudrois pas que mon cheval l'eût faite ;* au parquet : *ce sont de passables oculistes, mais de bien mauvais pâtissiers ;* au parterre....on ne disoit rien....on faisoit mieux, ou pis ; c'est selon, & *adhuc sub judice lis est.*

Le vicomte de Choiseul, celui désigné dans cette note pleine d'humeur & d'impertinence, ami des lettres & qui les cultive, auteur de plusieurs chansons agréables, avoit jugé à propos de répondre à ces messieurs par une lettre envoyée au même journal ; mais le comité de cet aréopage, absolument vendu au sieur *Piis*, n'a pas jugé à propos de l'inférer.

6 *Février.* On n'a pas manqué de chansonner aussi M. de Charlut sur sa nouvelle place de major de la gendarmerie ; on le plaisante sur sa hauteur principalement : les officiers de ce corps ne sont pas fâchés de voir tourner en ridicule ce jeune seigneur ; mais le couplet est assez plat.

7 *Février.* Extrait d'une lettre de Bruxelles, du 1 février.....Il passe pour constant en effet qu'il s'est imprimé ici bien des choses par une société qui est aujourd'hui presqu'entiérement détruite. Le sieur Henry, exempt de police, en a enlevé cinq vers le 8 janvier. Le sieur *Jaquet de la Douay*, le chef de la bande, arrêté quelque temps avant, les a vraisemblablement dénoncés. Il est inconcevable que ce malheureux que nous voyions venir ici revêtu du titre respectable d'inspecteur de la librairie étrangere, eût abusé de la

confiance qu'on avoit en lui au point de faire imprimer, colporter & composer lui-même des libelles.

Il paroît depuis quelque temps un petit volume intitulé : *Supplément à l'Espion Anglois*. On y parle sur-tout de la détention de M. Linguet, & de la retraite de M. *Necker*. Ce pamphlet est très-mal écrit, n'a nul rapport avec son titre, & ne peut sortir de la même main que l'ouvrage auquel on veut l'accoupler. Il y a sur-tout deux pages de mensonges & d'horreurs sur la reine de France, qui le rendent digne du feu. La police cherche sagement à en retirer tous les exemplaires. On dit qu'il y a déja chez vous plusieurs colporteurs à la Bastille, pour avoir vendu ce libelle.

On parle d'un ouvrage rare sur la vie ou l'administration du comte de Maurepas ; mais je ne le connois pas encore.

7 *Février*. Le sieur Gramont est un bel exemple de l'inconstance du public, & du peu de fond qu'un artiste doit faire sur sa faveur. Le Kain venoit de mourir ; il parut, & tout le monde crioit au miracle. On vouloit que ce fût le défunt ressuscité ; on lui trouvoit sa voix, ses gestes, une telle ressemblance, qu'il passoit pour le fils du défunt. L'amour-propre du nouvel acteur s'est tellement exalté, qu'il n'a plus étudié, & est resté dans sa médiocrité. Le parterre, également outré dans son amour & dans sa haine, a pris le sieur Gramont en gripe, & enfin, a manifesté son dégoût par l'explosion dont on a rendu compte. Les suites en ont été funestes pour lui au point que, comme il n'étoit reçu qu'à la pension, les gentilshommes de la chambre ont donné ordre de le renvoyer absolument.

8 *Février*. On a parlé autrefois d'un sieur de l'Epine, neveu du sieur de Beaumarchais, que celui-ci avoit envoyé en 1777 chez les insurgents, avec un brevet d'officier & une pacotille considérable de ses mémoires, de ses pamphlets & de ses comédies. Ce jeune homme n'a pas fait fortune avec; il a été obligé de revenir; & son oncle lui a su mauvais gré de n'avoir pas tiré meilleur parti de ses œuvres. Il lui a fait fermer sa porte; d'un autre côté, ses camarades se sont moqués de lui, & le sieur l'Epine a été si sensible à ces affronts, qu'il a essayé de se brûler la cervelle. Ayant manqué deux fois son coup, il a mis le feu à sa chemise pour s'étouffer. Touché de remords & prévoyant les suites funestes que cet accident pourroit causer à sa famille, aux voisins, &c. en mettant le feu à la maison, il a appellé du secours, mais trop tard pour lui: il est mort des suites de son accident.

8 *Février*. On parle beaucoup d'un nouveau rescrit de l'empereur, où il attaque le clergé plus vivement que jamais, & le renferme dans les bornes les plus étroites de son ministere, en le réduisant aux fonctions des premiers apôtres. Ce rescrit, envoyé à Bruxelles, a paru aux magistrats tellement propre à exciter les réclamations des prêtres & le fanatisme des peuples, qu'ils ont représenté à leur souverain qu'ils n'osoient l'enrégistrer. Ce monarque a eu la modération de ne pas l'exiger, mais a ordonné qu'on s'y conformât dans toutes les occasions.

On raconte à ce sujet que lorsque l'empereur eut eu avec le roi de Prusse les conférences dont on a parlé dans le temps, ce dernier écrivoit à Voltaire; " Je ne crois pas que l'empereur m'ait

„ pris pour fon confident; mais à en juger par „ fa converfation, c'eft un philofophe qui nous „ effacera; nous ne fommes, vous & moi, que „ de petits garçons auprès de lui. „

9 *Février*. Un des meffieurs du châtelet a en effet dénoncé aux fervices affemblés le mémoire contre M. de Brunville, comme un libelle. Cette dénonciation a tourné abfolument à la gloire du procureur du roi, dont il a été fait le plus grand éloge, ainfi que de M. le Noir, le lieutenant- général de police, impliqué dans l'affaire, & qu'on accufoit d'abus d'autorité. L'on a arrêté de laiffer, du refte, prendre au procès une tournure qu'il plairoit à la fageffe du monarque de lui donner.

Il paroit que l'objet de ces meffieurs étoit uniquement de caufer quelque mortification au lieutenant civil, qui avoit voulu empêcher le châtelet de prendre connoiffance du mémoire.

On croit de plus en plus que tout l'efclandre eft une fuite des manœuvres ténébreufes de M. Moreau, l'ancien procureur du roi, cherchant à mettre fon fucceffeur *in reatu*, afin de fe faire donner des lettres de *continuatur*, & en gardant le prix de l'office, d'en conferver toujours les émoluments.

Par bonheur meffieurs du châtelet ont éventé cette mine fourde.

10 *Février*. La maifon de Sorbonne, depuis la mort de M. Beaumont, étoit fort occupée du choix du fucceffeur de ce prélat à la dignité de provifeur, dignité purement honorifique, mais poffédée d'ordinaire & toujours par les membres les plus diftingués du clergé, foit du côté de la naiffance, foit du côté du mérite. Plufieurs Rohan l'ont eue, & cette fois

les grands perfonnages de cette maifon ont defiré la faire rentrer chez eux. Cela regardoit naturellement l'archevêque de Cambray, parce qu'il eft de la maifon de Sorbonne, condition requife pour la place; mais ce prélat étant peu confidéré, même affez décrié pour fes mœurs, le cardinal de Rohan a cru devoir fe mettre en avant, & n'a eu pour compétiteur à craindre que le cardinal de la Rochefoucault. Tant que la concurrence a duré, il y a eu beaucoup de brigue; les zélés ont gémi qu'on pût balancer en faveur du premier, dont les fcandales dans fa jeuneffe n'ont pas été moins grands que ceux de fon frere, & qui d'ailleurs paffe pour n'être pas fort religieux, & même malgré fon mandement, pour entiché de la philofophie moderne, c'eft-à-dire, de matérialifme & même d'athéifme. On ne fauroit rendre toute la diffention que cette querelle a mife entre les électeurs. M. le cardinal de la Rochefoucault n'eft pas un génie, difoient fes partifants; mais il remplit très-bien toutes les fonctions de fon état; c'eft un prélat exemplaire & d'un nom qui n'eft pas médiocre. Malgré ces réflexions, comme l'élection fe fait à haute voix, & non par fcrutin, la faveur l'a emporté; bien des docteurs timides n'ont ofé choifir fuivant leur vœu, ont craint le crédit du grand-aumônier, & le cardinal de Rohan a eu 48 voix contre 34 pour fon compétiteur. C'eft le jeudi 31 janvier que la chofe a été décidée. On a paffé même par deffus l'ufage & la régle, puifque le cardinal de Rohan n'eft pas de la maifon.

10 *Février*. Extrait d'une lettre de Bar-le-Duc, du 28 janvier.... M. l'abbé Merlet, maître de mufique de l'églife noble & royale de St. Max

de cette ville, ayant atteint le 16 de ce mois fa centieme année, a donné ce jour-là un repas fplendide, auquel il avoit invité un grand nombre de perfonnes, & dont il a fait les honneurs avec un enjouement qui ne laiffoit aucunement appercevoir le poids de fes années. Il y a eu enfuite un concert, dans lequel on a chanté un motet en l'honneur de ce refpectable vieillard, qui a paru très-fenfible à tous les témoignages d'intérêt & de fatisfaction qu'il a reçus de toutes les perfonnes qui y ont affifté. M. l'abbé Merlet, né à Befançon le 16 janvier 1682, a été pendant plufieurs années maitre de mufique de Saint Germain-l'Auxerrois, à Paris. Lors de la réunion des canonicats de cette églife à ceux de Notre-Dame, il quitta & revint dans fa patrie pour y occuper la place qu'il a. Malgré fon grand âge, il jouit d'une préfence d'efprit admirable, & il n'y a que trois ans qu'il ne fait plus exécuter par lui-même la mufique de cette églife.

11 *Fevrier.* Jufqu'à préfent *Silius Italicus*, poëte latin, auteur d'un poëme fur la feconde guerre punique, étoit peu eftimé & prefqu'ignoré. M. le Febvre de Villebrune a entrepris de le mettre en vogue. Il a d'abord corrigé le texte fur quatre manufcrits, & fur la précieufe édition de *Pomponius*, donnée en 1471, inconnue de tous les éditeurs. Il l'a complette enfuite d'un long fragment trouvé dans la bibliotheque du roi. Enfin, il y a joint une traduction françoife. Il efpere avec ces foins multipliés avoir rendu fon auteur, fruit précieux de la plus faine critique, digne d'être rangé par les univerfités au rang des auteurs claffiques, & lui procurer une célébrité qu'il

mérite. Malheureusement, sa traduction est sans élégance & d'une sécheresse extrême.

11 *Février*. La société royale de médecine, pour enlever de plus en plus à la faculté toute la considération qu'elle pourroit avoir, & lui ôter les divers moyens de faire connoître & d'exalter les ouvrages de ses membres, pour mieux répandre au contraire ceux des membres de la nouvelle compagnie par un organe tiré de son sein & toujours prêt à les prôner, a imaginé d'avoir un ouvrage périodique à elle. Il sera intitulé: *Journal de médecine Militaire*: il est imprimé au louvre, publié par ordre du roi, & n'est point destiné à être exposé en vente: il paroîtra tous les trois mois. La rédaction en est confiée à M. de Horne, médecin de Mad. la comtesse d'Artois, & confrere de la société royale; c'est la société qui est chargée par le roi de l'examen du journal. Tout cela prouve combien il est favorisé.

11 *Février*. Hier on jouoit à l'opéra *Iphigénie en Aulide*. M. le marquis de la Fayette y étoit en loge. Le public l'a découvert dans le fond, où sa modestie l'obligeoit de se tapir, & a saisi le moment où le chœur chante: *Achille est couronné des mains de la victoire*, pour l'applaudir. Ce signal a encouragé l'actrice, qui, de son propre mouvement, a dirigé vers lui une couronne de laurier qu'elle tenoit en main. Elle n'a pu en faire davantage, n'y étant point autorisée par ses supérieurs. Le parterre a admiré la présence d'esprit de Mlle. Torlay, qui avoit si bien saisi son vœu, & a redoublé de battements de mains.

Tous les talons rouges, présents au triomphe du jeune héros, n'ont pas également approuvé l'action de Mlle. Torlay: ils sont furieux que

M. de la Fayette, à 24 ans, foit défigné maréchal-de-camp, fans avoir paffé par le grade de brigadier; ils difent qu'il n'a rien fait d'extraordinaire, & qu'ils en auroient bien fait autant, s'ils avoient eu les mêmes occafions.

Au furplus, cette récompenfe eft accordée par S. M. avec tous les ménagements poffibles. M. de la Fayette n'a qu'une lettre du roi, où S. M. lui déclare qu'étant au fervice de l'étranger, il n'eft point fufceptible d'aucun grade en France, mais cependant qu'elle le fait maréchal-de-camp fans aucune fonction, & à prendre rang de la date du jour de cette lettre, lorfqu'il plaira à S. M. de le faire rentrer dans fes armées.

12 *Février*. Les amateurs des arts & des fpectacles s'empreffent de fe pourvoir d'une collection précieufe de buftes, que vient de mettre en vente le fieur Merchi fculpteur. Ils font au nombre de quinze, & repréfentent MM. *Piccini, Sacchini, le Gros, Lainé*, Mlles. *Beaumefnil, Girardin, Cadette, Guimard, Heinel, Théodore, Allard, Peflin*, MM. *Veftris* pere, *Nivelon, Carlin* & Mad. *Todi*.

12 *Février*. Un des grands inconvénients de l'arrêt du confeil du 9 décembre 1780, ordonnant la relute des pieces déja reçues à la comédie françoife, c'eft que les meilleurs auteurs ou ne veulent pas s'y foumettre, fous prétexte qu'ils ne peuvent le reconnoître, n'ayant pas la fanction légale, qui eft l'enrégiftrement, ou reculent parce qu'ils craignent le reffentiment des comédiens, dont l'animofité pourroit les porter à refufer leurs ouvrages. Au contraire, les médiocres profitent de la circonftance pour paffer fur le corps des anciens, ou pour jouir d'une indulgence fur

laquelle

laquelle ils comptent de la part des histrions flattés de leur soumission. Voilà pourquoi depuis plus d'un an on n'a vu à ce théatre presque que des chûtes.

Quoi qu'il en soit, c'est à cette conjoncture heureuse pour lui, que nous devons la comédie du *Flatteur*, de M. *Lantier*, connu encore seulement par l'*Impatient*, petite piece très-médiocre.

On assure que le sieur *Préville*, chargé d'un rôle assez étendu, puisqu'il étoit d'environ trois cents vers, paroissant se peu soucier d'y jouer, l'auteur, pour satisfaire cet acteur, a supprimé tout-à-fait de sa piece le personnage qu'il devoit représenter. On peut juger par cette anecdote du reste de l'ouvrage.

13 *Février*. Une cause de dol & d'usure compliquée, jugée le 7 de ce mois au châtelet, a fait grand bruit & attiré beaucoup de spectateurs, moins à raison du fonds que des personnages acteurs dans cette scene judiciaire. D'une part, c'étoit un chevalier de *Rutlidge*, Irlandois d'origine, homme de condition, capitaine de cavalerie, auteur de la comédie du *Bureau d'esprit*, du joli Roman de la *Quinzaine Angloise*, & d'un ouvrage périodique, intitulé *le Babillard*; & de l'autre, M. *Deherain* notaire, accusé d'avoir profité de la candeur & de l'inexpérience du jeune client qu'on lui avoit adressé, pour, avec le secours de confreres & intrigants, aussi peu délicats que lui, dépouiller cet étranger, &, le conduisant à travers un labyrinthe de manœuvres incroyables, le plonger dans un précipice dont il ne pût se retirer. Celui-ci trainoit à sa suite son corps, intéressé à conserver l'honneur d'un de ses membres, & une foule d'agioteurs, d'usuriers, d'escrocs,

avides d'apprendre comment on élude les loix, jufqu'à quel point on peut les enfreindre & compter fur leur indulgence : l'autre avoit en fa faveur tous les gens de lettres, tous les fils de famille perdus de débauche, tous les militaires fans conduite, defirant voir le glaive de la juftice frapper fur quelqu'un de ces corrupteurs publics, leur fourniffant de funeftes facilités de fe ruiner, afin d'acquérir leurs biens à bon compte enfuite, & de s'enrichir à leurs dépens.

Le fujet du procès étoit une terre vendue 120,000 liv. par le chevalier de Rutlidge, à peine majeur, fans expérience, ignorant la valeur de ce bien, eftimé aujourd'hui 400,000 liv, acquife par le fieur Deherain, fous un nom fictif, quoique fon notaire & fon confeil ; enfin, une ufure énorme de cet officier public, qui, fous prétexte de lui acheter fa créance fur le débiteur prétendu acquéreur de la terre, ne lui avoit donné qu'une très-petite valeur réelle.

M. Deherain récriminoit contre les infultes, les menaces du chevalier ; que, pour en arracher quelque argent, il a fait un libelle contre lui, &, fur fon refus d'acheter fon filence, le répand, le fait colporter dans les maifons, dans les cafés, le fait vendre chez un libraire pour trente fous & chez tous les marchands de nouveautés, enfin, fait afficher un placard en ces termes : *du 14 février 1774, acquifition clandeftine & à vil prix par un notaire au châtelet de Paris, de la terre que fon client l'avoit chargé de vendre.* Il produit en fa faveur le jugement de ce procès criminel, qui, après fix féances de rapport & l'examen le plus fcrupuleux, le décharge de toute accufation, lui permet de faire imprimer & afficher le jugement, sauf à se pourvoir ainsi qu'il avisera.

L'affaire reprise au civil, M. Deherain a publié une consultation en date du 3 février 1762, signée de neuf des plus fameux jurisconsultes, tous regardant comme inique & sans fondement l'attaque du chevalier; & en effet, il a succombé sous la sentence définitive.

14 *Février*. On accuse Mad. la comtesse de Genlis, dans le nouvel ouvrage qu'elle vient de faire paroître sur l'éducation, d'avoir tracé des portraits très-ressemblants & très-satyriques, entr'autres un de Mad. de la Regniere, femme du fermier-général, sa bienfaitrice, & qui l'a accueillie dans un temps où elle manquoit de tout. Cette ingratitude a révolté: Mad. de la Regniere a un fils, homme de lettres, qui n'a pu supporter l'injure faite à sa mere, & qui dit-on, s'est permis une chanson contre la premiere. Cette chanson est très-médiocre & d'une méchanceté plate; on ne peut la croire de M. de la Regniere, qui a trop d'esprit pour n'avoir pas vengé sa mere d'une façon plus spirituelle, & trop d'honnêteté pour n'avoir pas mis plus de noblesse & de grandeur dans son procédé. Quoi qu'il en soit, comme elle fait anecdote & contient un historique précieux de la vie d'une femme qui fixe aujourd'hui l'attention de toute la cour & des gens de lettres, la voici. Elle est sur *l'air des trembleurs*.

Saint-Aubin (1) dans sa patrie
Ne vivoit que d'industrie;

---

(1) Nom de fille de Mad. la comtesse de Genlis.

Elle étoit affez jolie,
Ses nuits lui payoient fes jours,
Bientôt par fon favoir-faire,
A l'abri de la mifere,
Son ame fut un repaire
De fraudes & de détours.

Genlis, époux digne d'elle,
De fes vices le modele,
Brûlant d'une ardeur fidelle,
Vient lui préfenter fa main :
Dans l'efpoir du cocuage,
Il conclut fon mariage,
Fondant fon honteux ménage
Sur une époufe catin.

Graces à fon impudence,
La voilà dans l'opulence ;
Se livrant à fa fcience,
Elle trame des noirceurs.
Elle imprime une bétife ;
Pour confommer fa fottife,
Elle doit tout à Céphife,
Elle en écrit des horreurs.

14 *Février*. *Coraline*, ancienne actrice très-célebre dans fon temps fur la fcene italienne, vient de mourir. M. le prince de Conti d'aujourd'hui, alors comte de la Marche, avoit conçu pour elle une paffion violente, & lui avoit fait beaucoup de bien. Il lui avoit acheté le marquifat de Silly, nom qu'a d'abord porté un fils qu'il en a eu, qu'il a reconnu, qu'il a logé dans fon palais ; occafion de fa rupture avec la comteffe de la Marche, & qu'il aime tendrement. Il eft connu

aujourd'hui dans le monde pour le chevalier de *Vaureal*. Coraline se nommoit en son nom *Véronèse*, & étoit de cette famille fort connue dans la troupe. Elle étoit sœur de feu Camille, infiniment plus estimable qu'elle par ses talents & par sa conduite.

Coraline avoit eu plusieurs amants distingués, entr'autres le prince de Monaco, qui un jour l'ayant surprise couchée avec un guerluchon obscur, se contenta de cette vengeance : il fit simplement emporter de chez elle tout ce qui, étant à ses armes, pouvoit servir de monument de sa passion honteuse & la quitta.

15 *Février*. On ne tarit point sur le compte de Mad. de Genlis. Voici encore une caricature sur elle en forme d'*énigme*.

En physique je suis du genre féminin ;
Dans le moral je suis du masculin :
Mon existence hermaphrodite
Exerce maint esprit malin ;
Mais la satyre & son venin
Ne sauroient ternir mon mérite.
Je possède tous les talents,
Sans excepter celui de plaire :
Voyez les fastes de Cythere,
Et la liste de mes amants ;
Et je pardonne aux mécontents
Qui seroient d'un avis contraire.
Je fais assez passablement
L'ortographe, l'arithmétique ;
Je déchiffre un peu la musique,
Et la Harpe est mon instrument.
A tous les jeux je suis savante,
Au trictrac, au trente & quarante,

Aux échecs, comme au biribi,
Au vingt & un, au reverfi ;
Et, par les leçons que je donne
Aux enfants fur le quinola.
J'efpere bien qu'un jour viendra
Qu'ils fauront le mettre à la bonne.
C'eſt le plaifir & le devoir
Qui font l'emploi de ma journée :
Le matin ma tête eſt fenfée,
Elle devient foible le foir ;
Je fuis monfieur dans le lycée,
Et madame dans le boudoir.

16 *Février*. Mlle. d'Orléans, morte le fix au Palais-Royal, des fuites de fa rougeole, a été ouverte le huit fous la préfidence du docteur *Petit*. Cette opération étoit importante pour la réputation du docteur Barthes, qui avoit prétendu que la jeune princeſſe avoit un abcès dans la tête. M. Petit, par l'ouverture de cette partie noble, lui a démontré qu'il s'étoit trompé. Cependant, comme il y a un épanchement féreux, M. Barthes prétend fe fauver par là. Quoi qu'il en foit, voici le deffous de cartes de cette querelle : Mad. de Genlis y entre encore pour quelque chofe.

Soit rivalité d'efprit, foit mécontentement perfonnel, foit hauteur, on a prétendu que Mad. de Genlis, dans fon nouvel ouvrage, avoit auſſi tracé le portrait de Mad. de Monteſſon, & cherché à la traduire en ridicule. On veut que celle-ci, pour fe venger, ait engagé le docteur Barthes à profiter de la circonftance de l'état défefpéré de Mlle. d'Orléans, pour fuppofer qu'elle étoit tombée & qu'elle mourroit de cette chûte, caufe d'un abcès qu'on n'avoit pas prévu à temps. C'étoit inculper ainſi indirectement la gouvernante de négligence envers la jeune princeſſe, ou d'une réticence non moins funeſte ; elle eſpéroit par là lui aliéner au moins Mad. la ducheſſe de Chartres, ce qui pouvoit conduire à lui faire perdre ſa place de gouverneur. Juſqu'à préſent tout ce complot, s'il a exiſté, n'a tourné que contre le médecin.

16 *Février*. La comédie *du Flatteur*, jouée hier, n'a pas eu le ſuccès que l'auteur s'en promettoit, mais n'eſt pas auſſi mauvaiſe qu'on s'attendoit à la trouver. On l'a jugée en général beaucoup trop longue, chargée de perſonnages épiſodiques & n'étant point aſſez liée dans ſon intrigue, foible d'ailleurs, mal combinée & ſans vraiſemblance. On s'eſt apperçu de la ſuture où devoit ſe joindre le rôle ſupprimé de Préville, qui ne laiſſe en effet aucun vuide, & il ne ſeroit pas difficile d'en faire diſparoître ainſi pluſieurs autres. Cette piece devroit être réduite en trois actes, élaguée d'une foule de choſes acceſſoires ſuperflues, & le caractere principal pourroit alors devenir plus ſaillant & avoir plus de jeu. Il faut voir au ſurplus comment le poëte l'aura arrangée pour la ſeconde repréſentation, & quel effet elle produira.

16 *Février*. M. de *la Live d'Epinay* vient de mourir ; c'étoit un riche amateur des arts, jouant la comédie, & en faiſant exécuter à ſa terre avec beaucoup de goût & de magnificence ; ſa femme eſt une virtuoſe, ſur-tout célebre par la paſſion de J. J. Rouſſeau, que le mari avoit recueilli chez lui, & qu'il appelloit ſon *Ours*.

17 *Février*. Le muſée de M. Pilatre de Rozier, infiniment préférable à l'aſſemblée de M. de la Blancherie, acquiert de plus en plus conſiſtance. C'eſt une ſource d'inſtructions continuelles, d'ex-

périences rares & hardies, très-capables d'attirer les curieux & de foutenir leur attention beaucoup plus qu'un fpectacle muet, ne parlant qu'aux yeux, fouvent ftérile, ou la répétition des mêmes chofes. Il eft queftion aujourd'hui d'éprouver des machines propres à garantir les citoyens des dangers des eaux.

On plongera dans un très-grand cuvier d'eau un homme revétu d'une robe impénétrable à cet élément, & il en reffortira fec ; & les fpectateurs en le touchant pourront s'affurer de la vérité du fait. Le même homme fera plongé encore, après avoir fucceffivement revétu plufieurs fcaphandres, & on lui mettra plufieurs poids fur le corps pour prouver qu'une perfonne qui ne fait pas même nager, peut en fauver une autre qui feroit dans le cas de périr.

On fera voir auffi une autre robe de foie qui concentre tellement la chaleur du corps, qu'une perfonne qui en feroit revêtue en voyageant, ne fentiroit pas les froids les plus rigoureux qu'on éprouve dans les régions du Nord.

On parle encore d'un bonnet pourvu d'une torche propre à éclairer ceux qui dans la nuit vont fauver des eaux les hommes & les ballots.

Le même auteur doit faire la démonftration de plufieurs autres machines pour garantir des dangers de l'eau, & même des chûtes mortelles auxquelles font expofés ceux qui fecourent dans les incendies, & ceux qui par état font obligés de travailler dans des endroits périlleux & fort élevés ; enfin, il eft queftion de l'*Echelle en fufée*, qui fauve 180 hommes en moins d'une heure, avec leurs meubles les plus précieux, &c.

Tout cela reffemble beaucoup à de la charlatannerie, & il faut voir comment l'inventeur opérera tant de merveilles.

17 Février. Chaque faison a fes fpectacles périodiques, qui varient de lieu & de forme fuivant les convenances. Celui du carnaval eft l'affemblage des mafques qui rempliffent, foit à pied, foit en carroffe, toute la rue Saint-Antoine, tout le fauxbourg, & prennent leurs ébats jufqu'au trône. Il y a quarante ans & peut-être un demi-fiecle, que cette cohue très-brillante, formée des plus grands feigneurs de la cour, des princes & même des princeffes du fang, accompagnée d'équipages & de voitures magnifiques, de chars nouveaux & bizarres, à l'image d'un vafte bal public, joignoit celle des promenades de l'été. La triftefle des dernieres années du regne de Louis XV, avoit abfolument fait tomber ce genre de divertiffement, qui n'étoit plus foutenu que par la police, foudoyant quelques gens de la canaille pour amufer le refte.

Il paroit reprendre fous le regne de Louis XVI, où le peuple refpirant eft plus libre de fe livrer à fa gaieté naturelle. Son caractere, porté à la joie & aux folies, s'eft fur-tout manifefté cette année, & le concours nombreux d'acteurs, de fpectateurs & de carroffes, favorifé par la beauté du ciel, a ramené ces fpectacles des anciennes orgies qu'on regrettoit; mais en même temps l'ordre le mieux établi a prévenu les excès & les malheurs trop ordinaires à de femblables fêtes. Le guet, répandu depuis la Greve jufqu'au terme de la courfe, prefcrivoit aux voitures leur marche & empêchoit toute confufion, ce qui en rendoit le coup d'œil encore plus enchanteur.

La foule des mafques a été telle qu'ils fe font répartis en une autre promenade, & ont occupé aussi la rue Saint-Honoré, moins propre par sa largeur à cette procession, mais plus riche & plus décorée. On ne doute pas que ce goût ramené, on n'enchérisse encore à l'avenir sur la magnificence de nos anciens en ce genre.

17 *Février*. Les comédiens Italiens se disposent à donner incessamment au public encore une nouveauté. Cette fois c'est une comédie en un acte, en prose, ayant pour titre : *Les deux Fourbes*.

18 *Février*. M. le président de Châteaugiron, vient de mourir. Son nom, déja en exécration en Bretagne, n'est pas moins détesté ici de ceux qui n'aiment ni les fourbes, ni les traîtres. Avocat-général au parlement de Bretagne, il desiroit passer à la place de procureur-général, & fut un des plus ardents persécuteurs de MM. de Caradeuc; obligé de sortir de sa compagnie, il est resté tout dévoué à M. de Maupeou, a été président de son parlement & grand coopérateur de la révolution. Repoussé au grand-conseil lors du rétablissement, il a eu la douleur de ne pouvoir même obtenir la premiere place de cette compagnie, & de se voir passer sur le corps le plus jeune, le président de Nicolaï; il avoit pris le parti de ne plus assister au tribunal; &, bourrelé de remords, humilié de toutes les manieres, perdu de réputation, il y a grande apparence que le chagrin aura accéléré sa fin.

18 *Février*. Quoique la comédie du *Flatteur*, de Jean-Baptiste Rousseau, ait été représentée dix fois de suite en 1696, & sept fois en 1717; qu'il la reproduisît en vers, car d'abord elle étoit en prose, on la regarde généralement comme n'ayant point eu de succès. On blâmoit ce grand lyrique d'avoir fait de son Flatteur un intriguant, un

fourbe & même un efcroc ; en forte qu'il devenoit odieux & rebutant. L'auteur de la piece moderne fous le même titre, en profitant de quelques fituations de l'ancienne, a tellement modifié le caractere de fon Flatteur, qu'on ne peut guere lui reprocher de l'avoir calqué fur l'autre ; mais auffi il l'a finguliérement affoibli ; il l'a privé de fes traits énergiques, & le dénouement reffemble trop à celui du Mifanthrope, à celui du Méchant, à celui des Philofophes & à plufieurs encore.

Quoique l'auteur n'ait pas fuivi les confeils qu'on lui avoit donnés d'élaguer prodigieufement fon ouvrage & de le réduire même à trois actes, de le purger du moins d'une quantité de plaifanteries de mauvais goût ; il a eu recours à un moyen plus prompt & plus fûr pour le moment : il a rempli le parterre de vigoureux battoirs, & fes partifans prétendent qu'à cette feconde repréfentation il a eu un fuccès décidé.

19 *Février*. C'eft au jeudi 21 qu'eft fixé le jour de la réception de M. le marquis de Condorcet à l'académie françoife.

20 *Février*. M. le Baron de Bagge, très-connu par un procès fameux que fa femme lui a intenté, il y a déja quelques années, l'eft encore plus par des concerts qu'il donne depuis long-temps, les plus brillants de Paris. Il eft fou de mufique, il ne parle que de mufique, il ne rêve que mufique, il ne vit qu'avec des muficiens, & il confacre à cette paffion les trois quarts de fa fortune confidérable. Il ne vient point de virtuofe à Paris qu'il ne veuille voir & entendre, à quelque prix que ce foit. C'eft ordinairement chez lui qu'on débute avant de paroître au concert fpirituel.

Malheureufement, M. le baron de Bagge a la
D 6

manie de jouer du violon ; & quoique plein de goût & de connoiffances, quoiqu'ayant le tact excellent pour apprécier le talent d'autrui, il eft aveugle pour fon propre compte ; il croit ne pas jouer fimplement comme un amateur, mais comme un profeffeur confommé. En conféquence, il n'eft aucun de fes concerts où il ne veuille régaler l'affemblée de quelque *folo* de fa façon, & il faut, pour lui plaire, l'entendre avec la plus grande attention, le combler de *bravo*, de *braviffimo*. Cette farce dépare un peu la magnificence de fon fpectacle, plus renommé encore pour la mufique inftrumentale que pour la vocale. Quoi qu'il en foit, tout ce peuple d'Harmoniphiles, qui ne vit qu'à fes dépens, l'entretient dans fa folie, & l'encenfe du foir au matin fur fon fuperbe jeu, fur fon archet divin.

Enfin, il vient tout récemment de fe faire peindre, un violon à la main comme un meneftrier, regardant cet inftrument pour fon plus digne attribut. Un plaifant lui a offert très-férieufement le quatrain fuivant à infcrire au bas, & fon amour-propre le lui a fait adopter, quoiqu'il foit facile de juger que ce n'eft qu'un perfiflage complet.

Du Dieu de l'harmonie adorateur fidele,
Son zele impétueux ne pouvoit s'arrêter :
Dans l'art du violon il n'eut point de modele,
Et perfonne jamais n'ofera l'imiter.

20 *Février*. L'hiver qui jufqu'ici avoit été très-doux, eft devenu dans ce mois feulement très-rigoureux. Le thermometre ayant baiffé la nuit du 14 au 15 jufqu'à 7 degrés, terme du froid où la Seine commence ordinairement à charier,

ce phénomene a eu lieu ; & dans la nuit du 16 au 17, le thermometre defcendant encore jufqu'à plus de 10 degrés, froid de 1740, la riviere s'eft trouvée abfolument prife.

Dans cette faifon un froid auffi exceffif ne peut être de durée ; le 19 le dégel étant venu fubitement, la débacle des glaçons a occafionné de grands dégâts, a renverfé l'eftacade conftruite entre l'Ifle-Louvier & la pointe de l'Ifle-Saint-Louis, & entraîné pêle-mêle une quantité de bateaux chargés de grains, bois, charbon, &c. dont les marchandifes ont été fubmergées totalement ou avariées. La grande patache a démaré & caufé le défordre le plus confidérable. Deux moulins & la pompe des puifoirs ont été brifés ; enfin, fi l'impétuofité de la débacle eût continué, il étoit à craindre que les premiers ponts n'euffent effuyé des ébranlements funeftes. Auffi la ville s'eft-elle affemblée extraordinairement, & a ordonné à tous les habitants des ponts de déménager fur le champ. Les craintes fe font diffipées bientôt, & il n'y a point eu d'autres fuites. On eftime à plus d'un million la perte des bâtiments, denrées & effets ; mais on croit que c'eft exagéré de beaucoup.

20 *Février*. L'édition complete des œuvres de M. l'abbé de Voifenon paroît enfin. On y lit quelques notices fur des gens de lettres morts & vivants, dans le genre de celles de Voltaire à la fin du fiecle de Louis XIV, mais beaucoup plus gaies ; plus piquantes & plus fatyriques. Meffieurs Marmontel & Diderot, entr'autres, s'y font trouvés tellement maltraités, qu'ils ont obtenu la fufpenfion de la diftribution de l'ouvrage, & un carton à leur article. Le défunt peignoit le premier

comme une espece d'étalon, qui s'étoit fait bien venir de quelques riches financieres, & avoir accru sa fortune considérablement plutôt par ses talents physiques que par ses talents littéraires.

Le second étoit représenté comme un charlatan ne croyant pas à sa drogue, comme un enthousiaste factice, cherchant à électriser ses admirateurs; comme un fourbe, propre à faire des dupes; en un mot, l'abbé de Voisenon sembloit à cet égard s'accorder assez avec ce qu'en dit *Rousseau* dans ses confessions.

22. *Février*. M. le marquis de Menars étant mort sans enfants & sans avoir fait de testament, du moins sans qu'on ait jamais pu trouver celui qu'il avoit déclaré avoir fait, il s'éleve un procès au sujet de sa succession entre M. Poisson de Malvoisin & les héritiers plus proches, & la veuve de M. de Menars. C'est ce qui a donné lieu à l'impression des testaments & codiciles de madame la marquise de Pompadour, dont le frere avoit fait casser quelques dispositions, que M. de Malvoisin veut faire valoir aujourd'hui, & sur lesquelles il revient au parlement par requête civile. Il en est d'autres dans cette piece à conserver, & qui sont vraiment curieuses.

Après un préambule religieux où madame de Pompadour se recommande à Dieu, à la Vierge & à tous les saints & saintes du paradis, elle desire que son corps soit enterré aux capucines sans cérémonie, dans le caveau qui lui a été concédé dans leur église.

Elle donne au roi son hôtel de Paris, étant susceptible de faire le palais d'un de ses petits-enfants, & elle desire que ce soit monseigneur le comte de Provence.

Elle donne également à S. M. toutes ſes pierres gravées par *Guay*, ſoit bracelets, bagues, cachets, pour augmenter le cabinet de pierres fines gravées du roi.

Elle inſtitue, au ſurplus, ſon légataire univerſel, Abel-François Poiſſon, marquis de Marigny, ſon frere ; & en cas de mort ſans enfants, lui ſubſtitue M. Poiſſon de Malvoiſin, chef de Brigade des Carabiniers, & ſes enfants.

Elle nomme pour ſon exécuteur teſtamentaire le prince de Soubiſe, avec les pouvoirs les plus amples ; elle en parle avec une véritable affection, & lui legue une gravure de Guay, repréſentant *l'amitié. C'eſt ſon portrait & le mien*, ajoute-t-elle ; *depuis vingt ans que je le connois ;* elle ſe flatte qu'il ne s'en défera jamais, & qu'elle lui rappellera la perſonne du monde qui a eu pour lui l'amitié la plus tendre.

Elle donne des marques d'amitié auſſi à Mad. la maréchale de *Mirepoix*, à Mad. de *Château-Regnault*, à la ducheſſe de *Choiſeul*, à la ducheſſe de *Grammont*, au duc de *Gontault*, au duc de *Choiſeul*, à Mad. *d'Amblimont*.

A l'égard de Mad. *du Rouve*, elle lui legue le portrait de ſa fille en boëte garnie de diamants, quoique ſa fille, dit-elle, n'ait pas l'honneur de lui appartenir. On croit que toutes ces dames & ces meſſieurs ſe feroient bien paſſés d'une telle publicité.

Le premier teſtament eſt daté de Verſailles, le 15 novembre 1757.

Il y a de nouvelles diſpoſitions, du 30 mars 1761, entr'autres la ſubſtitution indéfinie du marquiſat & pairie de Menars au marquis de Marigny, & à ſes enfants & petits-enfants mâles,

& toujours à l'aîné ; & en cas de mort de fon frere fans poftérité, à M. Poiffon de Malvoifin.

Le codicile dernier eft daté du 15 avril 1764; & n'a été que dicté par la teftatrice au fieur Colin, fon intendant.

21 *Février*. On vient d'imprimer par ordre du gouvernement *l'Anti-méphitique*, ou moyens de détruire les exhalaifons pernicieufes & mortelles des foffes d'aifance, l'odeur infecte des égouts, celle des hôpitaux, des prifons, des vaiffeaux de guerre, &c. avec l'emploi des vuidanges neutralifées & leur produit étonnant.

C'eft un M. Janin de Lyon, médecin oculifte, de la fociété royale de médecine de Paris, qui a fait cette découverte, plus fimple encore dans fon genre, s'il eft poffible, que celle du fieur *Vera*, plus facile du moins, puifqu'elle ne confifte que dans une fimple afperfion de gros vinaigre, renouvellée par intervalle.

M. le comte de Vergennes, ayant le Lyonnois dans fon département, a en conféquence très accueilli ce précieux citoyen, l'a préfenté au roi qui lui a témoigné beaucoup de bonté, & a voulu qu'après avoir conftaté par des expériences réitérées la vertu de fon fpécifique, le fieur *Janin* inftruisît toute la France de fon fecret.

Il ne demande pour récompenfe que le cordon de Saint-Michel, & l'on ne doute pas qu'il n'obtienne bientôt une grace auffi bien méritée.

22 *Février*. M. le comte de Thélis n'ayant pu tirer du gouvernement les fecours qu'il en efpéroit, & les premiers bienfaiteurs s'étant laffés vraifemblablement, les écoles nationales militaires font fufpendues dans leurs travaux, & il fe

restreint à maintenir l'école des gentilshommes, attendu que c'est suivre le vœu de la famille royale, desirant que les fonds de sa bienfaisance fussent spécialement consacrés à cette classe d'éleves.

Il paroit que l'instituteur, craignant même encore que cet établissement ne puisse se soutenir par la défection des bienfaiteurs, voudroit les lier par une sorte d'abonnement & de correspondance, dont un journal seroit l'échange & l'aliment. Il en propose un qu'il enverra en forme de mémoire chaque mois, dont le principal objet sera de rendre compte de tout ce qui aura rapport aux écoles ; on y lira les discours prononcés aux éleves, sur tous les objets de leurs devoirs & de leurs études. On n'y dissimulera point les objections qui auront été faites ; on fera valoir les réfutations & les instructions qu'on sollicite avec empressement ; enfin, on y fera l'analyse des livres nouveaux qui paroîtront sur l'art militaire.

22 *Février*. L'académie françoise a tenu hier sa séance publique pour la réception de M. le marquis de Condorcet. Son discours, trop long & peu applaudi, avoit pour objet principal de développer les progrès que les connoissances physiques & morales ont faits de nos jours, l'influence qu'ont les sciences sur le caractere d'une nation & sur son gouvernement. Il a prétendu que sans la philosophie sur-tout, d'où elles dérivent toutes, il n'y a point de saine politique, point de vraie sagesse : que l'esprit d'ordre & de justice sera toujours étranger à l'homme. Malgré le peu de sensation qu'a produit l'orateur, ses partisans disent qu'à la lecture on sera émerveillé de son ouvrage, de son éloquence douce, natu-

relle & perfuafive ; qu'en un mot, les graces du ſtyle y font alliées à la profondeur & à l'étendue des idées.

Quoiqu'il en ſoit, M. de Condorcet, après des vues générales, a paſſé, ſuivant l'uſage, à l'éloge direct de ſon prédéceſſeur ; ce qui lui a fourni matiere à une digreſſion ſur les drames dont il a fait l'apologie. On n'a pas été peu ſurpris de cette opinion ſi contraire à celle des gens du goût le plus exquis en matiere de théatre, ſur-tout de Voltaire, l'idole du parti dont M. de Condorcet eſt aujourd'hui un des coriphées. Au ſurplus, ce genre eſt dans le génie du récipiendaire, naturellement mélancolique & noir.

M. le duc de Nivernois, qui, par une réunion de circonſtances aſſez extraordinaires, étoit directeur de l'académie à la réception de Saurin, s'eſt trouvé la préſider encore à ſa mort, & en cette qualité a répondu au récipiendaire. On a trouvé ſon diſcours trop court, & les applaudiſſements n'ont pas diſcontinué : il eſt compoſé avec la clarté, la préciſion, l'aimable ſimplicité qui caractériſent toutes les productions de ce diſciple de la Fontaine ; il y a amené un éloge du comte de Maurepas, tribut qu'il devoit à la parenté & à l'amitié.

M. l'abbé de Lille a lu enſuite le premier chant de ſon poëme ſur les jardins : on l'a jugé digne des autres, dont il avoit deja régalé ſon auditoire, il y a amené un éloge de Chantilly, & de madame la ducheſſe de Bourbon. Les morceaux principalement admirés ont été la peinture du cheval, & la deſcription des jardins de Verſailles & de Marly.

La ſéance a été terminée par le bouquet accoutumé de M. d'Alembert, c'est-à-dire, par un éloge. Cette fois il avoit choisi pour son héros le marquis de St. Aulaire. Il y a mis un petit préambule dont le but étoit d'établir une ressemblance entre le récipiendaire & le défunt confrere. On n'a pu qu'admirer l'art de l'historien, sachant ainsi rapprocher les extrêmes. On a beaucoup ri à cet éloge, & peu applaudi. On a trouvé que M. d'Alembert baissoit.

23 Février. La comédie des *deux Fourbes*, dont on a donné hier la premiere représentation, est prise mot à mot de Gilblas: & l'intrigue est pour le fonds à peu près la même que celle de *Crispin rival de son maître*; mais les détails en font malheureusement moins agréables. Aussi cette piece, par la difficulté sans doute de soutenir la comparaison, n'a pas eu un succès brillant. Le dialogue sur-tout, quoique presque toujours formé de la prose de *le Sage*, a paru quelquefois languissant & dépourvu de génie : une des situations qui ont fait le plus de plaisir, c'est celle où les deux fourbes ne se connoissant pas, tâchent réciproquement de se voler. Mais ni le comique de cette scene, ni plusieurs traits d'esprit répandus dans le cours de la piece, n'ont pu satisfaire complétement le public, qui attendoit davantage de l'auteur des *Maris corrigés*.

Tel est le jugement de M. l'abbé Aubert dans les petites affiches, qu'on ne peut qu'adopter, & auquel a souscrit M. de la Chabeaussiere lui-même, séduit par le roman dont il a tiré son sujet, & qui en croyoit les scenes d'un effet plus théâtral. Il convient s'être trompé dans cet essai.

23 Févr. Les comédiens Italiens qui ont déja cinq ou six nouveautés en train, en annoncent encote une autre : c'eſt l'*Amour & la Folie*, opéra comique nouveau en trois actes, en proſe & en vaudevilles.

24 *Février*. La reine ayant bien voulu s'intéreſſer au ſieur Gramont, aſſez injuſtement expulſé de la ſcene françoiſe, il a reparu hier dans la tragédie de *Pierre-le-Cruel*, où il a fait le rôle de dom Pedre. Ce qu'on avoit prévu eſt arrivé, & ce même parterre qui l'avoit ſifflé il y a un mois, l'a applaudi à tout rompre, dès qu'il s'eſt montré ſur le théatre : il a été obligé de s'avancer & de prier lui-même, par un diſcours préparé ſans doute, de vouloir bien ſuſpendre les battements, juſqu'à ce qu'il les eût mérités.

Il faut eſpérer qu'en effet la mortification qu'il a eſſuyée le corrigera ; qu'il ſera moins inſolent & travaillera davantage.

24 *Février*. M. *Bailly* jette les hauts cris contre le comte de *Treſſan*, dont en effet l'ingratitude eſt bien noire, ſi le trait eſt vrai. Le premier raconte qu'il étoit déja ſur les rangs, lorſque le ſecond briguoit les ſuffrages de l'académie ; qu'inſtruit de cette rivalité, il avoit déclaré à M. de Treſſan que, par déférence pour ſon mérite, ſon âge & ſon rang, il ſe retiroit de la lice ; à quoi l'autre, pénétré d'une reconnoiſſance ſimulée, lui avoit répondu qu'il n'oublieroit pas ce beau procédé ; & l'on a vu que c'eſt au contraire lui qui, à la derniere élection, a fait pancher la balance en faveur de M. de Condorcet.

25 *Février*. Le véritable titre du nouveau livre de Mad. la comteſſe de Genlis, eſt *Adele & Théodore*, ou *Lettres ſur l'éducation*, contenant tous les principes relatifs aux trois différents plans d'éducation des princes, des jeunes perſonnes &

des hommes. Il eſt en trois volumes in-8°., & en forme de lettres, embraſſant un eſpace de douze ans. Le baron & la baronne d'Almane ont un fils & une fille, l'un âgé de ſept ans & l'autre de ſix. Ils ſe retirent dans une terre qu'ils ont au fond du Languedoc pour y paſſer quelques années à vaquer à l'éducation de leurs enfants; ils n'emmenent avec eux qu'une maîtreſſe de langue Angloiſe, un jeune deſſinateur qui ſait l'italien, & une femme de chambre brodant parfaitement & inſtruite de tous les ouvrages du ſexe. C'eſt avec ces ſecours, joints à leurs propres lumieres, à leurs talents, qu'ils doivent remplir leur important objet. Ils ont un fréquent commerce de lettres avec leurs parents & amis, & c'eſt dans ces épanchements particuliers qu'ils parcourent en détail tout ce qui eſt relatif aux deux derniers plans d'éducation. Quant au premier, il intervient parmi les acteurs de cette correſpondance un comte de Roſeville, chargé de l'éducation d'un prince qui traite cette matiere plus vaſte & plus intéreſſante encore.

On conçoit qu'il ne doit y avoir rien de bien ſaiſi, de bien approfondi dans ce commerce, & que cette forme de diſcuter plus agréable ne peut être que très-ſuperficielle; mais elle eſt très-variée. Tantôt ce ſont des deſcriptions, des portraits, tantôt de petits contes, des hiſtoriettes: quelquefois on cite les différents auteurs qui ont écrit ſur l'éducation; on les approuve, ou plus ſouvent on les combat, on les réfute.

A travers beaucoup de minuties, de puérilités & d'hypocriſie, il y a des choſes excellentes dans cet ouvrage, en général bien écrit, ſans recherche, d'un ſtyle élégant & naturel. L'auteur a cru devoir ſans doute le rendre piquant par des portraits prêtant à des allusions malignes, qui lui ont attiré beaucoup d'ennemis, des sarcasmes, des épigrammes, des chansons. Quoiqu'il en soit, c'est un mérite peu commun de trouver le secret de se faire lire dans trois volumes d'aussi longue haleine, sur un sujet rebattu & épuisé par les plus grands maîtres.

25 *Février*. Il paroît qu'un sieur *Aubier*, avocat du roi en la sénéchaussée de Clermont, devenu conseiller au conseil supérieur établi en cette ville en 1771, a profité de cette circonstance pour élever des prétensions à la noblesse, pour se qualifier d'écuyer, non-seulement en vertu de sa dignité nouvelle, mais à raison du droit qu'il en avoit d'ancienne date. Le souverain tribunal dont il étoit, supprimé, en a voulu le chicaner sur ce titre, & la haine de son corps, qu'il s'étoit attirée en passant au conseil supérieur, n'a pas peu contribué à lui susciter un procès fort désagréable.

La cour des aides de Clermont n'a pas été fâchée de trouver occasion de mortifier le suppôt du chancelier; &, après différentes procédures, par arrêt du 14 juillet 1778, a déclaré le sieur Aubert usurpateur des titre & qualité de noble. Celui-ci avoit eu l'adresse de se pourvoir au parlement de Paris, & d'établir un conflit de jurisdiction entre les deux cours, même de se faire maintenir par le parlement dans sa qualité, suivant un arrêt du 26 février 1780. De là une double contestation au conseil, & au conseil des dépêches, qui n'a pas été favorable à la cour des aides de Clermont.

Le secretaire d'état de la province, rapporteur de l'affaire, apprit à cette cour que son procureur-général avoit été purement & simplement débouté de fa requête en caſſation. Elle fit de premieres remontrances, & le garde-des-ſceaux lui manda, dans une lettre *infiniment laconique*, que ces remontrances n'avoient frappé ni S. M. ni ſon conſeil. Elle en fit d'itératives très-longues & très-détaillées en date du 17 juillet 1781, qui n'eurent pas plus d'effet : de là ſans doute eſt provenu une plus grande fermentation dans la compagnie, qui a cauſé ſa diſgrace complette & une ſuſpenſion de ſervice qui doit intéreſſer les autres cours du même genre.

25 *Févr*. On annonçoit depuis quelques jours un drame nouveau en trois actes & en proſe de Mlle. *Raucoux*, qui devoit avoir lieu aujourd'hui ſous le titre de la *Fille déſerteur :* il eſt changé, & la piece s'annonce maintenant ſous celui d'*Henriette*, nom ſans doute de l'héroïne. C'eſt décidément pour vendredi la premiere repréſentation : Mlle. Raucoux doit y jouer elle-même.

26 *Février*. Les itératives remontrances de la cour des aides de Clermont ſont très-bien faites, & quoique d'une longue étendue, claires, ſerrées de faits, & d'une logique ſuivie & facile à ſaiſir.

Le court apperçu de tous les objets qui y ſont traités ſe réſume ainſi.

Cette cour commence par inſtruire S. M. des faits, des circonſtances de l'affaire qui y donnent lieu depuis l'inſtant de la dénonciation qui lui fut faite par un de ſes membres de l'uſurpation du ſieur Aubier, juſqu'à celui du jugement du conſeil des dépêches.

Elle met ſous les yeux du roi l'analyſe exacte, tant de ſes précédentes remontrances que de la requête en caſſation préſentée par ſon procureur-général contre l'arrêt du conseil privé & celui du parlement de Paris.

D'après cette discussion préliminaire, elle passe à l'histoire générale & successive de notre législation sur *le fait d'usurpation de noblesse*, & en tire des conséquences naturelles en faveur de sa compétence exclusive.

Elle prouve ensuite qu'elle avoit connu de la question de noblesse des sieurs Aubiers de la manière précise dont elle devoit en connoître, & que sa conduite, dans tout le cours de cette affaire, avoit été telle qu'elle devoit être.

Enfin, elle rapporte les différentes qualités prises par les ancêtres des sieurs Aubiers, & par ces particuliers eux-mêmes dans les actes qu'ils ont consentis.

Elle termine par dénoncer à S. M. un libelle produit par le sieur Aubier fils, lors de l'instance au conseil des dépéches.

26 *Février*. Le grand-conseil perd successivement ses membres les plus fameux. Le sieur Jacques de Vergès, son premier avocat-général, si bafoué dans les pamphlets du temps de la dispersion de la magistrature, vient de mourir.

26 *Février*. Le libelle effroyable contre la reine, dont on a parlé, & d'autres du même genre, ont déterminé le gouvernement à faire un effort à ce sujet, & à sacrifier de l'argent, ce qui répugnoit beaucoup; avec ce secours on a remonté à la source; on a réclamé l'assistance des gouvernements étrangers; on a fait des recherches dans toutes les imprimeries suspectes de Hollande & d'Allemagne; on a enlevé tout ce qui méritoit de l'être, & l'on a fait même enlever les libraires qui se hasardoient à venir en

France

France pour y introduire leurs marchandises; on les a fait condamner à de grosses amendes : en les ruinant de fond en comble, on s'est persuadé que ce seroit le meilleur moyen de les punir, & de les empêcher de récidiver.

26 Février. Le libelle dont la cour des aides de Clermont se plaint, est un *Précis de ce qui s'est passé dans l'affaire des Srs. Aubier*, produit au conseil des dépêches, où plusieurs magistrats de cette cour sont gravement inculpés, où elle se plaint que les faits les plus intéressants sont faux, que l'expression peu respectueuse en est fortement repréhensible. Le ministere public, toujours occupé à soutenir la dignité de la compagnie, étoit prêt à remplir le devoir que lui imposent ses fonctions, en dénonçant ce libelle à la chambre, & en sollicitant de la justice un arrêt solemnel qui en ordonnât au moins la suppression ; mais dès qu'il apprit qu'il avoit été présenté au-garde-des-sceaux, le respect profond dont il est pénétré pour sa personne, suspendit seul sa sévérité : il ne se détermina à le dénoncer qu'au chef de la magistrature, dans l'espoir qu'il rendroit à sa compagnie la justice éclatante qui lui étoit due à cet égard, en rappellant au Sr. *Aubier* fils, sous le nom duquel est le mémoire, le respect dont il n'auroit jamais dû s'écarter pour un tribunal souverain, recommandable par le caractere & les vertus de ses membres. Le garde-des-sceaux ne fit aucune réponse ; il annonça seulement au député de la cour des aides, que la justification de la compagnie, au sujet de ce libelle, auroit lieu au jugement de l'affaire. Cependant il n'a été rien prononcé, ni à cette époque, ni à aucune autre, sur un chef de réclamation qui tenoit autant à l'ordre public qu'à l'honneur de la magiftrature.

Ce point eft un de ceux fur lefquels la cour des aides paroît le plus ulcérée, & infifte le plus auprès du roi dans fes itératives, pour en obtenir l'entiere juftification qu'elle follicitoit auparavant auprès du garde-des-fceaux.

Le ftyle de ces remontrances eft grave, auftere, & le rédacteur, plus occupé des chofes que des mots, paroît avoir moins cherché l'élégance que l'énergie; c'eft le ftyle du genre: en un mot, c'eft un magiftrat & non un rhéteur qui parle.

27 Février. On confervoit dans l'ifle de Malte deux marbres, fur chacun defquels étoit gravée une même infcription phénicienne, que l'abbé Barthelémi avoit expliquée, mais fur de fimples moules en plâtre, qui n'avoient pas l'authenticité des originaux. L'ordre voulant donner à l'académie des infcriptions & belles-lettres une preuve de l'intérêt qu'il prend à fes travaux, lui a fait préfenter de fa part un des marbres par le commandeur de Bofcheron, fon agent général. C'eft le 16 de ce mois que la compagnie a reçu ce monument, & l'a placé avec diftinction dans fa bibliotheque.

Il ne s'agit dans l'infcription que d'un vœu adreffé par deux Tyriens à Hercule; mais ce qui lui donne du prix, c'eft qu'elle fert à fixer la valeur, jufqu'à préfent incertaine, de certaines lettres phéniciennes; qu'elle a engagé plufieurs favants de l'Europe à s'occuper de ce genre de littérature; qu'elle a donné lieu à des découvertes importantes.

27 Février. Ce difcours de M. de Condorcet, peu applaudi au débit, gagne à fa lecture. Dans cet ouvrage, plein de philofophie, on aime à le voir confidérer l'état actuel des fciences phyfiques & morales, leur réunion & leur tendance vers le bien général de l'humanité, les avantages attachés à la culture de l'efprit, fans ceffe occupé à perfectionner les moyens de découvrir la vérité, & à fimplifier les méthodes qui peuvent nous conduire au vrai plus fûrement & plus promptement. C'eft en effet, fuivant lui, avec le même inftrument qu'agiffent l'homme d'état & le géometre; leurs opérations ne different que dans l'objet fur lequel ils travaillent. La légiflation, la politique, ne font de véritables fciences qu'autant qu'elles ont pour bafe des principes inconteftables, & qu'elles marchent avec ordre vers le but qu'elles fe propofent. Les problêmes de cette fcience font peut-être plus compliqués & plus difficiles à réfoudre que ceux de la géométrie tranfcendante; mais ce qu'il y a de finguliérement confolant dans la façon de voir du récipiendaire, c'eft l'efpoir qu'il conçoit des progrès actuels de la morale, quoiqu'il avoue que cette fcience eft beaucoup moins avancée que les autres; appuyée comme elles fur l'obfervation des faits & fur des principes inconteftables, la morale commence à fuivre la même méthode, à fe faire une langue intelligible & fixe.

M. de Condorcet finit par reprefenter fous des couleurs très-intéreffantes, les qualités morales & littéraires de l'eftimable académicien auquel il fuccede.

Quant au difcours de M. de *Nivernois*, on y fent encore à la lecture ce ton noble & délicat de l'homme du monde, perfectionné par la culture des lettres.

28 *Février*. Depuis que l'empereur a fi violemment attaqué les ufurpations de la puiffance ecclé-

fiaftique, on répand ici une collection de trois lettres manufcrites. Suivant cette correfpondance, l'electeur de Treves auroit fait fes repréfentations à fa majefté impériale fur fes démarches; l'empereur lui auroit répondu; l'électeur auroit répliqué, & fon chef lui auroit fermé la bouche par une turlupinade. Quoiqu'on veuille donner ces écrits pour authentiques, ils ne font ni dans le ftyle d'un fouverain, ni dans le caractere férieux & grave de *Jofeph II;* il eft plutôt à croire que c'eft l'ouvrage de quelque prêtre mécontent, cherchant à jeter ainfi le ridicule fur un prince qu'il regarde aujourd'hui comme l'ennemi de la religion.

28 *Février.* Une anecdote qui a rendu la réception de M. de Condorcet au fein de l'académie françoife, plus agréable à fes amis, aux philofophes & aux bons patriotes, c'eft l'exclufion qui lui avoit été donnée par le premier miniftre, & qui vraifemblablement auroit duré s'il ne fût mort. Cette exclufion faifant infiniment d'honneur à M. de Condorcet, on ne fauroit trop en publier les circonftances. Comme fecretaire de l'académie des fciences en 1777, il étoit chargé de faire l'éloge du duc de la Vrilliere, honoraire de cette compagnie, qui venoit de mourir. Plus délicat que le fecretaire de l'académie des belles-lettres, qui avoit rempli cette tâche défagréable, il reculoit à s'en acquitter: M. de Maurepas lui en fit des reproches; on prétend même qu'il alla jufqu'aux menaces. L'orateur philofophe tint bon, & lui déclara qu'il ne loueroit jamais un pareil miniftre, qu'il méprifoit trop. *Inde iræ.*

1 *Mars* 1782. Voici la premiere réponfe à l'électeur de Treves, attribuée à l'empereur. " C'eft au milieu de mes occupations militaires & de

mon camp, que j'ai reçu les deux lettres fous le même couvert, qu'il a plu à votre alteffe de m'écrire en date des 1 & 14 feptembre de cette année. Que ne lui dois-je pas pour l'intérêt qu'elle prend à tout ce que je fais, & même à mon falut, dont je me flatte, à la vérité, de la fûreté, fans défirer néanmoins d'en rapprocher l'époque ?

Je n'ai malheureufement avec moi ici que l'inftruction du grand Fréderic à fes généraux, les réveries du maréchal de Saxe, & de pareils livres profanes. Mais *Quefnel*, *Buzembaum* & l'orthodoxe *Frebonius*, font reftés dans ma bibliotheque. Comment pourrai-je répondre avec détail aux queftions importantes, divifées en cinq points, qu'il plaît à V. A. de me faire ; je n'en aurois pas même le temps, fi une pluie à verfe ne me mettoit dans le cas de pouvoir moralifer un moment avec vous au lieu d'exercer.

Pour fuivre l'ordre que V. A. a tracé : 1°. Quant au *Placitum regium*, il m'a paru que quand le chef vifible de l'églife, comme elle l'appelle, fait émaner quelques ordres du Vatican aux fideles de mes états, leur chef très-palpable & réel comme moi, doit en être inftruit & y influer pour quelque chofe.

2°. Trop mal écrit pour pouvoir le copier.

3°. Quant à la privation des bénéfices en cas de contravention aux loix, V. A. elle-même a la bonté de reconnoître qu'indirectement j'étois en droit par la privation du temporel d'obtenir juftice ; mais comme l'indirect eft toujours le moyen du fourbe, je préfere le direct.

4°. Quant aux bulles *in cœnâ Domini & Unigenitus*, V. A. défapprouvant la premiere, rend à

Boniface VIII la juſtice qui lui eſt due. Le mot de *l'arracher* des rituels paroit l'inquiéter; ſi elle vouloit, elle pourroit ordonner dans ſon dioceſe, au lieu de cette action trop violente, de coller deſſus une feuille blanche de papier, ſur laquelle on écriroit ces quatre mots: *Obedientia melior quam Victima*, ſentence que, s'il m'en ſouvient bien, Samuël doit avoir dit à Saül pour quelques Amalécites de trop peu tués. Cette formule pourroit ainſi devenir plus utile.

La bulle *Unigenitus* eſt poſtérieure à tout concile œcuménique, par conſéquent fort éloignée de l'infaillibilité d'un jugement de l'égliſe univerſelle. Elle a été reçue par les uns, point par les autres; il paroit que d'ordonner, comme j'ai fait, qu'on n'en parle & n'en diſpute en rien, n'eſt pas trop. Heureuſement que mes bons Autrichiens & mes bons Hongrois ne connoiſſent ni *Molina*, ni *Janſenius*. Si on leur en parloit, ils demanderoient ſi ce ſont des conſuls Romains, dont ils n'ont point entendu parler dans les écoles latines. Moimême j'ai connu un chien levrier qui prenoit ſon lievre tout ſeul, & qu'on avoit appellé *Molina*, tant on eſt ignare chez moi ſur les diſputes de la grace. Ainſi on continuera de s'en taire dans mes états; & l'on eût bien fait de s'en taire partout, il y a plus d'un demi-ſiecle.

5°. Si je répugne à quelque choſe, ce n'eſt pas à croire les vérités de ma foi, mais ſeulement à ce qu'on m'en faſſe accroire ſur les applications. Bref, je me flatte que nous ſuivons enſemble le plus droit chemin pour faire chacun notre ſalut, en accompliſſant les devoirs dans leſquels la providence nous a jetés, en faiſant honneur au pain que nous mangeons: vous mangez celui de l'églife, & vous proteſtez contre notre innovation; & moi celui de l'état, & je défends ou revendique ſes droits primitifs, &c.

1 *Mars*. C'eſt décidément aujourd'hui que ſe joue la piece de mademoiſelle Raucoux. Quand on lui a demandé au comité la quantité de billets de parterre qu'elle jugeoit à propos de prendre, ſuivant la méthode des auteurs modernes, pour former un parti, elle a répondu noblement qu'elle n'en deſiroit aucun, qu'elle s'en rapportoit au public; & que ſon drame, s'il étoit bon, ſe ſoutiendroit par lui-même. Cette réſolution généreuſe, répandue aujourd'hui adroitement par les amis de l'actrice, lui concilie déja beaucoup de ſuffrages. Du reſte, tout eſt loué, & la chambrée ſera certainement des plus brillantes.

1 *Mars*. On a ſu dans une ſéance particuliere de l'académie françoiſe, qu'un membre, qu'on dit être M. Ducis, avoit propoſé de faire un réglement de police intérieure & de convenir entre ſoi de ne point donner de billets aux femmes pour les aſſemblées publiques, afin de leur rendre la gravité qu'elles avoient autrefois. M. de la Place, indigné de ce bruit, y a répondu par le quatrain ſuivant.

> Si le ſexe, au *Lycée*, aujourd'hui t'embarraſſe,
> C'eſt à toi d'en ſortir, très-inutile *Orgon:*
> On voit neuf muſes au Parnaſſe;
> On n'y compte qu'un *Apollon*.

8 *Mars*. Suivant la correſpondance annoncée, l'électeur de Treves a répliqué à l'empereur.

" Sire, ce n'eſt qu'après avoir mûrement réfléchi devant Dieu ſur les obligations de mon état, que je me ſuis déterminé à faire à V. M. I.

mes très-refpectueufes remontrances touchant les édits qu'elle a fait publier.

L'objet étoit trop important pour être traité légérement ; c'eft un reproche que je n'ai pas à me faire ; & quelle que foit l'idée que V. M. femble s'être faite de moi, je fuis très-convaincu que je n'ai point oublié à qui j'avois l'honneur d'écrire.

Quoi qu'il en foit, Sire, en lifant la lettre dont V. M. m'a honoré, je me fuis réjoui fincérement, à l'exemple des apôtres, d'avoir été trouvé digne de fouffrir quelques mépris pour Jefus-Chrift. Ma joie eût été complette, fi j'avois pu me cacher en ce moment les maux extrêmes dont l'églife eft menacée, & les regrets amers que V. M. fe prépare. Oui, quelle que foit maintenant la fermeté avec laquelle elle paroît décidée à foutenir fes démarches, un jour viendra qu'elle en fera inconfolable. Puiffe ce jour ne pas être celui de l'éternité !

Je fuis, &c.

SECONDE RÉPONSE DE L'EMPEREUR.

MON COUSIN,

JE vois, fuivant la réplique de V. Exc., que nous ne danfons pas de même air : elle prend la forme pour la chofe, pendant que je me tiens exactement à la chofe en fait de religion, & que je n'obvie qu'aux abus qui s'y étoient gliffés, & qui en défigurent entièrement la furete : vos lettres font toutes tragiques, & les miennes toutes comiques.

Et comme Thalie & Melpomene, quoique fœurs

au Parnasse, ne s'allient pas toujours ensemble, descendant de l'Hélicon, V. E. me permettra que nos genres se rapprochent davantage, & qu'en attendant je l'assure, &c.

A Vienne, ce 11 décembre 1781.

2 *Mars*. Le drame de Mlle. Raucoux paroît vraisemblablement tiré de quelque drame germanique, dont elle aura eu connoissance durant ses caravanes dans ces contrées, & qu'elle aura adapté à notre théatre. Quoiqu'il en soit, le sujet est allemand, absolument dans le costume & dans les mœurs de cette nation. Il y a un spectacle & appareil militaire à peu près semblable à ce qu'on a vu tout récemment dans le drame intitulé *la Discipline militaire du Nord*. Il y a beaucoup de romanesque dans l'action, dans les caracteres, dans les incidents. Le premier acte a paru froid, le second a excité de longs, de fréquens & de sinceres applaudissemens ; le troisieme a été aussi applaudi, quoique pas avec autant d'enthousiasme. En un mot, cette piece, simple dans sa marche & dans son style, vaut à peu près toutes celles du même genre qui ont paru sur la scene françoise, & qui sont même restées.

Mlle. Raucoux, infiniment mieux en homme qu'en femme, a très-bien joué, & ne s'est pas déconcertée de quelques murmures élevés au commencement. Le sieur Molé l'a très-bien secondée, & s'est conduit en bon & franc camarade. Après la piece elle s'est rendue aux invitations du public, s'est montrée dans son costume de soldat, a remercié le public, & a été reçue avec transport.

2 *Mars*. Le *Thésée*, dont la premiere représen-

tation a eu lieu auſſi hier, a eu beaucoup de ſuccès; mais toute l'attention s'étant portée principalement à la comédie françoiſe, & les véritables connoiſſeurs n'ayant pu ſe partager, il faut attendre la ſuite de quelques autres repréſentations, pour fixer irrévocablement quel degré d'eſtime mérite la nouvelle production de M. *Goſſec*.

3 *Mars*. Les ennemis de Mlle. Raucoux, & elle en a beaucoup, non contents de s'être déchaînés dans les foyers contre ſa piece avec une fureur ſans exemple, ſur-tout envers l'ouvrage d'une femme, veulent lui ravir même le petit mérite qu'ils lui laiſſent, & répandent le bruit qu'elle n'eſt que le prête-nom de M. Durofoy. En outre, on a déja enfanté une chanſon, où l'on lui reproche cruellement ſes turpitudes.

3 *Mars*. L'affaire de la cour des aides de Clermont continue à faire grand bruit. On convient aſſez généralement qu'elle a eu tort dans la forme; qu'elle ne devoit point connoître d'un procès dont la queſtion concernant la nobleſſe n'étoit qu'incidente à la queſtion principale; mais on trouve qu'elle a très-grande raiſon au fond, & que les raiſonnements de ſes remontrances ſont victorieux.

Une circonſtance ſinguliere, c'eſt que le Sr. Aubier pere ayant été membre du conſeil ſupérieur de Clermont, & ayant par devers lui cette tache infamante qui devoit le rendre odieux à la magiſtrature, & qu'on inſinue avoir été le motif ſecret de l'animoſité de la cour des aides, ait trouvé au parlement de Paris une protection éclatante au point de l'emporter ſur une cour ſouveraine. Ce triomphe n'a été que la ſuite de ſon adreſſe à ne point paroître en cauſe, à n'y mettre que ſon fils intact,

& même gémiffant en apparence de la honteufe démarche de fon pere, & l'inculpant.

Quoiqu'il en foit, on cite fur-tout aujourd'hui une lettre de la cour des aides de Clermont au garde-des-fceaux, piece fur laquelle a été affife fon interdiction. Ces magiftrats, outrés de voir le peu d'effet de leurs remontrances, lui reprochent dans cette lettre, ou de n'avoir pas lu leurs remontrances, ce qui feroit une négligence impardonnable; ou, s'il les a lues, de ne les avoir pas comprifes, ce qui feroit une grande ineptie; ou, après les avoir lues & entendues, d'en avoir diffimulé au roi la force & la juftice, ce qui feroit une pufillanimité répréhenfible; ou enfin, convaincu de leur bon droit, d'avoir déterminé S. M. à les punir, ce qui feroit le comble de l'injuftice. Cette gradation de doutes indécents, & même injurieux à M. de Miromefnil, lui a paru mériter l'animadverfion du confeil.

En conféquence, il eft d'abord allé chez le roi rendre compte du fait à S. M. qui a daigné lire la lettre, & lui a répondu qu'en effet on ne devoit pas traiter ainfi le chef fuprême de la juftice; & cette cour, comme on l'a déja dit, eft interdite.

On veut que l'attribution des affaires y pendantes foit faite à la cour des aides; en conféquence il y a eu une affemblée générale des chambres, dont on ignore encore le réfultat.

3 *Mars.* On peut fe rappeller qu'on a parlé dans le temps d'un grand recueil qui fut publié, en 1779, fous le titre de *Mémoires pour fervir à l'hiftoire du droit public de la France.* Il y reftoit des lacunes confidérables, & la prudence de ceux qui avoient fait imprimer les fameufes remontrances de 1775, où elles exiftoient fpécialement,

n'avoit pas ofé les rétablir dans l'ouvrage en quef- tion. Enfin, on a cru devoir fatisfaire les defirs du public, & ces *lacunes* paroiffent aujourd'hui en 10 pages *in*-4°. du même format que le recueil, elles completent merveilleufement cet éloquent morceau, & font bien humiliantes pour les par- ticuliers ou les magiftrats qu'elles concernent, & qui font nommés fans aucun détour.

3 *Mars*. M. le marquis de Puyfegur, lieutenant- général des armées du roi, perfonnage de diftinc- tion, auquel on attribuoit differents ouvrages, entr'autres le dernier mémoire au roi fur la guer- re, qu'on avoit défigné plufieurs fois & tout ré- cemment pour le miniftere, vient de mourir; il étoit fils du maréchal du même nom.

4 *Mars*. Voici la chanfon compofée à l'occafion de la piece de Mlle. Raucoux.

Sur l'air: *Mon pere étoit pot.*

Au théatre on vient d'annoncer
Une piece nouvelle,
Qui doit beaucoup intéreffer,
C'eft d'un auteur femelle.
C'eft un hiftrion,
Las du cotillon,
Qui prend un nouvel être (1).
Son cœur eft ufé,
Son goût eft blafé,
Son efprit vient de naître.

Il eft connu par fes exploits
Plus que par fes ouvrages;

---

(1) Mlle. Raucoux fait un rôle d'homme dans fa piece.

Jamais le travail de ses doigts,
>N'obtint notre suffrage ;
>Mais ce nouveau-né,
>D'un talent borné,
>Surprendra s'il ne touche.
>L'auteur entre nous
>Travaille beaucoup ;
>Mais jamais il n'accouche.

4 *Mars.* Rien de plus merveilleux ici que l'attrait pour la nouveauté, au point que l'on s'enthousiasme soudain sur les inventions les plus fausses & les plus absurdes. Du moins tel est le reproche que les savants font aujourd'hui aux ministres qui ont trop aveuglement suivi leur zele pour accréditer la prétendue découverte de M. Janin. Ils assurent que non-seulement le vinaigre ne peut opérer l'effet salutaire qu'on lui suppose, mais qu'il est, au contraire, très-propre à augmenter les dangers qu'on veut éviter.

Quoi qu'il en soit, la société royale de médecine, qui se plaint de n'avoir pas été consultée dans une matiere aussi essentiellement de son ressort, vient de nommer d'office des commissaires pour vérifier les experiences annoncées. Ces commissaires, sont entre les associés ordinaires, les docteurs, *Macquer*, *Fourcroye*, l'abbé *Tessier* & *Hallé*; entre les associés libres, M. *Poulletier de la Salle* & le duc de la *Rochefoucault*.

L'académie des sciences a, dit-on, entendu déja un rapport de celles faites par quelques-uns de ses membres, qui ne sont pas absolument de l'avis du sieur Janin.

4 *Mars.* Madame Sophie est morte la nuit du samedi au dimanche, au moment où l'on s'y

attendoit le moins: les spectacles ont vaqué sur le champ; mais, comme elle a désiré être enterrée à Saint-Denis tout de suite & sans aucun cérémonial, qu'elle ne sera point exposée aux Tuilleries suivant l'usage, ils recommenceront dès demain, puisqu'elle a dû être aujourd'hui dans le tombeau des rois.

4 *Mars*. Les comédiens italiens ne pouvant jouer la nouveauté qu'ils ont annoncée, pour satisfaire l'impatience du public, lui en substituent un autre qui doit avoir lieu demain jeudi; c'est l'*Eclipse totale*, comédie en un acte, mêlée d'ariettes.

Tout cela n'est qu'en attendant un opéra comique du grand genre, intitulé *la nouvelle Omphale*, de M Robinot de Beaunoir & du sieur Floquet. L'auteur des paroles ayant fort à cœur d'être joué, a dédié son ouvrage à madame Jules, s'est fait ainsi connoitre à la cour, & a obtenu un ordre pour passer avant tous les auteurs ses anciens; ce qui a occasionné beaucoup de murmures. Cependant, encore un coup, on ne peut jouer *la nouvelle Omphale* dans ce carême; on est à la veille de la clôture; elle exige beaucoup de travail, de préparatifs; & les acteurs ont demandé qu'on différât jusqu'après Pâques.

5 *Mars*. Le roi, non content d'avoir honoré la cendre du brave vicomte du Couëdic, mort de ses blessures à Brest le 7 janvier 1780, dont on se rappelle le brillant combat, par un monument qui y a été élevé l'année derniere à ce héros marin, d'avoir répandu ses bienfaits dans le temps sur sa veuve & sa famille, vient encore de donner tout récemment une reforme de cavalerie au régiment royal de Picardie, à un chevalier du

Couëdic, fous-lieutenant d'infanterie, avec difpenfe de payer la finance ordinaire.

5 *Mars*. Les fpectacles ont repris aujourd'hui, & *Théfée* a encore eu plus de fuccès à la feconde repréfentation; ce fuccès cependant ne porte pas fur le poëme, dont on ne peut approuver les changements. On ne voit pas pourquoi réduire en quatre actes cette tragédie qui en avoit cinq; innovation qui ne confifte que dans une refonte bizarre des troifieme & quatrieme actes réunis enfemble, ce qui en forme feulement un acte d'une longueur interminable & monotone par l'uniformité de la fituation.

Le denouement que M. Rochon de Chabannes avoit fubftitué à l'ancien, d'après l'invitation de M. Goffec, n'a pas été confervé, parce que ce poëte n'a pas voulu y laiffer joindre les futures & les corrections de tous ceux qui vouloient s'en mêler; en forte que le changement le plus néceffaire, qui devoit produire le plus d'effet, donner à la fituation plus de vraifemblance, & d'intérêt confequemment, eft le feul qui n'ait pas eu lieu.

Au refte, fi Quinault, revenu au monde, s'indignoit avec raifon contre fes réformateurs, Lully ne pourroit qu'applaudir à fon rival. La mufique de M. Goffec eft infiniment fupérieure à celle du vieux lyrique dans la partie des accompagnements & des effets d'orcheftre, où il regne une harmonie auffi riche que favante dans celle des chœurs, prefque tous de la plus grande beauté, principalement ceux des démons, qu'on a applaudis avec tranfport; même dans celle des airs de danfe, qui n'ont pas laiffé auffi que d'être goûtés, quoiqu'on ait paru en géneral y defirer une tournure plus neuve & plus piquante. Mais ce qui dédommageroit son amour-propre, seroit de voir qu'à l'exception d'un superbe air de Thésée, embelli encore par la voix du sieur le Gros au troisieme acte, & du monologue, *Dépit mortel*, dans lequel Mlle. Duplant brille également, le morceau de chant le plus généralement admiré, soit celui d'Egée : *Faites grace à mon âge en faveur de ma gloire*, qui a été conservé de l'ancienne musique, & que le sieur *Larrivée* rend ainsi que tout son rôle avec beaucoup de noblesse.

6 *Mars*. C'est chez Mlle. Fannier qu'a été charitablement composée la chanson sur mademoiselle Raucoux & sa piece : elle étoit même préparée d'avance, parce qu'on vouloit la répandre dès le soir après la premiere représentation. Elle est sur-tout attribuée au président d'Hericourt, aidé de M. de Chamfort, du marquis de Saint-Marc, & de la divinité de ce petit Parnasse. Il y est resté une légere incorrection de rime, que les connoisseurs seuls trouvent aisément, & qu'on n'a jamais pu changer.

7 *Mars*. Les gentilshommes de la chambre desirant recruter de sujets la comédie Françoise qui se délabre de plus en plus, font rechercher dans les provinces les acteurs les plus distingués. Dans la troupe de Bordeaux, le sieur *Cranger* excelloit pour les rôles de petit-maître, & y étoit si aimé, qu'il gagnoit à lui seul 10,000 liv., & que, par égard pour lui, on y avoit reçu son pere, sa mere, un frere, tous sujets médiocres ou mauvais, supportés pour lui seul, & lui faisant un sort de 20 à 22000 liv. Il a fallu renoncer à ce joli revenu pour se rendre dans la capitale & y débuter ; mais le sieur Molé qu'il s'agissoit de

doubler, redoutant le parallele, a déclaré que fi le fieur Granger paroiffoit au théatre, il quittoit. La crainte fans doute de perdre cet excellent acteur, fans être fûr encore d'en avoir un qui le remplace & plaife au public, a arrêté les fupérieurs, qui, ne fachant plus que faire du nouveau venu, l'ont envoyé aux Italiens, c'eft-à-dire, dans une arene toute différente, où les pieces qu'il fait, ne lui ferviront plus de rien, & où il faut apprendre un autre théatre. Malgré ces difficultés & ces dégoûts, la fupériorité du fieur Granger s'eft manifeftée dès qu'il a paru, & le parterre enthoufiafmé, l'a vivement applaudi & traité avec une diftinction méritée.

7 *Mars.* L'académie françoife, dans fon affemblée d'aujourd'hui, a adjugé le legs annuel de 1200 liv., fondé par feu M. le comte de Valbelle, à M. de la *Cretelle*, avocat au parlement, auteur de l'*Eloge du duc de Montouzier*, dont on a parlé.

7 *Mars.* On raconte que le fieur Thierry, premier valet-de-chambre du roi, un jour s'étant rendu trop tard à fon fervice, en avoit reçu des reproches de S. M.; qu'en convenant de fa faute, il avoit obfervé à fon maitre, que s'il en favoit le motif, il le trouveroit moins coupable, & lui pardonneroit. Le monarque a voulu qu'il s'expliquât: alors il lui a appris qu'il avoit été occupé à confoler un de fes amis prêt à faire banqueroute, parce qu'on ne le payoit pas lui-même, & qu'à l'inftant il étoit dans un fi grand defefpoir qu'il fe feroit brûlé la cervelle, s'il ne l'en avoit empêché en luf fourniffant quelques fecours. Tout cela n'étoit que plus propre à augmenter la curiofité de S. M. Bref, par les éclairciffemerts, il s'eft trouvé que le principal débiteur de ce malheureux étoit

le grand-aumônier qui, avec 500,000 livres de rentes, le faifoit languir pour 80,000 livres, qu'il lui devoit.

Le roi, bien inftruit du fait, a donné fur le champ un bon au fieur Thierry pour aller toucher cette fomme au tréfor royal; & dès que le cardinal de Rohan a paru devant lui, il lui a dit en plaifantant, mais avec fermeté: *vous me devez bien de l'argent ; que cela ne tarde pas à être remplacé ;* Thierry vous l'expliquera.

Tout le monde eft enchanté de ce trait qui caractérife à la fois l'humanité, la bonté, la juftice du roi, fon amour de l'ordre & de la regle.

8 *Mars*. L'*éclipfe totale*, quant à la moralité & au dénouement, eft la fable de la Fontaine, intitulée *l'Aftrologue au fond d'un puits*. L'auteur y a joint une petite intrigue d'amour d'où naît une fuite d'allufions, & de *quiproquo* affez ingénieux, qui ont réjoui le parterre. Il faut convenir cependant que ce feroit peu de chofe fans la mufique. Elle eft de M. *d'Aleyrac*, jeune militaire, donnant comme amateur les plus grandes efpérances, s'il cultive ce talent. Les paroles font de M. de la Chaboiffiere.

9 *Mars*. Les comédiens Italiens ont donné hier la nouveauté attendue depuis quelque temps: c'eft *l'Amour & la Folie*, opéra comique en trois actes & en vaudevilles, dont les paroles font de M. Desfontaines; il eft en effet dans fon genre, & rempli de gaietés qui pafferoient pour des ordures de boulevards. De jolis couplets, des tableaux agréables & le choix heureux des airs ont fait la fortune de cette poliçonnerie, qui a eu un fuccès complet. Le fonds, car nos auteurs ont peine à produire aujourd'hui rien de leur imagi-

nation, eſt tiré d'un apologue charmant, ayant le même titre de la Fontaine, qui, lui-même, l'avoit pris dans un dialogue ingénieux de Louiſe Labé, virtuoſe du ſeizieme ſiecle.

9 *Mars*. Il paroît décidé que les comédiens François iront jouer à pâques dans la nouvelle ſalle. Quoique les bâtiments qui l'entourent ne ſoient point finis, ni même commencés, on a toujours tracé ſur ce vaſte emplacement les rues qui doivent ſervir de communication & de débouchés; on a figuré les édifices en planches; & la circulation des voitures peut ainſi devenir libre; reſte à ſavoir ce qui arrivera lorſqu'on voudra bâtir. Quoi qu'il en ſoit, on s'empreſſe d'aller voir en attendant cet édifice, ſur lequel on raiſonne différemment.

Tout le monde eſt aſſez d'accord que, quant à l'extérieur, il ne s'annonce pas comme devroit ſe caractériſer un pareil monument, & que ſi l'on ne liſoit en lettres d'or au fronton du périſtile, *Théatre François*, on ne ſe douteroit pas que ce fût ſon inſtitution. Quant à l'intérieur, on n'eſt pas d'accord: les badauts, qui ſe laiſſent facilement prendre par les yeux, par des murs nouvellement badigeonnés, par des dorures brillantes, des peintures fraîches, un local impoſant, trouvent la ſalle ſuperbe. Les gens de l'art, les connoiſſeurs, ou même ceux qui jugent par le bon ſens, qui ſavent que la premiere qualité d'une ſalle de ſpectacle eſt qu'on y voie & y entende, doutent que celle-ci ait ces avantages au ſuprême degré. Il paroît que les architectes ont eux-mêmes cette inquiétude, puiſque l'eſſai qu'on devoit faire n'a pas eu lieu: ils ont craint que les mécontents n'excitaſſent une fermentation dangereuſe, qui le deviendra beaucoup moins, quand une fois la falle fera livrée entiérement; & qu'ayant commencé d'y jouer, on ne pourra plus reculer, fauf à attendre la premiere vacance pour réparer les fujets de plainte.

Une des innovations de cette falle, c'eſt qu'on fera aſſis au parterre ; prétexte d'augmenter les places ; & il eſt agité de les élever juſqu'à 48 ſous; ce qui donne lieu à d'autres conſidérations de la part de ceux qui en examinant l'innovation en elle-même, la regardoient déja comme funeſte pour l'art.

Les comédiens eux-mêmes ne ſont pas fans alarmes. Le titre leur annonce que ce n'eſt plus leur hôtel, qu'il appartient à la nation, & cette dépoſſeſſion, pour ainſi dire, eſt d'une funeſte augure pour leur état, qu'ils craignent de voir changer : juſqu'à ce que leurs intéréts ſoient réglés, ils n'oſent prendre un parti fur leur ancien hôtel.

9 *Mars*. Les curés & marguilliers de la paroiſſe de Saint Sulpice, fur laquelle eſt l'hôtel de Maurepas, fe propoſent de faire célébrer demain dans cette égliſe un ſervice ſolemnel pour le repos de l'ame de ce miniſtre.

M. l'évêque d'Autun officiera pontificalement, & l'oraiſon funebre fera prononcée par M. l'abbé Melon de P·adon, chanoine de l'egliſe de Paris.

10 *Mars*. Le *Muſée* par excellence, puiſque c'eſt lui plus ſpécialement conſacré aux mufes, fe ſoutient ſous la préſidence de M. *le Court de Gebelin*, & par l'activité infatigable de l'abbé *Cordier de Saint-Firmin*, toujours occupé à recruter des membres & des ſpectateurs. Les lectures publiques fe continuent les premiers jeudi de

chaque mois, & l'affluence est telle qu'on ne peut y aborder qu'en arrivant de très-bonne heure. Un morceau lu par le président, & de sa composition, est remarquable entre tous les autres.

Un professeur de langues orientales à Cambridge en Amérique, a envoyé en 1781 à M. de Gebelin, trois inscriptions puniques, qu'on a trouvées sur des rochers à l'embouchure d'une riviere, qui coule à cinquante milles au Sud de Boston : elles ont été gravées par les Carthaginois qui aborderent sur cette plage méconnue ; elles ont pour objet leur arrivée & les traités qu'ils firent avec les habitants du pays.

C'est sur cette importante découverte que M. de Gebelin a fait un mémoire très-intéressant. L'auteur est pour l'affirmative. Il ne doute nullement de l'authenticité du monument, & confirme les connoissances nautiques du peuple, rival de Rome. Il faut voir, quand cette dissertation sera plus publique, ce que les savants y répondront de contradictoire.

10 *Mars*. Ce n'est pas sans raison que le sieur Molé s'est montré jaloux des talents du sieur Granger. Les connoisseurs le trouvent plus noble, plus naturel que lui, & non moins leste & sémillant. En outre, il a un organe bien supérieur, sonore & intéressant à la fois ; on le court avec fureur, & il reçoit des applaudissements universels. Les comédiens François ont autrefois possédé ce sujet non encore formé, & n'avoient pas su l'apprécier. Il a développé dans la *Coquette fixée* & *l'Apparence trompeuse*, deux pieces dans lesquelles il a joué de suite, deux rôles opposés, toutes les nuances de la comédie, une connois-

fance profonde du théâtre, enfin l'intelligence la plus confommée.

10 *Mars*. Le docteur Lorry, cet efculape moderne le plus à la mode parmi les femmes & les beaux efprits, tombé depuis quelque temps en apoplexie, offre à l'humanité le fpectacle le plus déplorable. Sa tête eft revenue; il eft en état de donner des confultations; mais fes jambes lui refufent le fervice : comme pour fa propre fanté il eft obligé de fe promener en voiture, ne pouvant le faire autrement, il emploie utilement encore cet exercice pour lui & pour les autres; il fait des tournées de malades chez ceux qui le defirant font en état de defcendre, & de venir dans fon carroffe conférer avec lui & fe montrer à fon infpection; façon nouvelle de faire la médecine affez femblable à celle de Marcel, ce maître à danfer, qui, tout podagre & ne pouvant fe remuer, enfeignoit les graces de cet art, & en donnoit des leçons fublimes.

10 *Mars*. Extrait d'une lettre de Clermont, du 5 mars.... C'eft à l'occafion de la publicité des remontrances de notre cour des aides, par l'impreffion que M. le garde-des-fceaux lui ayant écrit une lettre très-feche pour lui témoigner le mécontentement du roi, ces magiftrats lui ont répondu une lettre fort longue, fort détaillée & fort peu refpectueufe, qui leur a attiré une réplique mortifiante, & de-là l'autre infiniment laconique, & motif de la difgrace de cette cour.

M. le comte de Montboiffier, ci-devant gouverneur des moufquetaires noirs & commandant dans la province, a été chargé, en cette qualité, d'y venir, accompagné de deux huiffiers de la chaîne, notifier les ordres du roi. Lui-même eft allé chez chacun de messieurs leur donner sa lettre de cachet portant ordre de se rendre au palais pour les entendre : il l'a fait avec toute l'aménité possible ; il leur a montré sa répugnance à se charger de cette jonction, leur a détaillé les instances qu'il avoit faites à la cour afin de l'éviter, sa douleur de s'en acquitter, &c.

Le jour de la séance où il a fait enrégistrer la déclaration du roi en date du 19 février, contenant interdiction indéfinie, il a prononcé un discours très-touchant, où il a renouvellé ses regrets d'être le porteur d'ordres si rigoureux envers autant d'amis qu'il comptoit de magistrats ; il a fait leur éloge, & les a assurés qu'il ne perdroit aucune occasion de supplier le roi d'en adoucir l'amertume & la durée.

11 *Mars*. M. de Sainte-Foi avoit présenté requête en cassation de l'arrêt du parlement qui l'a décrété d'ajournement personnel. Cette requête étoit motivée sur l'alternative où il se trouvoit, soit de rester sans justification s'il ne produisoit les pieces servant à sa défense, soit de manquer à la confiance qu'il devoit au comte d'Artois en révélant l'intérieur de la maison. On n'a pas trouvé ses raisons bonnes, & sa requête a été regardée d'une voix unanime inadmissible.

11 *Mars*. La nouvelle salle de comédie Françoise revient à deux millions. On sait que c'est aux dépens de *Monsieur* qu'elle a été construite. Il faut se ressouvenir de tous les revirements opérés de l'hôtel de Condé, d'abord acheté par la ville, ensuite repris par le roi, qui l'a cédé à son frere, sous cette condition. On avoit fait entendre au prince qu'il se récupéreroit facilement, & avec usure de ses avances par les terreins qu'il

vendroit autour; mais jufqu'à préfent perfonne n'en achete.

Dans le nouvel édifice on a pratiqué un efcalier qui conduit à une porte fouterraine, dont l'objet eft de fervir d'iffue à un paffage du Luxembourg à la comédie, pour que *Monfieur*, quand il habitera ce palais, puiffe s'y rendre fans appareil & *incognito*, s'il veut; mais on ne conçoit pas que dans un efpace auffi long & auffi mal-fain, on puiffe imaginer de faire paffer fon alteffe royale.

12 *Mars*. Samedi dernier, les chambres affemblées, la cour des aides a enrégiftré la déclaration qui lui attribue la connoiffance des affaires pendantes à celle de Clermont durant fon interdiction, & a en même temps arrêté des remontrances.

12 *Mars*. On a inféré dans le journal de Paris, numero 54, une anecdote fuivant laquelle un jeune homme de trente ans, réputé mort à Laigle, ville de la haute Normandie, avoit été retiré de fa bierre, au moment où l'on le portoit en terre, & avoit encore vécu deux jours. Il eft à préfumer que fi l'on ne fe fût pas hâté de l'enfevelir, & de remplir un ufage barbare de ce lieu de calfeutrer avec de l'étoupe & du chanvre la bouche de ce malheureux, & les conduits par lefquels peut fe faire toute efpece d'écoulement & de déjection, il en fût peut-être revenu, & eût rempli une longue carriere.

M. François de Neufchateau, à cette occafion, dans une lettre qu'on lit dans le N°. 70 du même journal, obferve que dans la Lorraine où il réfide, il y a un réglement très-fage, introduit dans un canton de cette province par un

M.

M. Huet, doyen de Rousseaux, qui, en sa qualité de curé-doyen, fit arrêter dans un synode que les curés n'enterreroient aucun de leurs paroissiens, qu'il n'eût demeuré deux nuits entieres sur un lit, le visage découvert, les mains & le reste du corps libres; qu'on ne mettroit le mort dans son cercueil que le matin du troisieme jour, en présence de quelques examinateurs & certificateurs de la vérité de sa mort; que ce cercueil ne seroit jamais fermé par-dessus; & qu'il seroit jeté sur le visage du mort & sur son corps, beaucoup de chaux vive.

M. de Neufchâteau nous apprend, par occasion, que cet excellent homme a laissé quantité de manuscrits, de mémoires & de projets utiles; qu'il a entre les mains ces papiers, qu'il se propose de visiter & d'extraire.

Il apprend encore que c'est à M. Huet que la province est redevable des ordres donnés en 1740 pour la plantation des arbres sur les grandes routes.

13 *Mars*. Suivant ce qu'on écrit de Londres, M. *Noverre* y a le plus brillant succès. Son grand ballet de *Renaud & Armide*, représenté depuis sur le théatre de l'opéra, en présence du prince de Galles & de l'assemblée la plus brillante & la plus nombreuse, y a sur-tout ravi les Anglois. On y a admiré le génie créateur de cet habile homme, qui fait revivre parmi nous à un si haut degré la pantomime, art si célebre dans les beaux jours de la Grece, & de Rome.

Les spectateurs furent tellement enchantés, qu'imitant un usage des théatres de Paris jusqu'alors inconnu à Londres, on fit retentir le nom de Noverre dans toute la salle, & on l'appella pour recevoir en personne les éloges de la nation; sa modeſtie lui fit conſtamment refuſer de ſe montrer.

Les ſieurs *Gardel* & *Nivelon* ont parfaitement ſecondé le compoſiteur, mais Mlle. *Théodore* principalement. Elle triomphe ici, & l'on aime autant ſon caractere que ſon talent ſans exemple.

13 *Mars*. M. *Viotti*, violon étranger, qui n'a point encore paru ici, qui s'eſt fait connoître par haſard pour la premiere fois dans un petit concert particulier avec une modeſtie rare, & fit tomber l'archet des mains de tous nos grands maîtres, doit débuter au concert ſpirituel durant la quinzaine : il eſt des amateurs qui le mettent au-deſſus de tout ce que nous avons entendu juſqu'à préſent.

13 *Mars*. Un miniſtre Anglois, nommé *Bereford*, ayant profité de l'accès qu'il avoit chez Milady *Hamilton*, pour rendre la fille de cette dame amoureuſe de lui, & la déterminer à l'épouſer, eſt allé en Ecoſſe avec elle, afin d'y remplir la cérémonie de la loi. De retour, la mere a trouvé cet hymen très-mauvais ; & ayant fait rougir ſa fille d'une alliance auſſi diſproportionnée, l'a engagée à ſon tour à ſe ſouſtraire par la fuite à ſon raviſſeur ; toutes deux en conſéquence ſont paſſées dans une ville de la Flandre Françoiſe, où le miniſtre les a bientôt ſuivies. Il s'y eſt engagé une conteſtation par devant la juſtice du lieu. La mere a fait décréter le ſieur Bereford de priſe de corps comme raviſſeur ; & celui-ci au contraire a rendu plainte contre Milady Hamilton, comme cherchant à ſouſtraire une femme à l'autorité de ſon époux. Le procès eſt venu par appel au parlement de Paris, & y a formé une affaire d'éclat, qui a attiré un monde prodigieux au barreau.

Me. Target a défendu le miniſtre avec cette chaleur, cet intérêt qu'il met dans ſes cauſes ; il a enchanté tout l'auditoire; il a même tellement prévenu tout ce que l'avocat adverſe, Mᵉ. Gerbier, avoit à plaider, que celui-ci n'a pu s'empêcher de convenir après l'audience que ſon confrere lui avoit joué le tour le plus ſanglant, ne lui laiſſoit plus rien à dire. Quoi qu'il en ſoit, en effet, lorſ-qu'il a fallu deſcendre dans l'arene, ſoit que le haſard eût occaſionné ce contre-temps, ſoit que ce ne fût qu'un prétexte, Mᵉ. Gerbier n'a point paru, & a fait demander la remiſe de ſa cauſe, comme étant malade : enfin hier, où il étoit queſ-tion de la reprendre, n'étant point encore en état, un particulier nommé *Geoffrey de Limon*, très-connu dans le monde comme un homme d'eſprit, & un beau parleur, qui a été attaché à *Monſieur*, & dont on peut ſe rappeller la fâcheuſe aventure, n'ayant d'avocat que le titre, s'eſt préſenté, & la cour lui a permis de parler : il a plaidé pour Mad. Hamilton, aſſez bien pour un homme qui n'eſt point habitué à cet exercice ; mais trop mal pour la circonſtance où il auroit fallu des pro-diges d'éloquence : au ſurplus, il y a apparence qu'il n'a fait que débiter le plaidoyer de M. Ger-bier ; & comme l'élocution eſt la grande partie de cet orateur, on ſait combien il a dû perdre.

C'eſt vendredi prochain que l'avocat-général doit porter la parole.

14 *Mars*. Les comédiens François ont enfin com-mencé hier à eſſayer leur nouvelle ſalle, illumi-née d'une maniere particuliere. Il paroît que cette répétition n'a pas eu grand ſuccès. On confirme que la voix dans la comédie parlée, s'y fera diffi-cilement entendre, ou, pour mieux dire, qu'elle ſera perdue pour le grand nombre des ſpectateurs. On ſe plaint des loges, où l'on ne peut entrer pour

peu qu'on ait du ventre: dans un certain nombre il y a une portion des spectateurs qui n'y pourra rien voir; enfin la méthode imaginée d'éclairer mieux, ne répond pas à l'idée qu'on s'en étoit formée, & présente des inconvénients qu'il faudra corriger.

14 *Mars.* Le sieur Bordenave, professeur royal de chirurgie, destiné spécialement à la physiologie, étant tombé ces jours-ci en apoplexie, en est mort. Il étoit échevin en charge, chevalier de l'ordre de Saint Michel, & membre de l'académie royale des sciences de Paris.

14 *Mars.* Il passe pour constant que le pape, après avoir tenu consistoire le 25, est parti pour Vienne, suivant la résolution qu'il en avoit annoncée à l'empereur. Son objet est de discuter avec sa majesté impériale les différents points de ses édits concernant les maisons religieuses & autres objets qui intéressent l'église. En vain tout le sacré college a cherché à détourner le souverain pontife d'une pareille démarche, d'autant plus hasardée que l'empereur lui a déja fait savoir qu'elle seroit inutile. M. le cardinal de Bernis a sur-tout fait l'impossible à cet égard.

On ajoute que le pape ne mene aucun cardinal avec lui, qu'il n'a qu'une très-petite suite, & qu'il se propose de loger sur la route de couvent en couvent.

14 *Mars.* Les almanachs étant devenus une source d'instruction dans ce pays frivole, où l'on ne veut rien savoir que par superficie & sans étude, ils se multiplient tous les jours. On vient tout récemment d'en publier un pour les colonies; c'est le pendant de celui de la marine. Jusqu'à présent le ministre s'étoit opposé à sa publication, & le mar-

quis de *Caſtries* eſt le premier qui n'y ait pas trouvé d'inconvénient.

Entre tous ces almanachs, le plus utile & le plus néceſſaire eſt, ſans contredit, *l'almanach royal*, qui s'améliore chaque année, & va faire de plus grands progrès entre les mains du moderne éditeur.

Cet almanach fut imaginé en 1684 par Laurent d'Houry : Louis XIV l'ayant deſiré, il eut l'honneur de le lui préſenter en 1699. C'eſt de là qu'il a pris ſon épithete de *Royal*. Il étoit d'abord très-peu de choſe ; mais par les améliorations de l'inventeur & de ſon fils, Charles Maurice, cet ouvrage devint bientôt recommandable.

A la mort de Laurent en 1725, la veuve employa tous ſes ſoins pour ſuivre les errements du défunt juſqu'en 1741, que ſon petit-fils fut chargé de la direction, & penſa ſe faire une affaire grave, ainſi qu'on l'a vu précédemment. Par le décès de celui-ci, arrivé en 1779, Laurent-Charles d'Houry, petit-fils de l'auteur, eſt devenu éditeur de cet almanach, & il annonce avoir à cœur de conſerver en ce genre un nom diſtingué que lui a laiſſé ſon aïeul.

15 *Mars*. L'abbé *Canaye*, membre de l'académie des inſcriptions & belles-lettres vient de mourir ; il avoit une amitié tendre pour M. d'Alembert, qui ſans doute honorera la cendre de ſon bienfaiteur de quelque éloge. Il avoit une ſuperbe bibliotheque, dont on ignore encore la deſtination.

15 *Mars*. Extrait d'une lettre de Bordeaux, du 8 mars.... Voici en ſubſtance ce qui s'eſt paſſé dans notre parlement : Le 22 décembre le garde-des-ſceaux lui avoit écrit une lettre où il lui annonçoit le retour du premier préſident ; il avoit en

même temps adreffé au procureur-général un paquet cacheté, ne devant s'ouvrir qu'aux chambres affemblées. Le premier préfident eft arrivé en effet en janvier, après avoir reçu des ordres réitérés du roi très-féveres, & avoit promis de s'y conformer. Malgré cela, la fermentation a tellement régné dans la compagnie, qu'elle a refté jufqu'au 20 février fans s'affembler, & dans la plus parfaite inaction; ce n'eft que fur des menaces de la colere du roi & de juger la forfaiture, reçues vraifemblablement du département de M. de Vergennes, que l'affemblée a eu lieu, & l'ouverture du paquet où ils ont trouvé une lettre du roi, dans laquelle on le fait parler avec une molleffe, indigne de fa majefté, qui a révolté les partifans de l'autorité royale. Cependant le fouverain s'expliquoit, &, fans prétendre gêner la confcience ou la volonté des magiftrats, avertiffoit ceux qui ne voudroient ou croiroient ne pouvoir pas fraternifer avec M. Dupaty, qu'ils étoient maîtres de donner leurs démiffions, & de recevoir leur rembourfement.

Cette alternative les a tellement intimidés, qu'ils ont enrégiftré les lettres-patentes reftées fur le bureau depuis fi long-temps, avec un arrêté très-pathétique & très-foumis, & enfin ils commencent à adminiftrer la juftice.

16 *Mars*. Les arts viennent de perdre une des premieres flûtes de l'Europe en la perfonne du fieur *Taillard* l'aîné, décédé à Paris le 3 de ce Mois. Son talent pour cet inftrument s'eft manifefté dès fa plus tendre jeuneffe : à l'âge de douze ans, il eut l'honneur d'être entendu de plufieurs têtes couronnées. Il donna auffi de lui des fonates, des *duo*, des *trio*; & il a compofé une méthode

pour guider les compositeurs dans leurs essais. La mort l'a enlevé au moment où il commençoit son quatorzieme recueil d'ariettes.

Cet artiste, qui a longtemps joué au concert spirituel, joignoit à une des plus belles embouchures, une exécution vive, brillante & pleine de sentiment, & ses talents étoient relevés par une modestie rare.

16 *Mars*. Le général *Washington* a prié M. de *la Fayette*, partant pour la France, de lui rapporter les portraits de toute sa famille. Ce seigneur a en effet fait composer un tableau historié, qui remplit parfaitement cet objet. Mad. de la Fayette y est représentée dans son appartement entourée de ses trois enfants ; elle tient à sa main un uniforme américain : le garçon, bouillant de marcher sur les traces de son illustre pere, est représenté déja un bras passé dans une manche, & s'efforçant de mettre l'autre ; ce qui jette du mouvement dans la scene. Le marquis de la Fayette est présent, & l'on voit à son étonnement succéder la joie qui brille dans ses yeux. Cette composition, sage, ingénieuse & très-convenable aux circonstances, fait beaucoup d'honneur au jeune artiste qui en est l'auteur, & dont c'est en quelque sorte le coup d'essai.

17 *Mars*. Les clôtures des spectacles se sont faites hier : le compliment des comédiens François a été moins lieu commun que de coutume, par la digression sur la nouvelle salle qu'ils doivent occuper à la rentrée : ils ont assuré le public, par l'organe du sieur Dorival, leur orateur, qu'ils redoubleroient d'efforts & de soins, tant pour mériter les suffrages du public par leurs talents, que pour augmenter la pompe des représentations

dans le magnifique local que leur a destiné la munificence de nos princes.

M. Imbert est chargé, au surplus, de faire une petite piece relative à cet événement, qui doit se jouer à l'ouverture.

Les Italiens, plus adroits à retourner les fadeurs qu'on débite au parterre ce jour-là, ont eu recours au sieur Parisau. Cet auteur a imaginé de coudre une petite scene assez agréable à la suite de la piece intitulée l'*Amour & la Folie*, exécutée la derniere. *Iris* vient de la part de Jupiter ordonner à l'Amour de retourner dans l'Olympe : ce Dieu obéit, quoiqu'à regret ; mais la Folie se trouvant bien sur la terre, chante ce couplet, qui a été redemandé deux fois.

> Qu'Amour retourne au ciel, qu'il fuie :
> Je reste ici pour ma santé.
> Point de gaité sans la folie ;
> Point de bonheur sans la gaité.
> On prétend qu'à la gent humaine
> Je sers de guide, & pour toujours ;
> Messieurs, si c'est moi qui vous mene,
> Vous viendrez ici tous les jours.

18 *Mars*. Extrait d'une lettre de Châlons, du 15 mars 1782.... Il y a ici depuis quelque temps une école de dessin, formée à l'instar de celle de Paris. De jeunes gens espiegles en voulant à quelques suppôts du palais, ont affecté d'y mettre leurs portraits en caricatures ; mais de façon à ce que les spectateurs ne pussent se méprendre à la ressemblance : les offensés ont porté plainte contre cette insulte prétendue. Le bailliage a ordonné une information, & que les dessins, objet du dé-

lit, feroient apportés au greffe: il faut obferver que l'expofition fe fait à l'hôtel-de-ville; les officiers municipaux ont regardé cette fentence comme injurieufe à leur dignité, comme violant l'afyle de leur hôtel, en forte qu'ils ont fouftrait ces morceaux, & n'ont pas voulu en permettre le dépôt; l'affaire alloit devenir grave, lorfqu'ils ont reçu un ordre du roi d'aller au bailliage faire des excufes aux magiftrats, & de ne faire aucune difficulté de laiffer enlever les pieces juridiquement. Meffieurs les maires & échevins ont été bien humiliés de cette démarche, & il en refte une animofité vive entre les deux corps, qui partage tous les citoyens pour ou contre, fuivant leurs affections.

18 *Mars.* On va commencer inceffamment la vente des tableaux & autres objets de curiofité dans les fciences & arts, compofant le cabinet du feu marquis de Menars. Comme la plus grande partie des morceaux précieux de cette collection provenoit de la fucceffion de Mad. la marquife de Pampadour, très-connue par fon difcernement & fon goût pour les arts, la foule des amateurs s'empreffe d'aller voir ces merveilles. Entre les tableaux il n'y en a pas du grand genre, mais beaucoup de chofes aimables & principalement tirées de l'école françoife.

18 *Mars.* Le *catalogue de différents objets de curiofités dans les fciences & arts*, qui compofoient le cabinet de feu M. le marquis de Menars, dreffé par les fieurs *Bafan* & *Joullain*, eft détaillé avec foin & exactitude; ce fera une fuite précieufe pour les amateurs d'une collection de cette efpece, très-utile & très-inftructive; on y a joint quelques eftampes qui l'ornent merveilleufement,.

F 5

La premiere offre dans le haut, le buſte du marquis de Menars, ſupporté par deux génies en pleurs, tenant des couronnes comme deſtinées à ce directeur, & ami des arts & manufactures.

On voit au bas la peinture & la ſculpture, avec leurs attributs, debout & dans une triſteſſe profonde ; la ſculpture plus particuliérement attachée au défunt, eſt renverſée, & caractériſe l'excès de ſa douleur par le déſordre de ſes vêtements & de ſa perſonne ; on lit au bas ces deux vers.

Les arts ont en pleurant honoré ſa mémoire,
Et ſon amour pour eux vivra dans leur hiſtoire.

La compoſition ſimple & naturelle de ce deſſin eſt de M. Cochin, fort ami du marquis de Menars, qui a compoſé auſſi ſon éloge hiſtorique inféré à la tête du catalogue.

Il y a 200 morceaux en tableaux, peintures en émail, miniatures, ſculptures en marbre, bronze, &c.

Dans ces derniers on diſtingue un charmant ſujet exécuté avec beaucoup de délicateſſe en ivoire, & compoſé de neuf figures de femmes, ſatyres & enfants aſſis, & folâtrant aux pieds de deux arbres, autour deſquels ſerpentent des ceps de vigne. On y a joint la gravure que Mad. de Pompadour en avoit exécutée en 1758, bien capable de faire honneur au talent de cette virtuoſe.

Il eſt encore plus confirmé par une ſuite de ſoixante-trois planches de ſon exécution en 1752, d'après différentes pierres gravées par M. Guay, ſur les deſſins de MM. Boucher, Vien & autres. On y a joint l'eſtampe du frontiſpice, pleine de gentilleſſes & de goût.

19 *Mars*. Il paroît que l'administration de l'opéra va changer encore une fois. Les acteurs cabalent fortement pour se régir eux-mêmes, & l'on est bien tenté d'en essayer, pour voir si ce gouvernement démocratique sera plus heureux & meilleur que les autres. Il n'y a rien encore de bien décidé.

19 *Mars*. On peut se rappeller un mémoire des curés de Dauphiné, qui parut au commencement de l'année 1782, qui déplut tellement au clergé, c'est-à-dire, aux évêques, qu'ils firent expulser de Paris les députés de ces curés : il s'agissoit d'une augmentation de portion congrue qu'ils demandoient.

Cette affaire restée en suspens, ils ont vraisemblablement cherché à obtenir justice d'une autre maniere, & peut-être les curés des autres provinces dans le même cas, ont-ils voulu faire cause commune, ce qui a alarmé de nouveau le clergé, en sorte que ses agents ont sollicité une déclaration du 9 mars, enrégistrée en parlement le 12, qui renouvelle les défenses aux curés du royaume de s'assembler sans permission.

20 *Mars*. Extrait d'une lettre de Malesherbes, du 17 mars....On exagere toujours : la montagne de grès, à deux portées de fusil d'ici, de laquelle on tire beaucoup de sable, offre en effet depuis le commencement de ce mois un phénomene isolé dans l'ordre des phénomenes souterrains, très-singulier, mais qui n'est accompagné d'aucun symptôme effrayant.

On nous avoit dit qu'on y entendoit de minute en minute un bruit épouvantable, & semblable à celui d'un coup de canon ; qu'étant sur la hauteur on ressentoit une commotion considérable,

& que le bruit augmentoit d'intenſité de jour en jour.

Voici ce que nous en rapporte M. l'abbé de Soulavie, phyſicien, qui a écrit ſur les volcans éteints, qui eſt allé ſur le lieu. Il dit que le bruit qu'il a entendu ſous ſes pieds eſt bien ſemblable à celui d'un coup de canon, mais éloigné ; que la montagne a éprouvé dans le même inſtant un peu de commotion, & qu'il a été légérement ſoulevé. Il ajoute que le lieu qui renferme la cauſe de ce phénomene n'eſt pas profond ; car un ſon éloigné reſte quelque temps à parvenir à l'oreille, & il a éprouvé dans le même moment & le bruit & la pulſation.

Le peuple d'ici & de Fontainebleau n'en eſt point effrayé ; il appelle tout ſimplement cette montagne, *la montagne qui cogne.*

20 *Mars.* Il y a eu déja deux concerts ſpirituels depuis la clôture des grands ſpectacles, & l'affluence a été conſidérable ; il paroît que le ſieur le Gros, qui en a toujours la direction, a redoublé d'efforts pour les rendre brillants en ouvrages nouveaux & en virtuoſes.

M. Goſſec s'étant préſenté au premier pour conduire ſon *Oratorio de l'arche d'alliance*, la ſalle retentit d'acclamations, & le public ſaiſit avec empreſſement l'occaſion de prodiguer à l'auteur de *Théſée* les applaudiſſements les plus vifs.

Au concert du mardi ayant paru, l'enthouſiaſme ſe ralluma, & ce furent de nouveaux claquements de mains bien flatteurs pour ſes oreilles.

On reçut très-favorablement deux ouvrages nouveaux, une ode ſacrée de Rouſſeau par M. *Méhul*, & le *Beatus Vir* de M. l'abbé *le Sueur*.

La jeuneſſe du premier ſur-tout donne les plus grandes eſpérances.

M. *Viotti* a ſoutenu dimanche, dans ſon concerto de violon, la haute réputation qu'il s'étoit déja ſi promptement acquiſe dans ce pays-ci. Une exécution vraie, un fini précieux & une qualité de ſon admirable dans l'*adagio*, font placer cet artiſte au rang des plus grands maîtres. On prétend que depuis le fameux *Lulli* il n'a pas paru de violon de ſa force.

Madame Mara eſt une étrangere qui à l'expreſſion de Mad. Todi, joint tout l'art de mademoiſelle Danbzi, aujourd'hui Mad. le Brun; & par la réunion des qualités les plus rares & les plus précieuſes, paſſe pour la premiere cantatrice de l'Europe. Rien n'eſt comparable au fanatiſme qu'elle a excité, & ſeule elle auroit fait le ſuccès des concerts du ſieur le Gros, qui lui donne dix louis chaque fois qu'elle chantera. Elle a commencé mardi pour la premiere fois.

21 *Mars*. M. *Chenard*, très-belle baſſe-taille, jeune artiſte qui remplit un des principaux emplois au théatre de Bruxelles, a plu beaucoup auſſi au concert ſpirituel par ſa voix très-étendue & d'une égalité bien rare dans une de ce genre. Son timbre eſt ſonore, ſa prononciation diſtincte, & il eſt en outre excellent muſicien; on regretta ſeulement qu'il n'eût pas choiſi un meilleur morceau pour ſon début. Il paroit que ſur cet eſſai on voudroit le fixer à Paris.

21 *Mars*. On vante beaucoup un quatrieme *muſæum*, inſtitué à Paris, qui doit être un *muſæum politique*; quand on en aura mieux connu l'objet, l'origine, les progrès & les inventeurs, on en pourra parler plus amplement.

22 *Mars*. M. Tellès d'Acofta, grand-maître des domaines & bois de Champagne, voulant fans doute réfuter efficacement par fon exemple les détracteurs de fon corps, qui le regardent comme inutile, & ont fouvent répandu le bruit de fa fuppreffion, vient de publier un ouvrage, le fruit de vingt-fept ans de pratique & d'expérience. C'eft une *inftruction* où il a raffemblé tout ce qui peut diriger les officiers des eaux & forêts de fon département, pour la confervation, l'augmentation, la perfection des bois en général, & de ceux propres fur-tout à la marine.

Ce qu'on y remarque de plus curieux, c'eft ce qu'il y dit pour diffiper les alarmes données fur la confommation qui fe fait du bois de chauffage en France. Elle a confidérablement augmenté dans Paris. En 1730, on n'y confommoit encore que 366,605 voies de bois : on en confomme à préfent 640,920, & l'augmentation dans les provinces eft en proportion ; cependant M. Tellès prétend qu'il n'y a rien à craindre. Il réfulte de fes calculs que dans les coupes annuelles, il fe trouve un million 200,000 voies de bois plus qu'il n'en faut pour la confommation du royaume.

22 *Mars*. M. de *Beaumont* avoit fi longtemps occupé le fiege archiépifcopal de Paris, que peu de gens fe rappelloient la cérémonie de l'inftallation ; ce qui a attiré beaucoup de curieux à celle du nouveau prélat ; elle s'eft faite mercredi vingt.

Les bourdons, dès la veille & le matin, l'ont annoncé au peuple. Ces bourdons s'appellent *Emmanuel* & *Maric*. Le chœur étoit orné des plus beaux tapis, l'autel & les lampadaires garnis de cierges, comme aux fêtes annuelles.

Après la meffe canoniale, les chanoines fe

font rendus au chapitre, vêtus de leurs robes rouges & violettes : on y a lu les bulles de M. de Juigné ; & quatre de meſſieurs ont été députés vers lui. Leur miſſion eſt de lui annoncer que le chapitre eſt prêt à le recevoir, de le diriger dans ſa marche, de l'accompagner depuis l'archevêché juſqu'au chapitre ; car tout eſt preſcrit littéralement juſqu'à la porte par où il doit paſſer, juſqu'à ſon habillement qui doit être le rochet & la mofette violette (petit camail).

Le prélat entré au chapitre, le doyen lui fait un compliment : il prête ſur les ſaints évangiles le ſerment accoutumé ; le chapitre ſe leve. M. l'archevêque, conduit par le doyen, & ſuivi de meſſieurs les chanoines, ſe rend à l'égliſe métropolitaine par la porte ſeptentrionale. A l'entrée du chœur il ſe ſépare, va faire ſa priere à la chapelle le Saint Dénis, à gauche, & une nouvelle toilette : il prend l'habit canonial d'hiver, qui eſt l'habit d'étiquette pour toutes les priſes de poſſeſſion dans l'égliſe métropolitaine. Cependant le doyen & les chanoines entrent au chœur & ſe mettent en place.

L'archevêque étant habillé ſe préſente à la porte du chœur où le doyen deſcendu de ſon ſtalle vient de nouveau le chercher ; il l'introduit dans le chœur, tenant la droite ſur lui ; & après avoir ſalué enſemble le chœur & le peuple à une diſtance marquée, il le conduit au grand autel ; ils s'y mettent à genoux, font une ſeconde priere, montent à l'autel ; & après l'avoir baiſé, vont au trône archiépiſcopal.

Le doyen y monte le premier, s'y aſſied, comme pour lui annoncer la ſuperiorité du chapitre ſur lui, & enſuite y fait monter & aſſeoir l'archevêque. Alors il retourne à fa place de dignité, & l'on entonne le *Te Deum* au fon de toutes les cloches.

Le théologal, qui eft au jubé de l'évangile avec le fecretaire du chapitre, bientôt annonce au peuple que le prélat eft en poffeffion; il en montre les bulles.

Le prélat entre en exercice par la bénédiction pontificale : il defcend de fon trône, paffe à la facriftie faire une troifieme toilette, & dans ce coftume va à l'officialité avec le chapitre & conduit par le doyen qui l'inftale auffi dans fa jurifdiction. L'archevêque tenant le fiege, le doyen à fa droite, & les chanoines à fes deux côtés, le fecretaire du chapitre faifant les fonctions de greffier, on plaide une caufe, & l'archevêque, après avoir pris l'avis du doyen & de meffieurs, prononce le jugement.

De-là il eft conduit en fon palais de la même maniere qu'il eft venu à l'officialité. Entré dans fon appartement, le doyen lui adreffe un dernier compliment, auquel le prélat répond : il reconduit le chapitre jufqu'au bas du grand efcalier, où il embraffe tous les chanoines à la joue. A ce cérémonial long & ennuyeux fuccede un grand dîner qui termine la fête.

23 *Mars*. Extrait d'une lettre de Rouen, du 19 mars....La troupe des comédiens de cette ville étant à fe recorder pour fe préparer à jouer avec vos illuftres de Paris, le fieur de Neuville, dans fa loge, attendoit impatiemment fon perruquier : le barbier arrive, eft rudement gourmandé, fe met pourtant en fonctions & coupe une verrue que ce comédien avoit fous le menton; le fang coule en abondance, celui-ci devient furieux

& prend un couteau fur fa cheminée; le barbier veut s'enfuir, mais fe heurtant contre une chaife, tombe; ce qui donne au fieur de Neuville le temps de l'atteindre & de le poignarder de trois coups de l'ignoble inftrument. Le bleffé n'a eu que le temps de faire fa déclaration & eft très-mal.

Notre lieutenant criminel, M. *Couronne*, homme de mérite, mais accufé de partialité en cette circonftance, n'ayant point fuivi la procédure avec l'autorité que le cas requéroit, a été mandé au parlement, & interdit pour un an ainfi que le procureur du roi. Cette cour a évoqué le procès, & l'inftruit avec tout le zele qu'exige cet affaffinat criant. Il a décrété le comédien, qui eft en fuite.

La dame *Monteffier*, directrice de la troupe, amante du fieur de Neuville, qui devoit l'époufer, & l'avoit déja affocié à la direction, répand un mémoire en fa faveur, où l'on repréfente le barbier comme tenté de voler l'argent & les bijoux du comédien qu'il voyoit, & celui-ci comme ayant arrêté par fa prefteffe & fa vengeance le crime que l'autre méditoit.

23 *Mars*. Le *Défœuvré* ou *l'Efpion des Boulevards*. C'eft une brochure qui ne laiffe pas, quoique fur un fujet trivial, de faire un certain bruit parmi tous les hiftrions qu'elle concerne, leurs entours & adhérents. Il paroit que l'auteur eft fort initié dans ces divers tripots & en connoît à merveille tous les perfonnages qu'il démafque, & dont il révele les turpitudes; ceux-ci jettent les hauts cris & demandent vengeance.

24 *Mars*. Le journal de Paris, qui de tous les objets qu'il avoit embraffés dans fon *profpectus*, n'en traite que fort peu, & encore pour la plupart

ceux qui lui font communs avec les autres journaux, a cependant par dessus ceux-ci un avantage inappréciable pour des François & des Parisiens, c'est de paroître tous les jours. Avec celui-là, s'il le conserve, il doit nécessairement survivre à la longue à tous les autres, & s'enrichir de leurs dépouilles. C'est ainsi qu'il vient de réunir à lui le privilege des annonces des deuils de cour & du nécrologe des hommes célebres. Mais, par une cupidité mal entendue peut-être, ou du moins déplacée & dérogatoire à ses promesses, il l'augmente du même prix, en sorte qu'au lieu d'un louis, il coûtera désormais 30 livres.

24 *Mars*. Extrait d'une lettre d'Amiens, du 19 mars...... Dans le nombre de 40000 ames environ qui forment la population de cette ville, en 1777 on comptoit 8000 pauvres, dont 500 mendiants de profession, qui infestoient à toute heure les églises, les marchés, les rues, les auberges & les maisons. L'hôpital n'étoit ni assez grand pour les contenir, ni assez riche pour les soulager. Les ressources des paroisses étoient insuffisantes, & il paroissoit bien difficile & même dangereux de supprimer la mendicité. Cependant l'évêque & l'intendant de concert se sont réunis pour ce grand ouvrage.

1°. On établit à l'évêché un bureau général, dont les assemblées durent avoir lieu au moins une fois chaque mois.

2°. On institua un bureau particulier dans chacune des treize paroisses de la ville.

3°. Tous les citoyens qui desirerent prendre place dans le bureau général, y furent admis sans distinction de rang.

4°. Les administrateurs des bureaux particuliers, composés auſſi de tous les paroiſſiens qui voulurent y entrer, furent aſſez multipliés pour que chacun d'eux viſitât en deux heures les pauvres de ſon quartier.

5°. On commença par faire reſpectivement une quête dans les maiſons des citoyens; on y joignoit le produit des troncs, des legs, des quêtes faites dans les égliſes paroiſſiales & des fondations échues. L'évêque, l'intendant & les officiers municipaux y ajouterent des ſommes conſidérables.

6°. Pour répartir l'aumône générale entre les paroiſſes, à proportion de leurs beſoins reſpectifs, le bureau général fit par proviſion un tarif que des commiſſaires nommés à cet effet ont rectifié & perfectionné, & changent annuellement.

Après ces préliminaires, le 11 janvier 1779, la mendicité fut ſupprimée par ordonnance de police. Depuis ce temps on continue de faire tous les mois dans les maiſons la quête, après laquelle ſe tient l'aſſemblée du bureau général. On y arrête le compte du mois précédent, & ce qu'il convient de diſtribuer dans le mois courant. Les bureaux particuliers font en conſéquence la diſtribution aux pauvres dans leurs maiſons de huit en huit jours, & le bureau général rend compte tous les ans au public de ſon opération & de l'état de ſa caiſſe par la voie de l'impreſſion.

On n'a pas cru devoir établir des atteliers publics pour fournir de l'ouvrage aux pauvres; les manufactures leur en fourniſſent aſſez; mais on s'eſt borné à établir une école de filature pour les petites filles, branche d'induſtrie qui manquoit à cette ville. On cherche maintenant le moyen d'occuper d'une manière auſſi utile les petits garçons, juſqu'à ce qu'ils ſoient en état de ſervir dans les manufactures.

Enfin, le bureau général a fondé, au mois de juin 1781, un bureau de prêt purement gratuit ſur gages.

On a diſtribué en eſpeces aux pauvres en 1779, 104,800 livres: les beſoins ont diminué en 1780; il n'en a coûté pour leur ſubſiſtance que 91736 livres; & en 1781, que 91546 livres. Il ne faut pas comprendre là-dedans beaucoup de frais particuliers, ſoit pour le chauffage, ſoit pour l'habillement, &c. fournis extraordinairement, ou par les officiers municipaux, ou par des perſonnes charitables.

Pour ôter tout prétexte aux murmures des pauvres mécontents, ſe plaignant de l'inégalité de la répartition des aumônes, le bureau général a fait mettre dans la cathédrale un trône uniquement deſtiné à recevoir les requêtes préſentées par eux ou par leurs protecteurs. Des commiſſaires, nommés à cet effet, les vérifient & rendent juſtice tout de ſuite.

C'eſt ainſi que ſe ſoutient depuis trois ans un établiſſement que les frondeurs aſſuroient ne pas devoir durer ſix mois. On ne peut ſe diſſimuler cependant que la ferveur ſe rallentit, puiſque les quêtes ne ſont plus auſſi abondantes, ce qui feroit écrouler l'établiſſement, ſi l'égoïſme venoit à s'en mêler.

25 *Mars* 1782. *Un priſonnier d'état, auquel S. M. accorde ſa liberté, peut-il, le même jour, être arrêté pour dettes dans la Baſtille?* Telle eſt la queſtion intéreſſante élevée dans un mémoire à conſulter pour le ſieur Georges Frédéric Cley-

mann, négociant de Francfort sur le Mein, établi à Paris depuis 1768, ci-devant tenu trois ans à la Bastille, actuellement prisonnier à la conciergerie. Il mérite un détail particulier.

25 *Mars*. M. Bourgeois de Boynes, ministre d'état, se trouve fort mal à l'aise par le procès qu'il a perdu, dont on a parlé dans le temps. C'est un homme de bonnes mœurs, du moins en apparence ; mais il ne laisse pas que d'avoir eu un goût de luxe fort dispendieux dans l'hôtel qu'il a acheté auprès de Saint Lazare. Quoi qu'il en soit, depuis long-temps on annonçoit sa banqueroute prochaine ; & en effet il a donné depuis peu son bilan, & a demandé du répit à ses créanciers. Ceux-ci ne sont pas d'accord à cet égard ; ils accusent l'un d'eux de n'avoir qu'une dette simulée, ou du moins de s'entendre avec son débiteur, il en est né une contestation portée au parlement, & les magistrats ne sont pas fâchés d'avoir occasion de rendre à ce mortel ennemi tout le mal qu'il leur a fait.

25 *Mars*. Depuis long-temps on cherche à se rendre maître de l'ordre des avocats, dont le régime trop volontaire déplaît au gouvernement & même aux magistrats. On parle plus que jamais de les mettre en charge, moyen qu'on regarde comme plus efficace pour les assujettir C'est sans doute pour y préparer les esprits & les avocats eux-mêmes, qu'on autorise de temps en temps des pamphlets assez mordants, où l'on révele les mysteres, les vices, & le désordre de ce corps. De ce nombre est une nouvelle brochure, intitulée : *Un indépendant à l'ordre des avocats, sur la décadence du barreau :* elle excite une grande fermentation parmi eux ; & sans doute quelque

membre prendra la plume pour y répondre & venger l'honneur de l'ordre outragé.

26 *Mars.* Le ſieur Blanchard, l'auteur du cabriolet volant, qui doit être en même-temps un bâteau infubmerſible, travaille infatigablement à perfectionner ſon ouvrage, que bien des gens ont regardé comme une chimere, & que d'autres très-ſenſés eſtiment comme pouvant réuſſir. Il eſt logé à Paris chez un abbé de *Vienne*, qui l'a encouragé & empêché de paſſer en pays étranger, où il avoit envie de porter ſes talents. Il commence à montrer aux curieux ſa machine déja aſſez avancée pour qu'on y puiſſe connoître quelque choſe, & en découvrir le méchaniſme. Il avoit eu l'envie de faire une voiture allant ſans chevaux, & de la montrer à Longchamps; mais le temps ne lui a pas permis d'exécuter ſon projet. M. le comte d'Artois, M. le duc de Chartres & autres grands ſeigneurs ont été le voir.

26 *Mars.* Dans une capucinade intitulée: *Réflexions d'un militaire ſur la profeſſion d'avocat*; Paris 1781, l'auteur qu'on prétend être Me. L.D.B. un des premiers énergumenes de l'ordre, confeſſe l'opprobre de ce théâtre, qu'on a ſi long-temps & ſi fauſſement vanté: il confeſſe que l'éloquence y eſt proſtituée à l'impoſture, vendue à l'opulence, dégradée par l'ignorance; il confeſſe que l'amour de la gloire n'y échauffe plus les cœurs, que l'intérêt ſeul y regne, & qu'enfin le barreau François tend rapidement vers ſa ruine.

Le nouvel écrivain, ſous le titre d'un *indépendant*, prend acte de cet aveu; mais le premier attribue cette décadence d'une part au trop grand nombre d'avocats inſcrits ſur le tableau, & de l'autre à l'avidité de quelques procureurs, qui profitent du besoin de la plupart des avocats, pour composer sur le prix de leurs travaux. Suivant le second, de ces deux causes, la premiere au contraire seroit la source de la gloire du barreau, si le despotisme de l'ordre n'y étouffoit pas le talent, & l'autre n'est que la moins importante des causes du désordre qui regne dans le lycée de Thémis.

Les vraies causes, à ce qu'il annonce, sont : mauvaise éducation des jeunes gens qui s'y destinent ; vuide immense des connoissances qu'ils y apportent ; obscurité qui regne dans nos loix ; défaut d'école, de déclamation & d'éloquence ; sécheresse des causes ; défaut de liberté ; avidité des avocats ; défaut des récompenses que le mérite a droit d'attendre ; enfin, & c'est sur-tout la considération la plus importante, vices nombreux & énormes de la constitution de l'ordre.

Tels sont les points principaux de la diatribe de l'anonyme, qui déclare n'être rien, ne tenir à rien, ne demander rien, & par conséquent est dans la position nécessaire pour bien appercevoir la vérité & la dire franchement.

27 *Mars.* M. Elie de Beaumont, qui, suivant l'usage, rédige par écrit les superbes plaidoyers de son ami Target, fait paroître aujourd'hui un *mémoire pour le sieur Benjamin Beresford, prêtre de l'Eglise anglicane, chapelain du duc de Bedford, recteur des deux paroisses de la ville de Bedford.*

Contre *monsieur le procureur-général. Et encore contre la dame Sydney Hamilton, épouse dudit. Sr. Beresford, plaignante, dénonciatrice & témoin.*

Et contre *la dame Gawen Hamilton, femme du sieur Hamilton, écuyer, instigatrice, plaignante, dénonciatrice & témoin.*

Il roule sur la question suivante du droit des gens, qui établit en même temps le fait.

"Une femme, dont la fille a été mariée dans sa patrie, condamnée elle-même par les juges de sa patrie à représenter sa fille à son mari, fugitive en France avec sa fille pour se soustraire aux loix, peut-elle valablement & légalement faire décréter son gendre de prise de corps en France, pour raison de ce mariage célébré sous l'empire de loix étrangeres aux nôtres ? Peut-elle, en se dérobant, par un ordre du roi au premier tribunal François, pardevant lequel le mari poursuivoit la restitution de sa femme entre ses mains, venir devant une autre cour, quand la premiere est encore légalement saisie de la contestation, & là qualifier de crime devant les juges François le mariage qu'elle n'a osé attaquer devant ses juges nationaux ; qualifier de continuation de crime en France, la demande en restitution de sa femme, après que celle-ci a procédé volontairement sur cette même demande devant nos tribunaux, devant lesquels elle se contentoit d'opposer faussement que son mariage étoit attaqué par elle dans sa patrie ?"

C'est une cause d'une espece si rare, sinon au fonds, du moins quant à la forme & aux circonstances, que c'est peut-être la premiere de cette nature agitée au parlement.

27 *Mars*. Extrait d'une lettre de l'isle d'Oleron, du 28 février... Notre gouverneur, M. de Verteuil, maréchal de camp, a été en effet très-fêté par M. de Meuron, colonel du régiment Suisse de son nom, au service de la compagnie des

des Indes Hollandoises, & il y a eu entr'autres un proverbe analogue aux circonstances, de la composition de M. Dauphin, lieutenant-tréforier du régiment. Il l'avoit intitulé : *Vaut mieux tard que jamais ;* annonce relative aux contre-temps qu'avoit éprouvé ce divertissement, pour vaquer aux fonctions plus essentielles du service. La piece sentoit un peu le terroir ; mais tout cela est bon en société. Il y avoit cependant dans ce petit drame des couplets heureux sur plusieurs belles actions de M. de Verteuil, qu'on y a dignement célébrées. La fête a commencé par un dîner de 200 couverts, & a été terminée par un bal qui a duré toute la nuit : tout cela est bien galant pour des Suisses ; & nos Olonois n'avoient de leur vie vu rien de si beau.

28 *Mars.* Extrait d'une lettre de Besançon, du 15 Mars... Vous ne croiriez pas qu'un curé à portion congrue de cette province, vient de fonder un établissement digne de la munificence d'un prélat à cent mille écus de rentes ; mais qu'il n'auroit jamais imaginé. M. Felix, curé de Champagnol, depuis 14 ans & plus qu'il est dans cette paroisse, s'est occupé sans relâche à en bannir la mendicité, en encourageant la culture des terres, & a réussi ; & ce n'étoit pas une petite besogne, puisque Champagnol comptoit plus de 2000 ames. Encouragé par cet essai, il vient d'obtenir des lettres-patentes données au mois d'octobre 1781, & enrégistrées en notre parlement ; car il faut être autorisé même pour pratiquer le bien, par lesquelles il lui est permis de construire une maison pour loger trois ou quatre maîtresses d'école ou sœurs de charité, qui apprendront gratuitement aux pauvres filles leur religion & le genre de

travail propre à leur sexe, & aux autres plus aisées, moyennant une légere rétribution : pour exciter leur émulation, il sera chaque année accordé une récompense à celle qui se fera le plus distinguée par son travail & sa conduite. Il y sera en outre établi un grenier d'abondance, soit pour fournir aux pauvres, incapables de s'occuper, leur subsistance ; soit pour avancer aux autres les semences, les instruments, les vétements, l'argent dont ils auroient besoin, & qu'ils remplaceront. Les malades y trouveront aussi des remedes, & des secours. Les ouvrages provenant du travail des enfants, seront convertis en étoffes ou en toiles à vendre au profit de l'établissement. Les pauvres sans asyle, & même les voyageurs en détresse, y auront l'hospitalité. La maison sera dirigée sous l'inspection de l'archevêque de Besançon, du procureur-général, du curé, des échevins & de quatre des principaux habitants. Le curé estime qu'un revenu annuel de 3000 liv. seroit suffisant pour tout, & il commence par y consacrer 20,000 liv., qui font toute sa fortune ; il espere recueillir le surplus des dons & charités que S. M. lui permet de recevoir & de placer.

28 *Mars*. Il faut rectifier un peu les faits concernant l'étrange procès qu'on a annoncé. Le sieur Beresford avoit fait célébrer une seconde fois son mariage à Londres. Il y avoit eu une procédure commencée dans cette capitale, suivant laquelle la dame Hamilton avoit été condamnée à représenter sa fille à son époux ; & ce ne fut que lorsqu'elle vit une impossibilité absolue de réussir en Angleterre, qu'elle se détermina à passer en France.

Ce fut à Lille, le 27 juin dernier, que le sieur

Beresford découvrit sa femme & sa belle-mere: il y fut très-bien accueilli des juges, & si bien que la dame Hamilton interjeta appel au parlement de Douay, où la jeune femme accoucha d'une fille, remise par arrêt aux mains de son pere. Madame Hamilton n'étant pas encore satisfaite de cette cour, obtient un ordre du roi qui enleve l'affaire au parlement de Douay, & elle intrigue si bien que, sans autre forme de procès, le procureur du roi du châtelet décrete le ministre Anglois, le 7 février dernier. Enfin, le 19 il est élargi, & l'on permet à la dame Hamilton & à sa fille de se libérer des gardes qu'on leur avoit donnés, en leur présentant caution. C'est le sieur Géoffroy de Limon qui avoit offert de l'être, mais qui n'a pas rempli les conditions exigées; on a vu cependant qu'il prenoit un intérêt vif à ces étrangers, par le sacrifice qu'il leur a fait de son amour-propre en se substituant à l'avocat Gerbier pour leur défenseur, & en se faisant ainsi huer du public.

29 *Mars.* La dame Hamilton ne pouvant gagner son procès en Angleterre, a remué ici ciel & terre pour y faire juger le fonds; mais heureusement le roi lui-même avoit déclaré, il y a quelques jours, à son lever, que le parlement de Paris ne pouvoit connoître que des incidents & des questions qui en résultoient. Elles sont du plus grand intérêt; savoir:

Quels sont les droits & les devoirs respectifs des peuples, rélativement au jugement des délits commis hors de leur territoire; comment & jusqu'à quel degré il leur appartient de qualifier les actions humaines, de donner à celles qui blessent leurs loix le nom de crime, & de les poursuivre; comment lorsqu'un homme réclame sa propriété la plus précieufe & la plus facrée, lorfqu'il réclame la réciprocité de juftice & de bons offices, qui eft le plus puiffant lien des nations, c'eft un devoir envers lui de venir à fon fecours & de le venger?

Du jugement du fonds en faveur de la dame Hamilton, il réfulteroit, au contraire, qu'une mere fugitive de fes propres tribunaux, feroit ordonner par les nôtres le déshonneur de fa fille; ne fe ferviroit de l'obéiffance aveugle de fa malheureufe fille, que pour la vouer à l'ignominie du concubinage, porter fa fureur & l'opprobre fur fon propre fang, & condamner un enfant innocent, l'enfant de fa fille, le fien, à la honte de la bâtardife.

Auffi l'arrêt a-t-il été entiérement conforme aux demandes du Sr. Beresford. Les principales difpofitions font en gros que les parties feront conduites fous bonne & fûre garde en Angleterre, pour être remifes aux mains du juge de paix; & que la dame Hamilton paiera provifoirement 50,000 livres de dommages & intérêts envers fa fille, nouvelle-née du fieur Beresford.

29 *Mars*. La falle du concert fpirituel n'a point défempli depuis fon ouverture par les vacances des autres fpectacles; mais aujourd'hui, vendredi-faint, la foule a redoublé avec plus de fureur. Les amateurs les plus affidus à ce pieux exercice, les plus anciens & les plus inftruits de toutes fes anecdotes, affurent qu'il n'a jamais fait autant de fenfation, ni attiré autant de monde.

Mad. Mara continue d'en faire les délices, & l'admiration croit à mefure qu'on l'entend; elle n'excelle pas moins dans les airs de bravoure & dans le *cantabile*; ce qui eft bien extraordinaire.

On est surpris de la précision qu'elle met dans son chant, de la netteté, de la flexibilité de sa voix, de l'aisance avec laquelle elle se joue & triomphe au milieu des plus grandes difficultés ; mais on est ému, attendri, lorsqu'elle desire aller à l'ame, & l'on éprouve, sans s'en défendre, & même malgré qu'on en ait, toutes les sortes de sentimens qu'elle veut inspirer.

M. Solere a débuté cette semaine dans la clarinette par un concerto de la composition de M. de Saint-George, ce qui a rendu ce morceau doublement précieux aux amateurs.

Le *Stabat* de M. *Hayden*, qu'on avoit reproché à M. le Gros, le directeur du concert, d'avoir osé mettre, il y a un an, en comparaison avec celui de *Pergoleze*, dans une brochure très-caustique, a soutenu cependant encore une fois cette dangereuse épreuve : mais la richesse de ses accompagnemens, la variété de ses chœurs & le beau chant dont il est rempli, n'ont pas empêché que l'expression touchante & sublime, qui regne dans celui de l'Italien, n'ait produit son effet ordinaire, & que les connoisseurs ne trouvent plus de génie dans la simplicité des moyens du dernier.

30 *Mars*. Il y a à l'académie royale de musique une Dlle. Aurore, âgée de 17 ans, qui chante dans les chœurs & se pique de poésie. Son début a été d'adresser des vers à Mlle. Raucoux, à l'occasion de son drame. Cette actrice, qui a peut-être cru que cette jeune personne cherchoit par-là occasion de se produire auprès d'elle & de lui plaire, a engagé le prince de Henin à la faire venir. On lui a donné des secours pour se mettre en état de paroître d'une façon brillante devant l'héroïne

dramatique; mais ni fon minois, ni fon jargon n'ont pu la féduire. On n'a vu aucun parti à en tirer, & l'on prétend aujourd'hui que c'eſt le Sr. Gaillard, poëte attaché au théatre lyrique, qui fait fes vers.

30 *Mars*. Entre pluſieurs beaux morceaux du mémoire de M. Elie de Beaumont, il faut diſtinguer celui concernant la différence du génie des légiſlations Angloiſe & Françoiſe, provenant de celle du caractere des deux nations. En France la nation eſt aimante naturellement; loin d'être en garde contre l'autorité, elle ſe jette dans ſes bras comme un enfant dans les bras de fon pere. Ici l'orateur, par un retour adroit pour faire ſa cour au parlement, & ne pas ſe trouver en contradiction avec ſa propre conduite, en excepte les grands événements dans leſquels l'homme de bien doit à ſa patrie, à ſes enfants, à fon ſouverain luimême, d'uſer de cette force d'inertie, qui eſt l'avertiſſement le plus filial & le plus reſpectueux. Du reſte, cette nation ne calcule ſeulement pas ſi elle a une liberté politique, & juſqu'où elle doit s'étendre; elle dépoſe tous ſes droits dans le cœur de fon roi : la nation Angloiſe, au contraire, ayant reconquis par des flots de ſang, une conſtitution originelle, puiſque, ſuivant *Tacite*, c'étoit celle des anciens Germains, les peres de tous les peuples de l'Europe, ce bien lui a coûté trop cher pour riſquer de le perdre en le laiſſant entamer. Toujours en garde contre le moindre accroiſſement de la prérogative royale, elle lui préfere des inconvénients, & même des maux qui nous paroîtroient intolérables.

De ce préambule naît un développement ſavant, dans lequel il ſeroit trop long de ſuivre le differtateur; mais qui annonce une grande érudition, une étude profonde des mœurs, des coutumes, des ufages, des loix de nos rivaux, & rend ce mémoire un petit traité très-propre à en donner les premieres notions à ceux qui n'en auroient aucune : il eſt à conſerver par cette raiſon.

31 *Mars*. L'*indépendant* convient cependant que, pour mieux connoître la diſcipline, les principes de l'ordre des avocats en France, il s'eſt revêtu du harnois gothique du barreau, & il prétend qu'on doit ſavoir gré à ceux qui ont ainſi le courage de dévoiler au public les vérités ſecretes. Avant de venir à cette rélation, il nous apprend beaucoup de choſes connues de tout le monde.

Il trouve, par exemple, que les écoles de droit ſont tout à la fois l'abus le plus déplorable, la farce la plus ridicule ; que les examens, les theſes y ſont de vraies parades ; & il n'eſt perſonne y ayant paſſé qui n'en ſache autant. Il gémit ſur le déſordre & la contrariété qui regnent, ſoit dans les coutumes, ſoit dans les ordonnances, ſoit dans les arrêts : hé ! qui ne l'a fait avec lui ? Il admire le roi de Pruſſe d'avoir proſcrit de ſes états & le droit Romain & les avocats. Eſt-il quelqu'un qui n'y applaudiſſe ? Mais ce que bien des gens ignorent, c'eſt que, ſuivant lui, nos avocats n'ont jamais étudié les principes de leur langue, ſe bornent à la parler, à l'écrire, guidés uniquement par cet inſtinct machinal que donnent l'éducation & l'habitude : c'eſt qu'ils ne ſont pas au fait de la morale, de la phyſique ; enfin, qu'ils ne ſont pas philoſophes. Il prétend que l'ordre eſt ſérieuſement ligué contre les ſciences & les avocats que les cultivent : de là leur ſtyle gothique, hériffé de termes barbares; de là le mauvais goût qui regne par-tout dans leurs *Factums:* de là cette fureur de divifions, fubdivifions, citations interminables.

Une raifon qui empêche fur-tout nos avocats d'être éloquents, c'eft le défaut de fujets, en ce que la loi interdit aux accufés de fe fervir de leur miniftere, & que c'eft prefque dans les matieres criminelles feules qu'ils peuvent développer de grands moyens, intéreffer le cœur glacé de nos contemporains.

Il eft vrai que l'orateur peut auffi féconder des caufes arides. L'auteur cite à cette occafion le fieur de Beaumarchais : fes mémoires font des chef-d'œuvres, caractérifés fur-tout par la fineffe des plaifanteries, par la délicateffe des penfées, la vivacité des images, le fel du ridicule ; on y voit des morceaux d'une éloquence neuve. Bien des gens lui refufent la gloire de les avoir compofés. On les attribue à M. *Falconnet*, & l'on feroit tenté de le croire d'après les *Obfervations fur le Manifefte d'Angleterre*, du même Beaumarchais.

Pourquoi dans la fameufe affaire de la caiffe de Poiffy, le plus vanté des avocats de Paris, *Gerbier*, parut-il fi inférieur à l'abbé Beaudeau, qui cependant n'étoit jamais monté dans la tribune aux harangues ? C'eft qu'à l'intérêt naturel de fa caufe, ce dernier joignoit l'efprit philofophique & fes grandes vues fur l'adminiftration, fi propres à réveiller les efprits les plus engourdis, qu'elles font fouvenir de la grandeur de leur être. Son adverfaire, fuivant la coutume du palais, fe renferma dans le cercle étroit des idées *jurifprudentielles*.

On craint en France de donner trop de liberté aux avocats & aux écrivains. On a tort : cette permiſſion eſt peut-être l'unique frein qui reſte pour arrêter la corruption des mœurs, l'oppreſſion de cent tyrans ſubalternes, & ſur-tout pour punir une foule de mauvaiſes actions qui, par leur nature, doivent échapper à la vengeance des loix.

Ce qui contribue beaucoup à la dégradation du barreau, c'eſt l'ordre, c'eſt l'agrégation de ſes membres, c'eſt l'empire abſolu que le corps a ſur eux. On peut parler de ce deſpotiſme ſans faire mention de M. Linguet, de l'incroyable oſtraciſme exercé contre lui. Son grand & principal grief étoit d'être homme de lettres. *François de Neuchâteau* a eſſuyé le même reproche; des jeunes gens ont été exclus du ſtage, les uns parce qu'ils faiſoient des vers, les autres parce qu'ils avoient cultivé les mathématiques; certains, parce qu'ils n'avoient pas de bibliotheque.

Formalités minutieuſes pour la réception de l'avocat; examen rigoureux ſur des détails inſignifiants; refus ſur des prétextes ridicules; eſpionnage encouragé, ordonné, exercé publiquement par les vétérants de l'ordre; noviciat long, pénible & mauſſade; aſſerviſſement à des uſages barbares; foi aveugle exigée de tous les adeptes: voilà ce qui ôte au génie ſon reſſort, aux eſprits leur activité, & fait de tous les membres de l'ordre un troupeau d'eſclaves.

Le remede à tant de maux, c'eſt d'anéantir l'ordre. Les avocats exiſteront ſeuls, & n'en feront que meilleurs. Leur réception ſera précédée d'études & d'examens, qui ne feront pas un jeu comme aujourd'hui. Il faut enfin, pour épurer cette profeſſion, & l'annoblir, ſubſtituer à l'appât d'un gain ſordide, des récompenſes honorifiques que le gouvernement peut multiplier à ſon gré.

G. S.

On ne peut difconvenir que s'il y a un peu d'amertume dans cette brochure, fi l'ordre y eft trop dégradé, il y a des reproches très-fondés, des chofes bien vues, & très-praticables. Du refte, l'ouvrage eft écrit avec élégance, & il y a des morceaux de vigueur & de fentiment qui le font lire avec intérêt & avec un grand plaifir.

1 *Avril* 1782. C'eft le fieur Boyer, qui, depuis qu'il a perdu la correfpondance du courier de l'Europe, plus embarraffé que jamais de faire reffource, en a imaginé une en établiffant un *Mufæum politique*, ou *Club*, à la maniere des Anglois. Il a propofé fon plan à MM. de Noli, Chevalier de Lambert, Magon de la Balue & autres richards ne voulant pas fe retirer dans un café, & génés dans leur promenade du Palais-Royal par le défordre & l'embarras où eft aujourd'hui le jardin. Il leur a offert, s'ils vouloient lui confier chacun trois louis par an, de louer un appartement rue Saint-Nicaife, & de les fournir de bois, de bougies, de gazettes, journeaux & autres papiers publics; ils ont accepté avec plufieurs autres, & la fociété eft commencée.

2 *Avril*. Suivant des lettres de Rouen, le perruquier n'eft pas mort; mais le fieur de Neuville n'en a pas été moins condamné par le parlement à être roué vif; ce qui a été exécuté par contumace.

2 *Avril*. M. *le Prêtre*, avocat ayant beaucoup d'efprit, mais mauvais fujet, affez mal famé au barreau, & dénué d'occupation de ce genre, s'eft retourné vers les belles-lettres. Il s'eft effayé derniérement avec peu de fuccès aux fpectacles des boulevards; il cherche aujourd'hui un théatre

plus digne de lui, & c'eſt à la comédie italienne qu'il doit faire jouer, pour l'ouverture, une piece analogue aux circonſtances. Ceux qui en ont eu connoiſſance, prétendent qu'elle eſt horriblement méchante, ce qui eſt aſſez dans le caractere de l'auteur.

3 *Avril.* Extrait d'une lettre de Bordeaux, du 30 mars 1782... Un M. de Lomenie, jeune conſeiller au parlement des requêtes, eſt aujourd'hui la fable de la ville. Il a été dernièrement trouvé la nuit en flagrant délit *ſub jove frigido*, avec une fille hideuſe & dégoûtante, un vrai plaſtron de corps-de-garde, bonne tout au plus pour les ſoldats & matelots : on l'a arrêté ; en vain s'eſt-il nommé & a-t-il offert de l'argent, on l'a conduit devant M. *Duhamel*, le vice-maire, qui, affectant de ne pas croire qu'il fût ce qu'il s'annonçoit, l'a fait conduire chez un jurat, le marquis de *Mons*, ancien conſeiller au parlement auſſi, qui l'a vertement réprimandé & fait relâcher enſuite. Comme le parlement, depuis l'affaire de M. Dupaty & le déſordre qui s'en eſt ſuivi, eſt peu aimé & eſtimé dans la ville, on a donné le plus grand éclat à l'aventure, & M. de *Lomenie* a mis le comble à ſa ſottiſe & à ſon infamie, en préſentant à ſa compagnie un mémoire juſtificatif. On croit qu'il ſera obligé de quitter.

3 *Avril.* Les officiers revenus de l'armée de Rochambeau, annoncent que M. le chevalier de Chatelux, malgré les nombreuſes & continuelles occupations que lui donne ſon poſte de major-général de l'armée, trouve encore le temps de commercer avec les Muſes, & qu'il a fait imprimer ſur les lieux un gros volume d'obſerva-

tions historiques, politiques, physiques & morales sur l'Amérique & les Américains de ces contrées. On ne connoît pas encore beaucoup ici l'ouvrage de l'académicien, qui n'en a fait passer que quelques exemplaires à ses amis.

4 *Avril.* Le *Club* politique, commencé sous les auspices du sieur Boyer, se soutient, & a même reçu l'approbation du ministere, à condition qu'il n'y seroit question ni du gouvernement, ni de la religion, & qu'on n'y admettroit point de femmes. On se doute bien qu'il y a nécessairement quelqu'émissaire avoué ou non avoué de la police qui veille sur ces assemblées.

Pour être admis, il faut être balloté. Le récipiendaire doit donner son nom, & l'on va au scrutin.

On ne sait s'il s'y rédige déja un bulletin de nouvelles pour les associés & leurs amis : alors ces comités rentreroient dans ceux si célebres de Mad. Doublet, où a pris naissance le journal que nous rédigeons.

4 *Avril.* La dame Hamilton & sa fille ne se souciant pas de retourner à Londres, où, suivant leur aveu même fait à l'audience, le mariage du sieur Beresford est bon & valable, ont intrigué le plus qu'elles ont pu pour éluder l'exécution de l'arrêt du parlement ; enfin, elles ont eu assez de crédit pour obtenir encore un ordre du roi, qui en annullant les dispositions de cet arrêt, ordonne que les gardes, sous la protection desquels elles étoient par ordre de cette cour, jusqu'à ce qu'elles fussent en Angleterre, & l'arrêt exécuté dans toutes ses parties, seroient retirés, pour en recevoir d'autres à la disposition du ministere ; en sorte

qu'elles deviennent ainſi maîtreſſes de reſter dans cette capitale tant qu'elles voudront.

Cette grande & ſinguliere affaire a rendu curieux le public de voir la jeune perſonne, qui a ſeize ans à peine, eſt très-bien faite, ſans être jolie, a l'air d'une agnès; mais a tellement été retournée par ſa mere, qu'elle devient furieuſe quand elle parle de ſon affaire, & y met une véhémence, une chaleur dont à ſon air tranquille, à ſa figure inanimée, on ne l'auroit jamais crue ſuſceptible.

4 *Avril*. On profite de la vacance pour aller voir la nouvelle ſalle de la comédie françoiſe, qui ne déſemplit pas de ſpectateurs, & l'on continue à l'admirer dans ſon enſemble & dans ſa richeſſe. Les connoiſſeurs ſeulement perſiſtent à la regarder comme défectueuſe pour les deux parties principales de l'optique & de l'accouſtique; ce qui ſe vérifiera décidément lorſqu'on y jouera.

En attendant, comme le roi n'a cédé à *monſieur* l'hôtel de Condé qu'à la charge d'y bâtir une ſalle ſuivant les plans & devis préſentés, les directeurs & ordonnateurs des bâtiments ont été ces jours-ci la viſiter & recevoir au nom de S. M.; ils en ont dreſſé procès-verbal, & ils ont trouvé les conditions remplies.

En conſéquence, conformément au droit qu'ils ont dans tous les ſpectacles dont les ſalles appartiennent au roi, il leur a été donné une loge, qui confirme parfaitement ce qu'on a dit, puiſque de douze places qu'on y peut occuper, il n'y en aura guere que deux de bonnes.

4 *Avril*. C'eſt pour la premiere fois qu'il paroît cette année, & fort tard encore, un almanach

d'une espece particuliere ; preuve bien sensible que nous ne craignons plus nos ennemis maritimes, nous regardant comme bien supérieurs à eux, même dans la marine. Il porte : *Etat des Colonies pour* 1782, *imprimé par ordre de M. le marquis de Castries, ministre & secretaire au département de la marine.*

5 *Avril.* Le sieur *Cleynmann* est étranger, pere de famille, âgé de soixante-trois ans, & créancier de la France pour 1,800,000 livres, à raison de fournitures de fourrages par lui faites durant la derniere guerre. En 1768, il vint solliciter à Paris son paiement; il a persisté pendant tout ce temps-là ; & il croyoit toucher au moment de son remboursement, lorsqu'il a été enlevé la nuit du 13 au 14 avril 1779, & transféré à la Bastille.

Il y est resté trois années, &, à l'exception de deux interrogatoires qu'il a subis, & par lesquels il n'a rien appris des causes de sa détention, il n'a entendu parler ni de ses affaires, ni de celles des autres.

Le 5 janvier 1782, on lui apprend qu'il est libre en vertu d'un ordre du roi, qui, quoique daté du 28 décembre 1782, ne lui est notifié & ne reçoit son effet que ce jour-là.

Dans le même moment le porteur de cet ordre lui redemande une somme de 24,800 liv. due à une demoiselle Clerville, & lui déclare dans la salle du conseil, en présence des officiers, que, faute de paiement, il le constitue prisonnier. Un fiacre étoit dans la cour ; il y fait monter le sieur Cleynmann, & il le transfere à la conciergerie.

Il a fu depuis que le *quidam* étoit le fieur Archier, officier garde du commerce, qui, fuivant le procès-verbal de capture, l'auroit arrêté feulement hors de la Baftille, en lui montrant fa baguette; & en vertu d'un arrêt du parlement, qui condamne par corps ce négociant pour le payement de la fomme fufdite, le 29 feptembre 1779, c'eft-à-dire, huit mois après fa détention à la Baftille.

Suivant une confultation de M. Prévôt de St. Lucien, qu'on lit à la fin du mémoire, en date du 20 février, qui eftime que l'emprifonnement du fieur Cleynmann doit être déclaré nul, les vices de la procédure, la faifie de fa perfonne faite dans l'intérieur de la Baftille au préjudice de l'ordre du roi, qui lui accordoit fa liberté, & la circonftance de fon emprifonnement au même jour, au même inftant, au même lieu, font trois moyens qui femblent devoir lui affurer fon élargiffement. Le jurifconfulte finit par cette apoftrophe oratoire.

" O vous ! chargés de veiller au maintien de
„ l'ordre public; vous, dépofitaires des loix, qui
„ croyez devoir élever vos voix courageufes,
„ mais foumifes, lorfque des ordres furpris à la
„ religion de nos rois, viennent femer parmi
„ leurs fujets la terreur & l'effroi ; vous, qui,
„ ainfi que les plus puiffantes têtes de l'état,
„ avez, dans tous les temps, donné à la nation
„ l'exemple de la plus prompte obéiffance aux
„ volontés du maître ! magiftrats, apprenez au-
„ jourd'hui à la demoifelle Clerville, & à ceux
„ qui, comme elle, fe croient permis de fe jouer
„ impunément des ordres du fouverain, en ar-
„ rétant le cours de fa bienfaifance, & cher-

„ chant toutes fortes de moyens à en rendre les
„ effets illufoires ! apprenez-leur que le mieux
„ obéi des monarques, lors même qu'il déploie
„ fa févérité, doit en être le plus abfolu, lorfqu'il
„ exerce fa clémence " !

5 *Avril*. L'ufage étant d'accorder aux naiffances des dauphins des graces pour certains criminels, S. M. a fait expédier une commiffion du grand fceau, en date du 28 février, qui nomme des commiffaires du confeil pour affifter M. le grand-aumônier dans l'examen des placets préfentés.

Ces commiffaires font les fieurs Brochet de Saint-Preft, Chaillon de Sonville, Tolozan de Chevignard, le Camus de Neville, Gravier de Vergennes, Amelot de Chaillon, Chaumont & de Sartines.

Leurs fonctions feront de faire repréfenter les charges & les informations fur lefquelles les réclamants ont été détenus, de procéder à leurs interrogatoires, & de mettre S. M. en état de juger des cas rémiffibles.

Non-feulement les détenus actuels, mais ceux qui fe feront conftitués prifonniers dans l'intervalle de deux mois à dater des préfentes, feront admis à préfenter des requêtes.

Tous ces meffieurs feront, à ce qu'il paroît, préfidés en cette occafion par le grand-aumônier, auquel les greffiers, concierges, gardes & géoliers des prifons des villes de Paris & de Verfailles, feront obligés d'obéir en tout ce qui concernera l'exécution de la préfente commiffion.

5 *Avril*. Il paroît que la honteufe aventure qui a obligé M. Beaudoin de Guemadeuc, ancien maitre des requêtes, de vendre fa charge

& de s'abfenter de Paris, ne l'a pas infiniment humilié, puifqu'il ofe faire parler de lui de nouveau & fe reproduire dans les papiers publics. Il fe confole au fein des fciences, de ce qu'il appelle *fes revers*. Il avoit déja envoyé à l'académie différents mémoires qu'elle a adoptés dans le temps. Il vient de faire des réflexions fur les étoiles doubles, & fur la nouvelle planete découverte en Angleterre le 13 mars 1781, par M. Herfche, vers les pieds des Gemeaux. Suivant un long mémoire que M. Beaudoin a envoyé au mercure, & qui n'a pu y être inféré à caufe de fa longueur, cette planete paroîtra jufqu'au 1 juin: alors elle fe plongera pour cinquante jours dans les rayons du foleil.

6 Avril. Le fieur Dauvergne s'eft démis décidément, entre les mains du miniftre, de fa place de directeur de l'académie royale de mufique. Il en donne pour raifon apparente, fa fanté devenue chancelante par de longs travaux & par des maladies affez dangereufes; mais la raifon véritable eft le mécontentement général de fon adminiftration, fans ordre, fans difcipline, & défaftreufe par la partie financiere.

On va effayer de confier le régime de cette machine aux premiers fujets, ainfi qu'ils le defirent depuis long-temps & le follicitent, mais on doute que cela aille encore bien.

6 Avril. Les fuicides deviennent fi fréquents qu'on n'en parle plus que dans des cas extraordinaires. Hier il en eft arrivé un qui mérite être détaillé. Un M. de Chailly, directeur à la régie des domaines, & travaillant dans cette partie depuis 30 ou 40 ans, s'eft trouvé fupprimé par un arrangement des adminiftrateurs, & réduit à la simple qualité de vérificateur. Il s'est cru déshonoré, quoiqu'on lui représentât que l'événement lui étoit commun avec tous ses confreres, & que ce n'étoit qu'une réduction d'appointements qu'on vouloit opérer, réduction qui n'auroit même pas lieu à son égard, puisqu'on lui donneroit en gratification ce qu'on lui retranchoit d'un autre côté. Il n'a point entendu cela ; & enfin, hier à dix heures du matin, jour d'assemblée des administrateurs, n'ayant pu se brûler la cervelle en leur présence, ainsi que c'étoit son projet, il l'a fait dans son bureau, devant ses commis. Il avoit pris le moyen le plus sûr de ne pas se manquer en se mettant le canon dans la bouche ; malgré cela, il est encore existant. Il s'est emporté le nez, un œil ; s'est crevé l'autre œil ; il est aveugle, muet, entend cependant & est dans un état pire que la mort pour lui & pour sa famille.

6 Avril. Il paroît que l'établissement d'une maison royale de santé, en faveur des ecclésiastiques & des militaires malades, prend beaucoup de consistance : le treize du mois dernier, il y a eu dans l'église des religieux de la Charité, instituteurs & desservants de ce nouvel hospice médical, une assemblée extraordinaire de charité, où M. l'abbé de Boismont, l'un des quarante de l'académie françoise, a prononcé un sermon d'apparat, qui avoit attiré un grand concours de monde. Il a été fort goûté ; on y a trouvé beaucoup moins de cette recherche d'esprit qu'on lui reproche souvent, & quantité de morceaux vraiment éloquents & d'une grande sensibilité. L'orateur soutient à la lecture la réputation de son discours au débit.

7 *Avril.* Nombre & prix des places de la nouvelle falle de la comédie françoife, où l'on fera par-tout affis.

Nombre des places. Prix. Total.

A l'orcheftre pour les hommes feulement.	180.	6 liv.	1080. liv.
{ Premieres loges . . 108. { Balcons . . . . . . 80. { Pour les homm. & femm.	188.	6 liv.	1128. liv.
Galerie tournante pour hommes & femmes.	120.	4 liv.	480. liv.
Deuxiemes loges pour hommes & femmes.	64.	3 liv.	192. liv.
Parquet à la fuite de l'orcheftre pour hommes.	500.	2.l.8.f.	1200. liv.
Troifiemes loges pour hommes & femmes.	48.	2 liv.	96. liv.
Amphithéatre des 3mes loges pour hommes & femmes.	300.	1.l.10.f.	450. liv.
	1400.		4626.
Non compris les petites loges donnant 513 places.	513 à 500 l. la place par an.		
	1913. places.		

On voit par ce relevé combien la nouvelle falle doit être avantageufe aux comédiens, & par le nombre des places, puifque dans la derniere falle d'opéra brûlée, la plus vafte de toutes, il ne tenoit que 1800 perfonnes, & par l'augmentation énorme du prix du parterre, porté aujourd'hui à 48 fous. Ce qui ne doit pas peu contribuer à les rendre encore plus infolents. Il eft vrai que cet accroiffement d'opulence eft un peu compenfé par l'état précaire où ils fe trouvent, la falle appartenant décidément au roi.

7 *Avril.* Le *Philofophe du Port au bled*, 1781. Il paroît que cette facétie, originairement compofée pour le journal de Paris, y a été refufée, ce qui donne un peu d'humeur à l'auteur; il épanche fa bile dans un avertiffement contre les redacteurs de cette feuille. Le fujet eft la naiffance du dauphin. Le moderne Diogene prend occafion de-là, par une tournure affez originale, de faire fentir que la condition du jeune enfant n'eft pas auffi heureufe qu'on le croiroit bien ; il entre en conféquence dans un détail des devoirs & des malheurs des rois, dont la vérité eft trop fenfible pour en difconvenir. Si le fonds n'eft pas neuf, la forme eft ingénieufe & piquante. On attribue cette bagatelle philofophique à M. *Diderot*.

8 *Avril.* C'eft par un arrêt du confeil du 16 février dernier, que le roi manifefte fes difpofitions à l'égard de la nouvelle falle de comédie françoife & des comédiens, afin d'affurer invariablement à la capitale un fpectacle qui contribue autant à la gloire littéraire de la nation qu'à fes amufemens.

1°. La falle, confidérée quant au fol & aux édifices principaux & acceffoires dont il eft couvert, fera toujours au roi & à fes fucceffeurs.

2°. Elle fera confervée & furveillée, fous l'autorité & par les foins des directeurs & ordonnateurs généraux des bâtimens, comme édifice royal, & avec tous & tels pouvoirs attribués d'ailleurs fpécialement fur toutes falles royales de fpectacles, aux directeurs généraux des bâtimens par le réglement de 1745, pour fixer fon autorité concurremment avec celles des premiers gentilshommes de la chambre & des gouverneurs des maisons royales.

3°. L'édifice, dont la propriété aura été transmise à S. M. par *monsieur*, sera livré aux comédiens François ordinaires du roi, pour y suivre leurs exercices & en jouir à certaines conditions.

4°. Les acteurs n'en auront absolument que l'usufruit ; & quant au mobilier dont les comédiens auront garni & décoré le théatre, les loges d'acteurs, les foyers, les salles d'assemblées & les magasins, S. M. se réserve encore le droit, dans le cas où la société des comédiens se dissolveroit, de l'acquérir, avec préférence exclusive, afin de prévenir par cette ressource, l'interruption de ce spectacle.

5°. S. M. se réserve la jouissance de certains bâtiments & boutiques accessoires, pour en faire des récompenses en faveur des comédiens qui auront bien mérité d'elle & du public par leurs talents & leurs services.

Ces dispositions principales réglées & connues, ainsi que plusieurs autres plus minutieuses concernant la sûreté & police intérieure, le roi a commis le sieur d'Angiviller pour installer les comédiens dans cette salle.

Outre la loge qui a été réservée par ordre du roi pour être occupée sans rétribution par les officiers du département des bâtiments, il y en a une spécialement affectée pour le directeur & ordonnateur général des bâtiments. Ce sont les deux seules que S. M. ait exceptées.

8 *Avril*. On a parlé de commissaires nommés par la société royale de médecine pour vérifier les expériences du sieur *Janin*. Ceux de l'académie

des sciences, sçavoir, MM. le duc *de la Rochefoucault*, *Macquer*, *le Roi*, *Fougeroux* & *Lavoisier* se sont réunis aux premiers, afin d'éviter la répétition des mêmes expériences. Elles ont eu lieu les 18 & 23 mars, & non-seulement sans succès suivant le bruit général, mais avec perte d'un homme. On attend le résultat qui doit être imprimé par ordre du roi.

8 *Avril.* Le *Théatre François*, c'est ainsi que s'intituleront désormais les affiches, d'après le frontispice du spectacle, s'ouvrira demain à la nouvelle salle, afin que ce jour tant attendu ne soit pas retardé; on travaille même aujourd'hui, fête de la Vierge, & il paroît que le nouvel archevêque est aussi tolérant à cet égard que l'ancien. Comme on se doute du concours immense des spectateurs qu'attirera cette nouveauté, on a instruit fort au long le public par des avertissements imprimés de la maniere dont les voitures arriveront, se rangeront, reprendront leurs maîtres & déboucheront. Trois rues percées à cet effet, s'appelleront de *Crebillon*, de *Regnard*, de *Racine*; on en doit former une quatrieme de *Voltaire*.

M. Imbert a composé une petite piece à tiroir, intitulée *l'Inauguration du Théatre François*; elle est en un acte & en vers; elle doit être jouée demain: ceux qui en ont vu les répétitions n'en donnent pas une idée favorable; on dit même qu'il y a des plaisanteries qu'on a conseillé aux comédiens de retrancher, comme pouvant fournir occasion d'allusions désagréables pour l'auteur & pour eux.

9 *Avril.* Dans ce moment où l'on s'occupe beaucoup des comédiens & des spectacles, on

publie une déclaration du roi du 28 février, enrégiftrée au grand-confeil le 20 mars, dont le préambule porte ce qui fuit : " Les conteftations
„ qui s'élevent fur la diftribution des gages &
„ appointements qui ont été faifis fur les comé-
„ diens, & autres gens attachés aux fpectacles
„ de la fuite de notre cour, donnant lieu à des
„ inftances de préférence ou de contribution,
„ dont les procédures abforbent bientôt les fom-
„ mes à diftribuer, fans aucune utilité pour les
„ parties, nous avons penfé que nous remédie-
„ rions à cet inconvénient, en ajoutant à notre
„ déclaration du 18 août 1779, déja donnée dans
„ la même intention, quelques difpofitions qui,
„ en fubftituant de nouvelles formes plus fimples
„ & moins coûteufes que les anciennes, nous
„ ont paru plus propres à faire jouir les gens
„ attachés auxdits fpectacles, des avantages qui
„ entroient dans notre premier objet, fans néan-
„ moins préjudicier en aucune maniere aux
„ droits de leurs créanciers".

Le 9 *Avril* 1782. *Relation de la féance publique de l'académie royale des infcriptions & belles-lettres, pour fa rentrée d'après pâques, tenue le 9 avril 1782.*

Cette féance a été fort maigre & plus folitaire encore que de coutume, parce que c'étoit le jour de la rentrée des trois fpectacles, & que la foule des gens de lettres s'étoit portée fur-tout vers la nouvelle falle de comédie françoife.

M. Dupuy, fecretaire perpétuel, annonça d'abord que le prix avoit été remporté par M. Pigeon de Saint-Paterne, fecond bibliothécaire à l'abbaye de Saint Victor. Il s'agiffoit *d'examiner l'état des lettres, sciences & arts en Orient, sous les califats de Haroun-Arraschid & de son fils Al-mamoun, comparé avec celui où ils étoient alors dans l'Occident.*

Après cette annonce il publia le programme suivant. "L'académie s'étant trouvée réduite, par la disette de mémoires répondant à ses vues, à renoncer au prix double qu'elle devoit distribuer à pâques 1781, & qui consistoit *à déterminer ce que les monuments historiques nous apprennent des changements arrivés sur la face du globe, par le déplacement des eaux de la mer*, propose pour sujet du prix extraordinaire, qu'elle proclamera à pâques 1784, de comparer ensemble la ligue des Achéens, 180 ans avant Jesus-Christ; celle des Suisses en 1307 de l'ere chrétienne; la ligue des Provinces-Unies en 1579, & développer les causes, l'origine, la nature & l'objet de ces associations politiques.

On juge au seul énoncé combien ce sujet doit être intéressant & que pour le traiter, il n'exige pas seulement une vaste érudition, une profonde connoissance du cœur humain, mais une grande sagacité, un jugement exquis & des vues très-étendues dans l'art des gouvernements. On ne sait pourquoi l'académie n'a pas tout de suite réuni à ces événements célebres, celui objet de la guerre actuelle, & qu'elle a principalement eu sans doute en vue, lorsqu'elle a songé à proposer son sujet & à le rédiger.

Les mémoires lus ensuite étoient peu curieux. M. de Vauvilliers, le dernier reçu, a suivant l'usage, fait preuve de son savoir par la *traduction de la quatrieme Isthmienne de Pindare*, adressée à Melisse, précédée d'une analyse du poëme,

&

& d'un extrait d'un mémoire où l'auteur établit que dans les pieces lyriques des Grecs, il n'eſt pas néceſſaire, pour opérer l'égalité des meſures, que les metres ſoient compoſés du même nombre de temps; & qu'au contraire, l'égalité dans le nombre de temps ne ſuffit pas pour produire celle des meſures, à moins qu'on n'obſerve un ordre régulier dans la diſtribution des longues & des breves.

Certes, voilà des détails d'une ſechereſſe, d'une inſipidité, d'un ennui rare, & qu'on pourroit regarder comme une tournure imaginée par le candidat pour faire déſerter de l'académie le petit nombre de curieux qui en ſuivent encore les ſéances.

La diſſertation de M. de Keralio n'étoit pas propre à les ramener, & ne pouvoit qu'entretenir les bâillements cauſés par la précédente. Elle conſiſtoit dans l'analyſe de la premiere partie d'un *mémoire dont l'objet eſt de prouver que le peuple Suédois a été Cimbre;* que les Cimbres étoient une branche de Cimmériens, & ceux-ci une portion de la grande nation Tudeſque, connue par les Romains & les Grecs ſous le nom de Germains, qui ſe répandit dans tout le nord de l'Europe, & qui l'occupe encore. Il étoit impoſſible ſans doute de jeter de l'agrément ſur une ſemblable matiere, & Fontenelle lui-même n'y eût fait œuvre.

La lecture d'un cinquieme *mémoire ſur Démoſthene*, par M. de Rochefort, réveilla un moment les auditeurs. Il continue d'y montrer quels furent les principes conſtants & les maximes d'adminiſtration de ce grand orateur dans ſes harangues politiques; comment il ſut éclairer les Athéniens ſur leurs vrais intérêts, & avec quel ménagement il connut l'art de leur dire les vérités les plus dures. L'auteur préſente ce tableau abrégé de l'ame & de l'esprit de son héros, comme une introduction utile à ceux qui voudront en étudier avec fruit les harangues. Ce mémoire intéressant, rempli de vues saines en politique, en morale, en littérature, joint aux autres ouvrages de l'académicien, tous dans un genre commun à l'académie françoise, pourroit lui en ouvrir les portes, s'il étoit plus intrigant, & si celle des belles-lettres n'avoit arrêté d'exclure de son sein tous ceux qui passeroient à l'autre compagnie. Il y a long-temps qu'on a dit que celle-ci étoit l'anti-chambre de l'académie françoise, & elle veut arrêter cette émigration humiliante.

Le morceau qui auroit pu intéresser vraiment toute l'assemblée & par le fonds & par la forme, c'étoit *l'éloge de M. Turgot*, s'il eût tombé dans d'autres mains. Le secretaire en a fait la lecture avant celle des trois mémoires, & n'a nullement rempli son sujet, & l'attente du public. Il y a trois époques dans la vie de son héros qu'il a très-bien distinguées, mais non détaillées également.

Il s'est trop appesanti sur l'époque de sa jeunesse. Elu prieur de Sorbonne à l'âge de vingt-deux ans, M. Turgot prononça en cette qualité deux discours latins. Dans le premier il s'agissoit de montrer les *avantages que la religion chrétienne a procurés au genre humain:* dans le second il traçoit *le tableau des progrès de l'esprit humain, depuis les premiers âges jusqu'à nos jours.* On a observé que par une profondeur de vues annonçant déja l'homme d'état, il y prévoyoit dès-lors la séparation des colonies Angloises de leur métropole. A vingt-quatre ans, M. Turgot avoit tracé de sa main une liste de cinquante-deux ouvrages à composer sur les sujets les plus disparates; en sorte qu'on auroit pu lui appliquer juftement l'épigramme de Rouffeau : *Chryfologue eft tout & n'eft rien*. De ces cinquante-deux ouvrages, quinze ont été achevés ou ébauchés par l'auteur. On y trouve des fragments d'un *traité fur l'exiftence de Dieu* ; des traductions de l'hébreu, du grec, du latin, des odes d'Horace en vers françois. Il avoit commencé dans notre langue une traduction des géorgiques en vers métriques, comme les vers grecs ou latins ; tentative déja faite une vingtaine de fois au moins fans fuccès.

Après cette époque du théologien & de l'homme de lettres, vient celle du magiftrat & de l'intendant : on en a déja remarqué les principaux traits qui ne font pas tous à fa gloire. Obligé de paffer au confeil, il s'appliqua aux études concernant l'adminiftration ; il fe livra aux principes du docteur Quefnay, & devint un ardent économifte. Il fit des tournées avec M. de Gournay, intendant du commerce, qui contribuerent auffi beaucoup à fon inftruction. Commiffaire départi à Limoges, il y inftitua les atteliers de charité, dont il eft l'inventeur ; il y foulagea les malheureux pendant deux années de difette, non-feulement en tirant du gouvernement des fecours abondants, mais de fes propres deniers, & par un emprunt de 20,000 l. qu'il fit en fon nom. Au refte, fidele au fyftême de fa fecte, il ne fouffrit jamais que la liberté du tranfport des grains ni celui des magafins reçuffent aucune atteinte ni la moindre taxation de prix. Il fit même imprimer dans fon département & diftribuer l'ouvrage de M. le Trofne fur cette matiere ; il y joignit une lettre circulaire à tous les officiers de police. C'eft ce rigide attachement à fes principes, fi contraires aux préjugés vulgaires qui, vraifemblablement lui fit des ennemis dans fon intendance, où malgré tous les biens qu'il faifoit, il n'étoit pas aimé. Il avoit une forte de defpotifme en ce genre-là, prefque auffi déteftable que l'autre. Ennemi des procès, il envoyoit chercher ceux qui en avoient, & les forçoit de s'accommoder ; ce qui déplaifoit quelquefois autant aux parties qu'aux gens de juftice.

La derniere époque de la vie de M. Turgot, c'eft fon miniftere. M. Dupuy faute à pieds joints deffus, fous prétexte qu'il ne lui conviendroit pas d'en hafarder *l'éloge* ou la *cenfure* ; & c'étoit la partie la plus à defirer. Il faut cependant convenir qu'elle devoit le moins entrer dans un ouvrage où il faut plus confidérer l'académicien & le favant que l'homme d'état.

Cet éloge eft écrit dans la maniere du panégyrifte, fans enthoufiafme & fans chaleur, & l'on jugeroit qu'il ne loue point pour être loué, s'il ne couroit fréquemment après l'efprit qu'il n'attrape pas toujours. De-là fon ftyle eft auffi quelquefois alambiqué & précieux, quoique fans élégance ; il manque même d'une certaine correction qui doit fe trouver par-tout, & principalement chez un académicien.

9 *Avril.* Un M. *Robinet*, très-favant homme, mais très-dépourvu de goût, très-ennuyeux conféquemment, a imaginé depuis quelques années de compofer un *Dictionnaire univerfel des fciences morale, économique, politique & diplomatique, ou Bibliotheque de l'homme d'état & du citoyen*, avec cette épigraphe faftueufe : *Au temps & à la vérité.* Il y a déja vingt-un volumes de cette monftrueufe compilation, quoique le rédacteur ait tout au plus parcouru le tiers des lettres de l'alphabet. Cha-

que volume a près de fept cent pages en caractere très-ferré; & cependant à une vente publique, derniérement ce livre a été vendu fur le pied de vingt fous le volume. Quel défaut de lumieres dans les acquéreurs! Quelle humiliation pour l'amour-propre du philofophe! Les bibliographes n'ont pas manqué de configner fur leur calepin cette anecdote remarquable.

10 *Avril.* L'avocat le Prêtre n'a pas ofé rifquer les titres des deux ouvrages dont il a enrichi hier la fcene italienne pour fon ouverture. Sur l'affiche on a lu feulement le *** comédie vaudeville en un acte, précédé du *** prologue.

10 *Avril.* On ne fauroit rendre le tumulte caufé hier à la comédie françoife par le concours de monde furvenu pour voir la nouvelle falle, & par le défaut d'ordre pour la diftribution des billets, fur-tout de ceux du parquet, dont les comédiens avoient jugé à propos de diftribuer fur 500 environ 400 à leurs amis, camarades, valets, &c. La garde avoit auffi très-mal pris fes mefures; en forte qu'elle a été forcée & n'a pu arrêter les efforts de la foule. Le guichet même étoit fi gauchement placé, qu'il a fallu le changer pour aujourd'hui.

L'intérieur n'a guere été moins orageux, parce qu'on y a laiffé entrer fans difficulté tous ceux qui ont voulu donner leur écu de 6 livres, fauf à refter dans les corridors qui regorgeoient de monde comme à l'opéra. Il n'a pu qu'en réfulter plufieurs querelles; l'événement le plus fâcheux, c'eft une infulte faite à un procureur de la part de M. le comte Moreton de Chabrillant, fils du capitaine des gardes-du-corps de *monfieur*, & en furvivance. Ce feigneur, peu eftimé, a eu l'audace de faire en outre arrêter ce procureur & conduire de son autorité au corps-de-garde, d'où il n'a voulu sortir qu'après avoir constaté par un procès-verbal le procédé abominable & despotique de son adversaire. On assure qu'il a entamé une procédure qui commence déja à affliger M. de Chabrillant le pere, qui exige que son fils fasse des excuses à l'offensé.

Les gens qui trouvent tout bien, disent que la salle est très-belle, qu'elle a plu généralement pour la noblesse de sa construction, pour l'élégance de ses ornements, & pour l'intelligence avec laquelle les places y sont distribuées.

Tout le monde ne pense pas de même, & surtout les femmes pour qui les loges sont fort incommodes, indépendamment de beaucoup d'autres défauts.

La piece nouvelle s'est ressentie du mécontentement général. Elle a reçu un si mauvais accueil, que, malgré la présence de la reine, venue avec madame Elisabeth, le tumulte croissant considérablement, il a fallu l'abréger, de crainte qu'il ne devînt plus fatigant & plus insupportable.

Le 10 *Avril* 1782. *Relation de la séance publique de l'académie des sciences pour la rentrée de pâques, tenue aujourd'hui.*

On a d'abord annoncé que le prix au sujet de la comete de 1532 & de 1661, qu'on attend pour 1790, avoit été adjugé par la compagnie à M. Mechain, astronome de la marine, des académies de Harlem & de Flessingue, & qui depuis ce temps-là avoit été élu de l'académie.

On a ensuite proposé pour 1786 un prix de 4000 livres, dont le sujet est *d'examiner si les attractions de Jupiter & de Saturne* ont dû causer des différences dans l'orbite de cette comete entre 1532 & 1661.

Le secretaire a encore déclaré qu'aucun des mémoires envoyés pour le concours du prix, au sujet *des vaisseaux lymphatiques*, n'ayant satisfait les vues de l'académie plus que la premiere fois, il seroit remis & proposé une troisieme, à cause de l'importance des questions à résoudre.

Il a ajouté que les candidats n'ayant pas été plus heureux sur le sujet annoncé concernant les diverses especes de coton, le prix étoit aussi remis pour la seconde fois.

Il a cependant donné des éloges au nom de la compagnie à la piece N°. 1, ayant pour devise, *Deus bone*, dans laquelle elle a trouvé des détails intéressants. Elle invite l'auteur à continuer son travail, en insistant davantage sur la distinction précise des différentes especes de cotons cultivés, sur les procédés qu'on emploie pour la filature des divers cotons dans les différents pays, sur la comparaison de ces procédés, relativement aux différents climats, sur les moyens qu'on emploie pour le tissage de ces filatures. Elle l'exhorte sur-tout à tourner ses vues vers les moyens d'améliorer les cotons de nos colonies, soit en perfectionnant par la culture ou par le choix des plans, le coton qu'elles produisent, soit en adoptant de meilleures méthodes de les préparer pour les usages des arcs.

Les mémoires lus ont roulé sur des matieres si scientifiques & si arides, qu'ils ne méritent qu'une simple annonce.

1°. M. *de la Lande*, directeur de l'académie, a rendu compte dans le sien de la *planete de Herschel*, qui continue de paroitre, dont la révolution est de 82 ans, & la distance de 650 millions de lieues.

2°. M. *Daubenton* a donné l'explication de *trois sortes de pierres herborisées.*

3°. M. *Desmarets*, celle de la formation des pierres calcaires à coquilles.

4°. M. de *Lavoisier* a lu un mémoire sur les moyens d'augmenter l'intensité du feu par l'air déplogistiqué.

5°. M. *Brisson*, sur la pesanteur spécifique des diamants & autres pierres précieuses.

6°. M. de *Vaudermonde* n'a eu que le temps d'annoncer un mémoire *sur la quantité de chaleur propre à différents corps.*

M. de *Fougeroux de Bondaroy* devoit rendre compte des expériences qui ont été faites pour examiner les effets du vinaigre contre le méphitisme, & l'on ne sait pourquoi cette matiere, la plus curieuse par l'à-propos, & la plus intéressante par sa nature, n'a pas été agitée.

Les deux morceaux qui avoient attiré la foule, étoient les éloges que M. le marquis de Condorcet devoit prononcer du Marquis de Courtanvaux & du comte de Maurepas.

On a déja parlé du premier héros, dont on a donné une notice; il suffira d'y joindre quelques traits omis. Il paroît, suivant son panégyriste, que M. de Courtanvaux se livra aux études des sciences plus par désœuvrement que par attrait véritable; ce qui le faisoit passer trop souvent d'un genre à l'autre, sans rien approfondir. Il avoit cependant l'ambition d'être honoraire de l'académie des sciences, & c'étoit la seule qui lui fut restée. Pere de M. *Montmirail*, qui avoit le même desir & plus de titres pour le satisfaire, il lui fit ce facrifice, & à fa mort fe trouva foiblement dédommagé de fa perte en lui fuccédant dans la compagnie.

M. de Courtanvaux a fait des découvertes heureufes en chymie. Il aimoit la méchanique, & avoit le talent de la main. Il préfenta un jour à l'académie un inftrument inventé par M. Jaurat; il l'avoit exécuté lui-méme, & y avoit gravé cette infcription : *Jaurat invenit, Courtanvaux fecit*.

Tels font le peu de faits qu'on trouve dans cet éloge, plus fec que ne le font d'ordinaire ceux de M. de *Condorcet*, on ne fait pourquoi; car le fujet en valoit bien un autre. On voit qu'il fe jete méme à côté, & fait des digreffions qui caractérifent la ftérilité ; fans doute empreffé de paffer à l'éloge du comte de Maurepas, & tout rempli de cet autre fujet, il aura négligé le premier.

En effet, quand l'éloge de M. de Courtanvaux eût été intéreffant autant qu'il pouvoit l'être, il l'auroit paru moins ce jour-là par l'avidité du public, pour celui du comte de Maurepas, mort après lui, qui, fuivant l'ordre académique, avoit en conféquence été réfervé pour le dernier à lire. Le panégyrifte a parfaitement répondu au defir des auditeurs, & l'on eft convenu que parmi le nombre des orateurs qui s'étoient difputé la gloire de célébrer le miniftre défunt, aucun ne l'avoit fait plus dignement que M. le marquis de Condorcet. Quelle belle matiere auffi !

M. de Maurepas, né dans une famille où la place de fecretaire d'état étoit, pour ainfi dire, héréditaire depuis deux fiecles, pourvu de cette place lui-même à l'âge de 14 ans, exerçant le miniftere à 24, offre une carriere brillante & variée dont il eft peu d'exemples. Le département de la marine, dont il étoit chargé, étoit, il eſt vrai, dans un état de foibleſſe dont il ne put le tirer. Obligé de ſe conformer à la politique, mal vue ſans doute du cardinal de Fleury, il ſut rendre encore ſon miniſtere glorieux, *en faiſant ſervir la marine aux progrès des ſciences, & les ſciences aux progrès de la marine.* Cette partie de ſon hiſtoire étant la plus relative au lieu, au ſujet, à l'inſtitution de ces ſortes d'éloges, a déterminé le panégyriſte à s'en occuper plus au long. Il a fait voir comment le comte de Maurepas fit exécuter ſous *Louis XV,* & avec une magnificence vraiment royale, l'entrepriſe de meſurer en même temps deux degrés du méridien, l'un ſous l'équateur, l'autre près du pôle boréal de notre continent, opération néceſſaire pour confirmer l'applatiſſement de la terre, découvert par Newton, & devant ſervir de baſe à une détermination plus exacte de la figure du globe.

Avant ce miniſtre, l'art de la conſtruction des vaiſſeaux ſe bornoit en France à la ſimple routine; il vouloit qu'il devînt une ſcience; il envoya en Angleterre un homme plein de talent pour y étudier cet art, qui alors y étoit plus avancé que parmi nous, & il établit à Paris une école publique pour les conſtructeurs: ainſi l'on lui eſt redevable de tous les progrès que nous avons faits depuis dans la conſtruction des vaiſſeaux, & de la ſupériorité que nous avons acquiſe en ce genre ſur les autres nations, & même ſur nos maîtres.

La diſgrace de M. de Maurepas n'eſt pas une époque de ſa vie la moins intéreſſante: l'égalité d'ame avec laquelle il la ſoutint, prouve qu'il ne ſe ſentoit coupable d'aucune faute grave. Lui-même, en parlant de cet évènement, diſoit:

Le premier jour j'ai été piqué; le second j'ai été consolé. Il plaisantoit à son arrivée dans sa retraite sur les épîtres dédicatoires qu'il alloit perdre, sur le chagrin des auteurs qui lui en avoient préparées. Obligé de vivre dans les sociétés d'une ville de province, il s'en amusa comme de celles de Paris & de Versailles; il y trouvoit les mêmes intrigues & les mêmes ridicules; les formes, les noms seuls étoient changés. Mais ce qui mit le comble à sa gloire, c'est que, durant son exil même, il sut se conserver des amis.

Rappellé dans le ministere au bout de 25 ans, le comte de Maurepas vit revenir vers lui le grand nombre de courtisans qui l'avoient oublié pendant tout ce temps, & il ne leur montra ni indignation, ni dédain. M. de Condorcet, non moins prudent que M. Dupuy, s'arrête peu sur cette derniere partie de la vie de son héros; mais y supplée par une digression philosophique sur la difficulté d'apprécier, de connoître même les actions d'un homme d'état dont on est contemporain. Du reste, il loue celui-ci de son esprit de modération, d'indulgence rare, qui a constamment caractérisé son administration. Aucun des ministres déplacés sous son influence n'a été exilé; dans aucune autre époque de notre histoire, les ennemis des ministres, leurs critiques, leurs détracteurs n'ont été plus en sûreté.

M. de Maurepas étoit devenu, en 1725, un des honoraires de l'académie des sciences. Il fut de bonne heure doyen, & prenoit plaisir à se parer de ce titre aux yeux de cette compagnie, lorsqu'elle avoit occasion de le voir. Sa place y a été remplie par M. le duc de la Rochefoucault.

Tel est le précis rapide de l'éloge du comte de

Maurepas, auſſi bien penſé que bien écrit, & d'autant plus généreux de la part du marquis de Condorcet, qu'il avoit perſonnellement à ſe plaindre de ce miniſtre.

11 *Avril.* Le vrai titre du prologue de la nouvelle piece des Italiens, eſt le *Poiſſon d'avril*; & celui de la piece, *le Public vengé*. C'eſt froid; mais il y a beaucoup d'eſprit, ſur-tout de celui de l'avocat le Prêtre; c'eſt-à-dire, du cauſtique & du méchant. Les couplets ſont ce qu'il y a de mieux. En général, quoique dans cette critique plaiſante des ridicules & des travers de la capitale, l'auteur diſe des choſes peu honnêtes pour le public, dont il ſe moque paſſablement, le public a applaudi & a ri lui-même. On y a trouvé cependant beaucoup de longueurs, entr'autres une ſcene entre le caprice & l'opinion, qui eſt abſolument inutile. On voudroit auſſi que les airs fuſſent moins anciens & plus gais. Quant au prologue, il a ſervi de compliment de rentrée.

11 *Avril.* Les comédiens François annoncent pour demain une autre nouveauté dont ils diſent beaucoup de bien, & ſur laquelle ils comptent plus que ſur la premiere. C'eſt *Moliere à la nouvelle ſalle*, piece en un acte & en vers.

12 *Avril.* La piece jouée aujourd'hui au théatre François, a en effet eu un ſuccès décidé. On l'a trouvé pétillante d'eſprit, quoique pleine de défauts, quoique trop longue, quoiqu'exigeant bien des ſuppreſſions & des changements.

On l'avoit attribuée d'abord à M. *Paliſſot*; mais on veut aujourd'hui qu'elle ſoit de M. de la Harpe

12 *Avril.* Mad. *Mara*, qui a fait les beaux jours du concert ſpirituel, eſt une femme qui

n'eſt plus jeune ; ſans être jolie, elle a quelque choſe de gracieux dans la figure qui plaît, & en chantant montre cet air animé, contribuant beaucoup à émouvoir l'auditeur ; malheureuſement elle a de vilaines dents, défaut naturel très-fâcheux dans une cantatrice. Elle eſt attachée au roi de Pruſſe, qui lui donne de gros appointements. Son mari eſt auſſi muſicien, mais médiocre, & ne ſe tolere que par rapport à elle.

Le réſultat des jugements des divers connoiſſeurs ſur Mad. *Mara*, c'eſt qu'il eſt rare de trouver une voix auſſi étendue, auſſi ſonore, auſſi flexible que la ſienne, jointe à un art auſſi conſommé, à une pareille perfection de chant. Cependant on ne peut diſſimuler que beaucoup de gens étonnés d'elle dans ſes airs de bravoure, reſtent froids à ſon *Cantabile*, & ne lui trouvent pas l'onction de quelques-unes de nos cantatrices, telles que Mlle. *Arnoux*.

12 *Avril.* On eſt ſi mécontent de la nouvelle ſalle, quant à la diſtribution des loges, qu'il faut abſolument changer, qu'il a été queſtion de renvoyer les comédiens aux Tuilleries, vu la longueur du temps qui doit s'écouler encore juſqu'à la vacance.

Il paroit que les architectes, trop dociles à écouter les conſeils des comédiens, dont la cupidité ſordide voudroit multiplier les loges à l'infini, les ont raccourcies de la façon la plus gênante pour le public.

Les femmes ſe plaignent auſſi que l'éclat du blanc qui regne généralement dans la ſalle, affadit leurs traits & les éclipſe tout à fait ; & comme ce ſont elles qui attirent les hommes par-tout, il eſt eſſentiel d'empêcher qu'elles ne déſertent, ce qui rendroit bientôt le ſpectacle vuide.

13 *Avril.* C'eſt le 15 que s'ouvrent à Vincennes les courſes pour la diſtribution des prix, dont chacun de cent louis.

On ne peut qu'applaudir à cet encouragement dans ce pays, où il eſt eſſentiel de donner le plus grand ſoin aux haras, & à perfectionner nos races de chevaux, dont d'ailleurs il ſe fait une conſommation prodigieuſe. Il eſt calculé qu'année commune, il en meurt à Paris 6000.

On a fait venir 23 chevaux barbes cette année, pour couvrir nos jumens & provigner une eſpece de ce genre amélioré.

14 *Avril.* On croit qu'un mémoire de M. Rochon de Chabannes, en forme de *Lettres ſur l'opéra*, qu'il a préſenté au miniſtre de Paris, concernant la réforme & l'amélioration de ce ſpectacle, a beaucoup contribué à ouvrir les yeux ſur les abus, & aux arrangements pris à cet égard, & qui ſe prennent encore.

M. *Amelot* a renvoyé la connoiſſance de ce mémoire à M. de la Ferté, intendant des menus & commiſſaire du roi en cette partie; & celui-ci, nouvellement marié, très-rangé aujourd'hui, diſpoſé même à donner dans la dévotion, s'en eſt rapporté à un ſieur *Morel*, ſon ancien caiſſier, qui, ſoufflé par un certain abbé le Beau de Schoſne, s'eſt aviſé de devenir tout-à-coup bel eſprit, de faire des vers, & pourroit dire, comme le Métromane de Piron : *& j'avois cinquante ans quand cela m'arriva.*

Quoi qu'il en ſoit, *Morel*, peu en état de prendre par lui-même un parti bien éclairé ſur cette matiere, a eu le bon eſprit de ſentir que

M. de Rochon, homme de lettres, impartial, & ayant réfléchi long-temps fur la matiere, avoit les qualités propres à le bien guider, en forte qu'il a adopté beaucoup de chofes de fon mémoire.

En outre, comme par fon honnêteté, fa circonfpection pleine d'égards pour tout le monde, en tenant les acteurs, chanteurs, danfeurs, muficiens, en un mot, tout le peuple de ce tripot dans la diftance convenable, M. Rochon s'en eft fait aimer & refpecter ; comme d'ailleurs il veille à leurs intérêts, ils n'ont pas eu de peine à approuver fon plan quant à l'effentiel.

Ce plan confifte à remettre l'adminiftration de l'opéra aux fujets principaux, formant un comité fubfiftant, dont chaque membre aura le détail de quelque partie, & fera obligé d'en rendre compte à l'affemblée. En outre, il y aura deux femainiers toujours en activité pour les affaires courantes, pour la manutention journaliere de la machine & fon régime à l'inftar; en un mot, de ceux de la comédie françoife.

M. *Rochon* imagine avec raifon que perfonne ne peut mieux travailler avec zele à la profpérité du théatre lyrique que ceux qui y feront intéreffés, puifque leurs revenus augmenteront en proportion.

On affure que dans le furplus de fon mémoire, il jette des vues plus étendues pour augmenter les revenus de l'opéra, foit directement, foit indirectement, en fupprimant les petits fpectacles des Boulevards, qui, malgré le tribut qu'ils lui paient, ne le dédommagent pas du tort qu'ils lui font, & enjoignant à fon adminiftration tous les wauxhalls poffibles, après avoir indemnifé tous les propriétaires.

Il eft fâcheux que M. Rochon ait la modeftie

de ne pas vouloir répandre fon mémoire, qu'on affure être imprimé, & qui, par fa diftribution, feroit fermenter les amateurs, & ouvriroit carriere à une difcuffion dont il pourroit fortir enfin un plan plus parfait, auquel on fe tiendroit irrévocablement.

15 *Avril*. MM. les comédiens François ont jugé à propos, depuis qu'ils jouent à la nouvelle falle, de faire un arrangement entr'eux, fuivant lequel, à toutes les repréfentations & fur-tout aux premieres, ils fe répartiffent à chacun deux billets de parterre, aujourd'hui parquet, qu'ils donnent à qui bon leur femble. Meffieurs les auteurs fe recrient contre cette délibération du comique aréopage, & la regardent comme contraire à leurs intérêts. Ils prétendent que c'eft ainfi aller contre le fage réglement qui force les auteurs d'acheter, même à leurs pieces, les billets de parterre, afin de prévenir toute cabale en leur faveur. Au contraire, ici les hiftrions deviennent maîtres de faire tomber une piece quand ils voudront.

Les auteurs, en conféquence, fe difpofent à en parler au maréchal de Duras ; mais il n'y a pas d'apparence, qu'ils aient plus de crédit fur ce point que fur d'autres plus effentiels & plus juftes, où ils ont fuccombé.

15 *Avril*. *Moliere à la nouvelle falle*, eft décidément de M. de la Harpe ; il en a reçu les compliments dès qu'il en a vu le fuccès affuré. On favoit même, il y a plus de fix mois, que le fupérieur l'avoit chargé de faire quelque chofe pour cette époque ; mais fâché depuis que cela fe fût répandu, on affecta de dire que le bruit étoit faux, afin qu'il pût conferver *l'incognito*, dont il prétend avoir befoin pour réuffir. On étoit

d'autant plus éloigné de croire qu'il fût pere de cet ouvrage, que la critique en porte prefque toujours à plomb fur lui. Il y a des plaifanteries contre l'académie françoife, & il en eft membre; il vient décréditer les drames, & il en a compofé, & fes amis en ont fait, & tout récemment ils ont été canonifés en pleine académie; il perfifle les bureaux de bel efprit, les coteries favantes, & il vit perpétuellement dans ces fortes de focietés; il s'éleve avec fureur contre ceux qui font cabaler pour eux, qui ameutent des prôneurs, & il ne s'eft foutenu que par cet artifice. Mais un poëte n'eft pas obligé d'être conféquent, & l'on peut compofer une jolie piece, & être mauvais logicien.

15 *Avril.* M. le duc d'Aumont, gentilhomme de la chambre, eft mort ces jours-ci; les gens de lettres fe fouviennent encore de la cruelle vengeance qu'il exerça, il y a plus de 25 ans, envers le fieur Marmontel, pour une plaifanterie qui fut faite à fouper chez Mlle. Clairon contre ce feigneur. Il exigea la détention de l'auteur, & lui fit ôter le Mercure, dont le public étoit affez content entre fes mains.

15 *Avril.* Vendredi dernier l'abbé Pezana, éditeur d'une nouvelle édition de Métaftafe, qui eft actuellement en train, a été trouvé dans fon lit baigné dans fon fang, & s'étant étrangement mutilé. On a arrêté l'hémorragie, & l'on efpere qu'il n'en mourra point. On donne plufieurs caufes de ce fuicide; on dit qu'il a été fou; on dit que c'eft par amour; on prétend enfin que la veuve Hériffant, chargée de l'impreffion de fon ouvrage, fe trouvant trop en avance avec lui, vouloit retenir fes honoraires jufqu'à ce qu'elle fût remplie, ce qui l'avoit réduit au défefpoir; que

même dans le premier moment où l'on l'avoit interrogé fur le motif de fon étrange réfolution, il avoit répondu : C'eft cette Hériffant qui veut tout ; il n'y a qu'à lui porter cela, ce que j'ai de plus cher. Quoi qu'il en foit, on ajoute que c'eft un mauvais fujet qui avoit abandonné une femme & des enfants qu'il avoit en Italie.

16 *Avril.* Extrait d'une lettre de Bordeaux du 9 avril.... Je vous adrefferai le plutôt poffible la lettre du roi au parlement de Bordeaux, en date du 22 décembre dernier : vous y verrez avec quelle délicateffe on y ménage l'amour-propre des magiftrats. Il paroit que c'eft fur un dernier arrêté de notre parlement du 23 novembre précédent, qu'on s'eft déterminé à faire parler S. M. un langage plus doux & plus conciliant. Elle affure fon parlement que fes lettres-patentes du 23 décembre 1780, au fujet du fieur *Dupaty*, ne renferme aucune inculpation, contiennent même un témoignage honorable de la haute opinion qu'elle a de cette cour. Elle ordonne l'exécution de fes lettres-patentes, enrégiftrées le 7 mars 1781, en ce qui concerne le fieur Dupati, & le 8 en ce qui concerne l'avocat-général Dufaur de la Jarte.

A l'égard de la pourfuite que le parlement demandoit des prétendus libelles contre lui, le roi perfifte à vouloir que ce foit le parlement de Touloufe qui en connoiffe par égard pour la propre délicateffe des magiftrats infultés & qu'il s'agit de venger.

Le renvoi à fes fonctions de premier préfident fait tomber l'article par lequel le parlement follicitoit fon retour.

L'article plus chatouilleux où cette cour s'élevoit contre les différentes lettres-patentes contenant des menaces, dont les paroles, toujours subsistantes dans ses regiftres, feroient pour elle un monument éternel d'opprobre, a été tourné d'une façon auffi satisfaisante que le permettoient les circonftances, puifque S. M. confent à ce que la claufe, *à peine de défobéiffance*, foit regardée comme non avenue.

Enfin, le roi en laiffant connoître à fon parlement qu'il n'a pas ignoré l'étrange maniere dont on s'eft joué de fes ordres pendant plus d'un an, en n'adminiftrant pas la juftice, en prétextant des maladies pour ne pas fe trouver aux audiences, lorfqu'on fe portoit bien pour aller aux affemblées de chambres & vaquer à fes plaifirs; en infiftant principalement fur la ceffation de la tournelle, ce qui fait craindre que le grand nombre des prifonniers renfermés fi longtemps, n'y occafionne une contagion funefte à toute la ville, au lieu de févir, comme le bon ordre l'exigeroit, contre ces prévaricateurs connus, leur permet de fe retirer, & ordonne qu'ils le déclarent dans la féance, & fans défemparer ; veut en même temps que les reftants prennent auffi fur le champ des mefures efficaces pour continuer un fervice fi long-temps interrompu ; & finir par des promeffes encourageantes & flatteufes pour leur amour-propre......

Voilà, en attendant que je vous en envoie copie, l'analyfe de cette lettre, précieufe à conferver, mais que les magiftrats ont peine à laiffer percer dans le public.

16 *Avril.* On a en effet diftribué gratis, une brochure ayant pour titre: *Détail de ce qui s'eft paffé dans les expériences faites par M. Janin, les 18 & 23 mars, en préfence des commiffaires réunis de l'académie royale des fciences, & de la fociété royale de médecine*, imprimé par ordre du roi.

Il réfulteroit de ces expériences précifément l'oppofé de ce qui a été dit dans l'ouvrage précédent, auffi imprimé & répandu avec profufion par ordre du gouvernement ; favoir, que le vinaigre n'a pas la propriété de définfecter les foffes d'aifance, lorfque le méphitifme y eft pouffé à un certain degré, puifqu'un des vuidangeurs, employés dans cette circonftance, en a été victime & a péri, & que beaucoup d'autres ont été incommodés.

On affure que M. Janin réclame contre ces deux féances, & prétend qu'il y a eu de la jaloufie & de la méchanceté de la part des officiers du ventilateur, intéreffés à détruire l'efficacité de fon invention.

17 *Avril.* Le mercredi 10 de ce mois, jour où l'on repréfentoit pour la feconde fois, à la nouvelle falle du théatre François, on donnoit *les Femmes favantes.* Mad. la comteffe de Genlis arriva avec fes pupilles & M. le duc de Chartres; malgré la préfence du prince, le gouverneur fut hué d'une maniere très-défagréable. Peu après vint Mad. de Monteffon avec M. le duc d'Orléans, & on les applaudit finguliérement : les deux dames fe trouvant par la pofition de leur loge en face l'une de l'autre, il s'enfuivit pendant toute la comédie des allufions de la part du public, fenfibles jufqu'à l'indécence. Tout ce qu'il y a de ridicule dans le rôle de Dorimene, étoit reporté avec affectation du côté de Mad. de Genlis, & tout ce qu'il y a d'honnête & de naïf dans le rôle d'Henriette étoit appliqué à Mad. de Monteffon, vers laquelle on fe retournoit avec de grands battements de mains, tandis qu'on ne jetoit fur l'autre que des regards de dédain & d'indigna-

tion. Du reste, on ne cesse d'enfanter des couplets sur son compte. En voici encore un nouveau sur l'idée ridicule de son livre de faire apprendre aux enfants l'écriture sainte par des tableaux où l'on représenteroit les principaux traits historiques de ce livre, & où on les leur feroit passer en revue dans une lanterne magique.

Air du Serin.

Ce n'est plus la sainte écriture
Qui révele la sainte loi :
Au milieu d'une chambre obscure
Deux chandelles donnent la foi.
Notre évangile est une optique :
Laissez la bible au peuple Hebreu,
Et dans la lanterne magique,
Venez connoître le vrai Dieu.

17 *Avril.* On assure que le roi ayant appris l'heureux talent de M. le marquis de *Montesquiou*, premier écuyer de *monsieur*, pour remplir sur le champ les bouts-rimés les plus difficiles, lui en a proposé aussi dont il ne s'est pas tiré moins heureusement, quoique les idées en soient plus lugubres.

Je rencontrai dimanche un mort dans son   cercueil,
Voyageant tristement sur le chemin   d'Arcueil.
Au fond d'un corbillard, comme en un bon   fauteuil.
Deux prêtres se carroient & le couvoient de   l'œil.
Tout-à-coup l'essieu rompt ; la bierre fut   l'écueil
Qui joignit mes vilains à feu monsieur   d'Auteuil.
C'étoit le nom du mort ; il fallut dans un   fiacre,
Emballer le défunt, les prêtres & le   diacre.
Du sort qui nous attend voilà le   simulacre,
Me dis-je ; le Mogol sur son trône de   nacre,
Le vaincu massacré, le vainqueur qui   massacre,
Tôt ou tard de Caron remplissent la   polacre.

18 *Avril.* Les demoiselles *Colombe*, *du Gazon* & l'*Escot*, sont trois actrices de la comédie italienne, qui en font les délices. L'une a beaucoup de talent pour chanter les ariettes de bravoure italienne ; elle a d'ailleurs une superbe figure. L'autre est une fort jolie actrice, qui brille surtout dans les opéra comiques françois. La troisieme est une jeune personne fille du sieur Clairval : elle n'a débuté que depuis deux ans, & donne des espérances, avec un maitre pour le chant ayant autant de goût que son pere. En jouant sur le nom de chacune de ces actrices, on a fait des couplets fort agréables que voici.

AIR : *Philis demande son portrait.*

Circé changeant l'homme en Dieu,
D'un seul coup de baguette,
Fournit la femelle au moineau,
    Le mâle à la fauvette.
Chez elle il faut s'appareiller :
    Si dans ses mains je tombe,
Qu'elle me transforme en ramier,
    Car *j'aime la Colombe.*

AIR : *Il faut attendre avec patience.*

C'est pour l'indolente richesse,
Que l'on inventa les sofas ;
Mais de ce lit de la mollesse
L'ardent amour ne se sert pas.
Peut-on, quand on a le cœur tendre,
Avoir des coussins d'édredon ?
J'aimerois mieux cent fois m'étendre,
Toutes *les nuits* sur *du Gazon.*

AIR : *De Caſſandre.*

En prenant des bains dans un fleuve,
Mon mal de nerfs doit s'affoiblir :
Je brûle de tenter l'épreuve ;
Mais quel fleuve dois-je choiſir ?
L'eau du Rhin n'eſt pas aſſez pure,
Le Danube a trop de froidure,
Le Sénégal feroit trop chaud :
Je vois que le mal que j'endure
Ne peut guérir que dans l'*Eſcot.*

18 *Avril.* Voici une copie de la lettre ſingu‑ liere de la cour des aides de la ville de Clermont au garde-des-fceaux, qu'on donne comme au‑ thentique.

Monſeigneur——Nous avons eu l'honneur de vous écrire.... Vous ne nous avez pas répondu. Si vous avez lu notre lettre, vous ne l'avez pas entendue ; ſi vous l'avez entendue, vous n'en avez pas rendu compte au roi. Dans ce cas vous nous trompez, & nous ne méritons pas de l'être ; il faut qu'un garde-des-fceaux fache bien enten‑ dre & répondre.

19 *Avril.* L'impératrice des Ruſſies a répondu à la lettre du comte de Buffon dont on a parlé, en remerciement des médailles dont elle l'avoit honoré. Dans cette réponſe d'une page d'écriture, toute entiere de la main de cette ſouveraine, en françois excellent & du meilleur goût, l'impéra‑ trice témoigne à ce grand homme le deſir qu'elle auroit de poſſéder ſon buſte. En conféquence, demain dimanche, le fils unique de M. de Buffon part pour la Ruſſie, il doit avant, paſſer à Berlin.

Ce jeune homme, de la plus jolie figure & de la plus grande espérance, est officier aux gardes; il n'a pas dix-huit ans.

18 *Avril.* Actuellement que la fermentation qu'ont occasionné les noëls abominables qui ont couru Paris cet hiver, est rassise, ils sont moins rares, & on se les communique par cet attrait pour la nouveauté, quelque exécrable qu'elle soit. Il y en a vingt couplets; ils semblent être faits à l'occasion de la naissance du dauphin. L'auteur, qui n'épargne pas ce qu'il y a de plus sacré, après avoir plaisanté la Divinité même ; après avoir dans ses calomnies atroces enveloppé toute la famille royale, excepté madame la comtesse d'Artois & mesdames, tombe sur les femmes de la cour & les hommes. Entre ces derniers figurent le duc d'Orléans, le duc de Chartres, M. de Maurepas, M. Amelot, M. de Castries, M. de Mirosmesnil, M. de Monteynard, M. de Puységur, le premier médecin Lassone, & le duc de Coigny, en faveur duquel on renouvelle les soupçons répandus dans des phamphlets détestables venus de chez l'étranger. La princesse de Lamballe, Mad. la duchesse Jules, Mad. la comtesse Diane, Mad. de Fleuri, Mad. d'Ossun, la vieille maréchale de Luxembourg, Mad. de Fougieres, enfin la princesse de Henin, qui ferme la marche, sont les femmes nommées de la maniere & avec des anecdotes les plus diffamantes. Le jugement qu'on en a porté, comme ouvrage de littérature, est très-juste: il n'en est aucun qui ne soit d'une méchanceté noire, & peu où il y ait quelque sel, quelque tournure qui puisse annoncer de l'esprit dans son auteur; du reste, ils sont assez corrects, & d'un homme qui a l'habitude du couplet.

19 *Avril.*

19 *Avril.* Le procureur au parlement qui a été si maltraité par M. le comte de *Chabrillant*, se nomme *Pernot*. Ce seigneur ne lui a point donné des soufflets, comme on l'avoit dit d'abord; mais l'a diffamé par un complot atroce pour l'obliger de sortir de sa place & le faire arrêter; il l'a traité de voleur, ce qui a provoqué la vigilance de la garde, & a rendu ce procureur un moment l'objet du mépris & de l'indignation du public : mais la vérité s'est bientôt éclaircie; il est sorti du corps-de-garde, & avec quelques témoins qui se sont offerts d'eux-mêmes, est allé faire sa déposition chez un commissaire. Le procès se fait avec une chaleur trop légitime, & les *Chabrillant* voudroient faire venir l'autorité à leur secours.

20 *Avril.* Les bouts-rimés étoient autrefois en vogue, même durant les jours brillants du siecle de Louis XIV, c'étoit le jeu des beaux esprits. Cet exercice commence à revenir à la mode. On a déja vu comment M. de Montesquiou s'est tiré avec beaucoup d'adresse de ceux qu'on lui avoit proposés. En voici de récents, d'autant plus heureux qu'on l'avoit en outre circonscrit dans un sujet qui étoit la nouvelle du départ du pape pour Vienne.

C'est en vain que de Rome aux rives du Danube.
Notre antique Muphti vient au petit galop.
Aujourd'hui Pierre Ponce, autrefois Pierre cube.
Il distilloit l'absynthe, aujourd'hui le sirop.
De son vieux barometre en observant le tube.
Il doit voir qu'on perd tout quand on exige trop.

M. l'avocat *Marchand*, jadis renommé pour les plaisanteries, mais aujourd'hui glacé par l'âge, a pourtant encore quelques étincelles ; fur le même fujet il a enfanté l'épigramme fuivante :

> Le pape, autrefois un tyran,
> Avec l'empereur entre en lice ;
> Mais les foudres du Vatican,
> Ne font plus que feux d'artifice.
> Notre pontife en fes fermons
> Etalera de vains reproches ;
> On fait qu'à Rome les canons
> Ont été *convertis* en cloches.

20 *Avril.* Ce n'eft point feulement une addition à fon *Tableau de Paris* qu'a fait M. *Mercier*, c'eft une refonte confidérable. Celui-ci eft en quatre volumes, & c'eft la feule édition qu'il avoue, comme faite fous fes yeux : il renie encore mieux certaine d'un fieur Samuel Fauche pere, contrefacteur miférable, qui s'eft fur-tout appuyé fur celle qui a paru au mois de juin 1781, & faite à cent lieues de l'auteur, eft elle-même très-imparfaite.

On annonce que cet ouvrage doit avoir une fuite, & que les tomes 5, 6 & 7 font fous preffe. Voilà une rare fécondité.

Au refte, il y a en effet des améliorations dans cette édition nouvelle, quelques articles font moins fuperficiels & plus foignés ; mais le livre péchera toujours par le défaut de plan, d'ordre, de méthode, de goût. Des articles vagues, d'autres croqués à l'infini, de dégoûtants & d'ennuyeux ; en un mot, ce n'eft encore qu'un ouvrage de libraire, c'eft-à-dire, compofé pour aller aux volumes, faire maffe & gagner plus d'argent en raifon de plus de papier noirci.

21 *Avril.* Le sieur Augé, acteur reçu depuis 1763, est le seul que le théatre françois ait perdu à la rentrée ; il br:lloit sur-tout dans l'emploi des valets, qu'on appelle *la grande livrée.* Il avoit la taille svelte & bien prise, une démarche leste, un masque très - expressif, un organe sonore & bruyant, beaucoup de gaieté & d'aisance ; il plaisoit généralement : plus adroit que Préville, il n'a pas attendu que le public s'en dégoûtât ; il est très-regretté.

21 *Avril.* L'université de Paris a perdu depuis peu dans la personne de M. Guerin, un de ses plus estimables professeurs. Il avoit un goût particulier pour la poésie latine : il brilloit sur-tout dans les paranymphes, exercices académiques, jeux littéraires, où il savoit mêler des railleries fines à des louanges délicates. Son cabinet étoit une espece d'entrepôt, où l'on venoit s'approvisionner de discours, de compliments, de vers, d'ouvertures de theses. C'étoit un autre abbé Pelegrin ; mais sa piété filiale anoblissoit ce commerce en consacrant les bénéfices à faire subsister une mere & une sœur.

M. Guerin avoit fait imprimer peu de choses. Le plus estimé de ses ouvrages est l'oraison funebre de feu monseigneur le dauphin, pere du roi ; & l'époque la plus mémorable de sa vie est celle où, en qualité de recteur, il eut l'honneur de complimenter le parlement à son rappel en 1774.

22 *Avril.* On peut juger du goût du public pour les tableaux du sieur *Greuze*, par ce qui vient de se passer à la vente du marquis de Menar : un des siens a excédé infiniment de prix les plus

chers, comme on en peut juger par la comparaison.

N°. 6. *Un payſage mêlé de ruines*, de 28 pouces de large ſur 22 de haut, par Nicolas *Berghem*; 5802 liv.

N°. 42. L'*Accordée de village*, de 3 pieds & demi ſur 2 pieds 9 pouces, par J. B. *Greuſe*; 16650 liv.

N°. 51. *Les Enfants tués par les Ours, pour avoir inſulté le prophete Eliſée*, de 4 pieds de large ſur 3 de haut, par Laurent *de la Hire*; 6710 liv.

N°. 132. *Jupiter métamorphoſé en Satyre, découvre & réveille la nymphe Antiope*, de 26 pouces ſur 22, par Carle *Vanloo*; 3151 liv.

N°. 137. *Une tempête au bord de la mer, & un payſage enrichi d'architecture, montagnes, lointains, &c.* Deux tableaux de 4 pieds 3 pouces ſur 2 pieds huit pouces, faiſant pendants, par Joſeph *Vernet*; 6621 liv.

22 *Avril*. M. de la Blancherie, fort étourdi de tous ces muſées qui s'élevent & décréditent le ſien, cherche de temps en temps à ramener ſur lui les yeux du public. En conſéquence, il publie une lettre par la voie du journal de Paris, où il rappelle d'abord ce que c'eſt que ſon établiſſement de *la correſpondance générale & gratuite pour les ſciences & les arts*.

Une correſpondance & une relation prompte & intime, non-ſeulement entre les ſavants & les artiſtes de tous les pays, mais encore entre ces mêmes ſavants & artiſtes, & toutes les perſonnes auxquelles leur communication peut être utile & agréable. *Tel en eſt le but.*

Un chef-lieu *gratuit* de correſpondance pour

tous les détails relatifs aux sciences & aux arts: *en voilà les moyens.*

Il en fait ensuite l'histoire.

La fondation du chef-lieu devoit servir à deux choses, à la correspondance par lettres, & à celle par personne. De là sa *feuille hebdomadaire*, résultat de la premiere, où se trouve une notice prompte & suivie des savants & des artistes de tous les pays, des découvertes & des ouvrages en tout genre. Cette feuille a pour titre : *Nouvelles de la république des lettres.*

La seconde a procuré un point de réunion pour les savants, les artistes, & les amateurs nationaux & étrangers, ainsi que pour les productions des sciences & arts en tout genre, sous le titre d'*assemblée ordinaire des savants & des artistes.*

Cinq cents souscripteurs pour la feuille de la correspondance au bout d'un an de son institution, suffisoient presque aux frais du *chef-lieu*, lorsqu'un *déficit* de deux cents souscriptions, causé par la guerre, força en 1780 à la suspension de la feuille & de l'assemblée.

Le Sr. de la Blancherie ne pouvant compter sur les bienfaits du gouvernement, dans sa pénurie, eut recours à la munificence de quarante grands seigneurs, ayant *monsieur* à leur tête, qui ont bien voulu faire les frais de l'emplacement. Il donne la liste de tous ces amateurs, & rien de plus glorieux pour les sciences & les arts : ils sont tous princes, ducs, marquis ou comtes. Il fut donc rendu à ses fonctions en 1781. L'ardeur du gain s'accroissant, il a imaginé d'étendre la société d'abord à toutes les personnes de nom, d'un rang distingué, qui voudront apporter leur argent ; puis de leur réunir encore sous le titre d'*Associés* tous les bons citoyens de la république des lettres & des arts qui auront deux louis à sacrifier. Il assure que ce projet a parfaitement réussi, c'est-à-dire, que l'argent est venu en abondance, & en telle abondance, qu'il a été résolu de rendre reversibles aux artistes qui auroient besoin de secours, les fonds excédant les frais nécessaires *du chef-lieu*.

22 *Avril*. On assure que l'académie françoise doit incessamment proclamer un nouveau prix extraordinaire & annuel, fondé par un citoyen qui ne s'est fait connoître qu'au secretaire de la compagnie, & veut d'ailleurs garder l'*incognito*. Ce prix fort singulier sera décerné à l'auteur d'un *acte de vertu* pris nécessairement dans la bourgeoisie, & principalement dans les derniers rangs de la société. Il doit consister en une médaille provenant de l'intérêt en viager d'un capital de 12,000 livres. Voilà tout ce qu'on en sait jusqu'à présent.

22 *Avril*. M. l'abbé de *Crillon* délivre à ses amis une traduction du discours dont S. M. catholique a accompagné ses bienfaits envers le duc son frere.

" Je vous ai fait capitaine-général de mes ar-
,, mées, pour vous donner un grade militaire,
,, comme à tous les autres qui m'ont bien servi ;
,, mais je me suis reservé le plaisir de vous dire
,, moi-même que je vous fais *Grand* : c'est une
,, vieille dette de mes ancêtres envers les vôtres,
,, pour les bons services qu'ils leur ont toujours
,, rendus, & une vraie satisfaction pour moi de
,, payer ceux que vous venez de me rendre. ,,

23 *Avril*. *Supplément à l'Espion Anglois ; ou Lettres intéressantes sur la retraite de M. Necker ; sur le sort de la France & de l'Angleterre, &*

sur la détention de Mc. Linguet à la Bastille. Adressées à Milord All-Eye, par l'auteur de l'Espion Anglois.

Si l'on en croyoit un avertissement du libraire, le manuscrit de cet ouvrage lui auroit coûté fort cher, & il auroit eu grand tort. Peu de faits & beaucoup de bavardage, tel est le résultat de ce pamphlet, très-condamnable d'ailleurs par des propos calomnieux contre les plus augustes personnages. Il est fâcheux que l'auteur, qui semble avoir cependant de l'honnêteté & de bonnes vues, se soit permis un ton aussi effréné. Il est aisé de voir qu'il ne peut nullement être le même que celui du véritable *Espion Anglois*, malgré les éloges que lui prodigue l'inconnu qui a osé se travestir sous son nom.

23 *Avril.* Il paroit que M. de *La Blancherie* sentant la futilité & le vuide de son institution, voudroit pour la consolider, l'étendre & remplacer la *société libre d'Emulation*; mais celle-ci s'étant déjà éteinte deux fois, la premiere ayant un prince du sang à sa tête, & la seconde guidée par les gens les plus intrigants & les plus actifs de Paris, doués d'ailleurs d'un vrai talent, très-répandus, très-accrédités chez les grands, quel espoir fondé peut avoir un inconnu dans la littérature & dans les arts ? Quoi qu'il en soit, c'est pour en venir à ce but, qu'il a sans doute imaginé d'amorcer la cupidité des artistes en leur annonçant des sécours prévenus de son superflu. En conséquence, il s'est formé un comité de quatre associés, présidés par des grands seigneurs, pour surveiller l'administration générale dont il ne sera plus que l'organe. Il est question à présent de dresser des statuts.

Le comité eſt compoſé de meſſieurs les ducs de Charoſt & du marquis de Cruſſol pour la chambre haute ; & des curés de St. Germain - l'Auxerrois, de Bondi, receveur-général des finances ; de Mirbeck, avocat aux conſeils, & Bro notaire, pour la chambre baſſe.

Car on voit que l'aſſemblée ſe diviſe naturellement en deux claſſes : celle des protecteurs, & celle des aſſociés ou protégés, qualité qui ne doit pas plaire infiniment à tout le monde.

23 *Avril.* On ne conçoit pas quel goût d'argent s'eſt emparé de M. le duc de Chartres, & le pouſſe à des actions peu dignes d'un prince. Il faut ſans doute rejeter tout cela ſur ſes gens d'affaires. Tel eſt le trait qu'on raconte depuis quelques mois, & qu'on n'a voulu rapporter qu'après en avoir conſtaté l'authenticité.

Il eſt d'uſage qu'au mariage des princes le roi accorde pour préſent de noces 150,000 liv. M. le duc de Chartres a fait demander cette ſomme au duc d'Orléans ſon pere. Celui-ci a répondu qu'en dépenſant 800,000 liv. pour les fêtes du mariage de ſon fils, il croyoit avoir amplement ſatisfait aux intentions de *Louis XV.* Malgré cela, les conſeils du prince ont prétendu qu'il ne pouvoit, à cauſe de ſes enfants, ſe départir de ſon droit ; & en conſéquence le duc d'Orléans a été aſſigné. Madame de Monteſſon, inſtruite de ce mauvais procédé, lui en a porté ſes plaintes un jour qu'il eſt venu la voir, lui a dit que le duc d'Orléans n'avoit point d'argent, & lui a préſenté ſes diamants pour gages de la ſomme : le duc de Chartres honteux, les a refuſés ; Mad. de Monteſſon, pour arrêter le cours d'une procédure aussi désagréable au prince son époux, les a envoyés à son altesse, qui les a gardés.

M. le duc d'Orléans, instruit du beau procédé de Mad. de Montesson, n'a pas voulu être en reste, a fait l'impossible pour trouver les 150,000 liv. & retirer les diamants.

24 *Avril.* De toutes les caricatures imaginées jusqu'à présent à l'occasion de la guerre, celle appellée le *Magnificat* est sans contredit la plus juste & la plus ingénieuse.

Dans le médaillon qui occupe le centre se voit un léopard terrassé, qui désigne l'Angleterre; l'Amérique, sous l'emblême d'un serpent, l'enlace & cherche à l'étrangler; un lion qui est l'attribut de l'Espagne, tient en arrêt l'animal féroce, tandis qu'un coq s'ébat sur lui & triomphe de sa chûte. On conçoit facilement que ce dernier caractérise la France.

Au bas est le globe resserré d'une jarretiere, sur laquelle est écrite la devise *Honny soit qui mal y pense;* on juge que cette jarretiere annonce l'ambition de l'Angleterre, qui voudroit avoir la domination universelle des mers & du monde conséquemment: mais la jarretiere précisément se rompt au méridien de l'Amérique, époque de la fin de sa puissance; & la devise de l'autre bout de la jarretiere est: *Qui trop embrasse mal étreint.*

L'estampe tire son nom du *Magnificat,* parce qu'on lit en tête le verset de ce pseaume, expression prophétique de ce qui se passe de nos jours: *Dispersit superbos mente cordis sui.* L'exergue porte deux légendes; l'une en latin, *post coïtum omne animal triste præter gallum:* celle-ci sans doute est relative à la France; l'autre concerne

I 5

les fautes du miniſtere de l'Angleterre, ſon *imprudence*, *préſomption*, *orgueil*, *tyrannie*, *humiliés*.

Aux quatre coins de l'eſtampe ſont répétées les têtes des figures principales de cette ſcene allégorique. Au haut à droite eſt la tête du lion, en face celle du coq, au-deſſous de celui-ci la tête du léopard, & à l'autre angle la tête du ſerpent. Entre ces deux eſt une apoſtrophe du dernier, *ne marche pas ſur moi*. Auprès du léopard on voit un faiſceau de fleches caractériſant la Hollande, & autour s'entortille de nouveau le ſerpent ; mais en ſigne d'union, image de celle qui ſe doit établir entre les deux républiques.

Au bas de la mappemonde eſt un chifre compoſé de deux lettres, un G. & un M., ce qui eſt le juron de l'Anglois, *God-dem :* & au-deſſus, *Tu l'as voulu.*

25 *Avril.* Le grand-aumônier a viſité les priſons, ainſi qu'il y étoit autoriſé par le roi, & non-ſeulement a rempli ſa miſſion avec beaucoup de zele, mais l'a étendue aux objets qui ont excité naturellement ſa commiſération ; tel eſt le pain des priſonniers, qu'il a trouvé ſi déteſtable, qu'il en a pris un échantillon, l'a fait goûter à S. M. & a été chargé par elle de pourvoir à ce qu'ils en euſſent de meilleur.

M. le cardinal de Rohan, ayant auſſi trouvé dans la priſon un homme tout en ſang, il lui a demandé qui l'avoit ainſi maltraité. Il a répondu que c'étoient les commis des barrieres ; ſon éminence en a pris note, & ces commis en effet s'étant trouvés coupables ont été tous caſſés.

25 *Avril.* Les lettres viennent de perdre à Lyon un diſciple eſtimable en la perſonne de la Serre, mort le 2 mars.

Il étoit entré de bonne heure à l'Oratoire, & en étoit forti à près de 40 ans. Il eft auteur de plufieurs pieces de poéfie couronnées dans différentes académies de province; il a compofé auffi différents éloges & une poétique élémentaire.

Son ouvrage le plus connu eft un *Poëme de l'Eloquence*. Quoi qu'il ne fût pas membre de l'académie de Dijon, il eut occafion de fe trouver à une féance de cette affemblée où fiégeoit le prince de Condé: il reçut de fes mains le prix d'éloquence qu'il venoit de remporter, & S. A. l'invita à lire quelques morceaux de fon poëme non encore achevé, & qui ne l'a été que peu de temps avant fa mort. Les encouragements du prince ne contribuerent pas peu à l'engager d'y mettre la derniere main.

25 *Avril*. On peut fe rappeller d'un abbé *François*, auteur de différents ouvrages en faveur de la religion. Il eft mort depuis peu, & l'on avoit envoyé fa notice au journal de Paris, qui ayant réuni le nécrologe à fa feuille, devoit fe faire un point d'honneur de remplir fes engagements à cet égard. Meffieurs de ce Sanhédrin littéraire, n'ont pas jugé à propos d'en faire ufage; ils ont prétexté que M. de Voltaire étoit traité trop durement dans la notice. On a été obligé de la faire inférer dans le *journal de Monfieur*, où l'on a rendu compte des difficultés des journaliftes.

26 *Avril*. On a fait déja mention de la nouvelle mode des Jeannettes. Voici une chanfon qui en confacre la mémoire à la poftérité, fur l'air: *que ne fuis-je la fougere?*

  Préfumant trop de ma lyre.
  J'ai promis à ma Lifon,

Dans un accès de délire,
Sur sa croix une chanson.
Parmi des vers de commande,
Si Lison veut m'en passer
Quelques-uns de contrebande,
Je suis prêt à commencer.

Ce que le monde révere,
Comme un signe de chrétien,
Par une vertu contraire,
A de moi fait un païen.
Ah ! se peut-il que je chante,
Sans offenser l'Eternel,
Une croix qui ne m'enchante
Qu'à cause de son autel ?

Jusques sur un sein d'albâtre
Je contemple cette croix ;
Si j'ai tort d'être idolâtre
Des deux larrons que je vois,
Lison, ma faute est l'ouvrage
De ce couple séducteur,
Fier sans doute de l'hommage
Qu'il dérobe au Rédempteur.

A peine mon œil profite
De ce signe du salut,
Le mouvement qui l'agite
Me dépêche à Belzébut ;
En vain je me sens coupable,
Je ne crains que tes rigueurs :
Et j'irois cent fois au diable
Pour une de tes faveurs.

Si quelqu'un fur ma doctrine
Venoit à me chicaner,
Que lui-même s'examine
Avant de me condamner.
Faut-il outrer la cenfure
Contre un foible & tendre cœur,
Trop plein de la créature
Pour penfer au créateur?

26 *Avril.* M. de *Bellegarde*, officier d'artillerie fi fameux depuis le confeil de guerre des Invalides, a propofé au gouvernement de faire l'effai de boulets revêtus d'une compofition dont il a le fecret. Il s'eft trouvé qu'un boulet femblable mettoit le feu par-tout où il s'attachoit, fans qu'on pût l'éteindre d'aucune maniere, même avec de l'eau : c'eft une efpece de feu grégeois. Cependant on n'eft pas encore parfaitement content en ce que l'on n'a oppofé pour but à ces boulets que des planches, & non de forts & épais madriers, tels que font les côtés des vaiffeaux.

26 *Avril.* Les comédiens Italiens, non moins féconds au commencement de cette année dramatique que durant la précédente, donnent déja une feconde nouveauté qui a été jouée hier. Elle a pour titre : *Le Poëte fuppofé*, ou *les Préparatifs de fête, comédie nouvelle en trois actes, en profe, mêlée d'ariettes & de vaudevilles, fuivie d'un divertiffement.* Comme les paroles font de M. Laujeon, fecretaire des commandements de M. le prince de Condé, tout le parterre étoit infecté de cabaleurs, qui ont porté la piece aux nues. Les gens fenfés l'ont trouvée très-médiocre, & ne favoient ce que vouloient dire ces *bravo*,

ces *braviſſimo* qui les étourdiſſoient. A la fin on a crié l'auteur pendant plus d'une demi-heure. La muſique du ſieur Champein, quoiqu'agréable, n'eſt pas non plus au degré d'excellence pour exciter tant de brouhaha. Quand cet enthouſiaſme factice ſera diminué, on pourra mieux juger la nouveauté dont il s'agit.

26 *Avril.* Derniérement un ſeigneur Anglois (Drapper, le ſecond du lord Murray) commandant à Minorque, venu à Paris ſur ſa parole, dinoit chez le comte de Vergennes : comme il trouvoit excellent certain vin que lui fit ſervir le miniſtre, M. de Vergennes lui dit: j'eſpere, Monſieur, que vous en viendrez boire davantage à la paix. A l'inſtant l'étranger entre en fureur, s'écrie qu'il n'en doit pas être queſtion encore ; que l'Angleterre ne ſavoit pas faire de paix humiliante, & qu'elle ne pourroit la faire que telle dans ce moment-ci. Le miniſtre le raſſura en lui déclarant que le roi ſon maître étoit incapable d'abuſer de ſes victoires ; qu'il ne vouloit point humilier ſes ennemis, mais les rendre à la raiſon & à l'équité. Cette réponſe modérée calma un peu la fougue du colonel frénétique.

26 *Avril.* M. le préſident d'Ormeſſon continue à remplacer M. d'Aligre avec beaucoup de zele, & infiniment plus de dignité.

M. de Watronville, aide des cérémonies, étant venu, en l'abſence du grand-maître apporter au parlement la lettre de cachet pour la cérémonie annuelle de la réduction de Paris, & ce petit-maître ne s'étant pas comporté, en ſe préſentant devant la cour, avec la décence & le reſpect convenable, M. d'Ormeſſon, qui préſidoit la grand'chambre, lui dit :

« M. Watronville, quand vous apportez à la cour les ordres de votre maître, il faut remplir le cérémonial ufité, faire de droite & de gauche, & aux différents bureaux, toutes les révérences d'ufage, & fur-tout les faire très-profondes. N'oubliez jamais le refpect que vous devez à la cour, & profitez de cet avertiffement ".

M. de Tanley, qui de confeiller au parlement s'eft fait premier préfident de la cour des monnoies, s'étant avifé de venir voir en fimarre M. d'Ormeffon, il le plaifanta fur cet accoutrement, & lui dit : on voit bien que vous venez voir vos anciens amis, en habit du matin, en frac... M. de Tanley déconcerté, ayant prétendu que c'étoit une fimarre, attribut de fa dignité; non, dit-il, ce ne peut pas être une fimarre, c'eft une mafcarade de carnaval, autorifée par la faifon. Il faut favoir que le parlement fait peu de cas de la cour des monnoies, & a peine à la regarder comme cour fouveraine; on dit que depuis ce perfiflage, M. de Tanley a quitté fa fimarre.

27 *Avril.* M. de la Harpe a déja fait imprimer fa pièce ayant pour titre : *Moliere à la nouvelle falle*, ou *les audiences de Thalie*, comédie en un acte & en vers libres. On a vu avec étonnement en tête ces mots : *par une fociété de gens de lettres* ; & l'on a fu qu'en effet Mad. Bellecour & le fieur du Gazon avoient été pour quelque chofe dans cet ouvrage.

M. de la Harpe a la générofité de faire une préface exprès pour annoncer au public cette réunion de talents & de lumieres, & il infifte beaucoup la-deffus, afin qu'on ne prenne pas la chofe pour un perfiflage. Il eft vrai qu'il profite de l'occafion & tombe fur l'abbé Aubert, auquel il en devoit depuis fa Jeanne, & fur M. de Charnois. Celui-ci lui tient fans doute encore plus au cœur, car la préface eft fuivie d'une lettre à un amateur du fpectacle *ad hoc*, où il ne plaifante pas mal ce *chargé* de l'article des fpectacles au Mercure de France, de la ridicule importance qu'il met à fon rôle, & du froid pédantifme avec lequel il l'exerce. Ces deux morceaux préliminaires ne font point du tout déplacés, & difpofent merveilleufement au rire fardonique qu'excite enfuite plus complettement fa comédie.

27 *Avril.* Les plaifants d'ici, ne refpectant rien, continuent à s'égayer fur le faint-pere, fur fes calices, fur fes bénédictions, fur la conftance avec laquelle il a été obligé de fe montrer jufqu'à fix fois à fon balcon pour y recommencer à les donner au peuple, ne fe laffant point de les recevoir.

Ils ajoutent qu'il va bientôt quitter Vienne où il finira par deux meffes, l'une fans *Credo* pour l'empereur, & l'autre fans *Gloria* pour lui.

28 *Avril.* L'académie françoife publie effectivement le *profpectus* du prix extraordinaire & annuel qu'on a annoncé. Voici d'abord le mémoire de l'anonyme, fondateur du prix adreffé à cette compagnie.

Meffieurs,

" Tous les gens de talents obtiennent des ré-
,, compenfes, la vertu feule n'en a pas. Si les
,, mœurs étoient plus pures & les ames plus éle-
,, vées, la fatisfaction intérieure d'avoir fait le
,, bien feroit un falaire fuffifant du facrifice
,, qu'exige la vertu : mais, pour la plupart des
,, hommes, il faut un autre prix : il faut qu'une
,, action louable foit louée. Ces éloges ont été

„ le premier objet des lettres, & c'est en effet
„ la fonction la plus honorable que puisse avoir
„ le génie.

„ L'académie françoise s'est rapprochée de
„ cette institution antique, lorsqu'elle a proposé
„ à l'éloquence le panégyrique des Sully, des
„ d'Aguesseau, des Fénelon, des Catinat, des
„ Montauzier & d'autres grands personnages.
„ Mais il n'est dans une nation qu'un petit nom-
„ bre d'hommes, dont les actions aient un carac-
„ tere de célébrité ; & le sort du peuple est que
„ ses vertus soient ignorées. Tirer ses vertus de
„ l'obscurité, c'est les récompenser, & jeter dans
„ le public la semence des mœurs.

„ Pénétré de cette vérité, un citoyen prie l'a-
„ cadémie françoise d'agréer la fondation d'un
„ prix, dont voici l'objet & les conditions.

„ 1°. L'académie françoise fera tous les ans,
„ dans une de ses assemblées publiques, lecture
„ d'un *discours* qui contiendra l'éloge d'un acte
„ de vertu.

„ 2°. L'auteur de l'action célébrée, homme ou
„ femme, *ne pourra être d'un état au-dessus de*
„ *la bourgeoisie ; & il est à désirer qu'il soit*
„ *choisi dans les derniers rangs de la société.*

„ 3°. Le fait qui donnera matiere à l'éloge, se
„ fera passé *dans l'étendue de la ville ou de la*
„ *banlieue de Paris, & dans l'espace de deux*
„ *années qui précéderont la distribution du prix.*
„ A l'éloge feront jointes des attestations du fait,
„ propres à en constater la vérité. On choisit Pa-
„ ris, parce que l'académie y étant établie, a plus
„ de facilité pour y vérifier les faits ; d'ailleurs
„ nulle part les mœurs du peuple n'ont plus be-
„ soin de réforme que dans les capitales.

„ 4°. Le difcours fera *en profe*, & ne fera pas
„ plus d'un demi-quart d'heure de lecture; un
„ temps plus long ne feroit employé qu'à des dif-
„ fertations étrangeres à l'objet de l'inftitution.

„ 5°. La fondation fera de douze mille livres;
„ & l'intérêt de cette fomme fera employé à payer
„ deux médailles, dont une pour l'auteur du dif-
„ cours, l'autre pour l'auteur de l'action célébrée.

„ 6°. Cette fomme de douze mille livres fera
„ placée en rente viagere fur la tête du roi, &
„ fur celle de monfeigneur le dauphin; & le dif-
„ cours lu dans la féance publique, fera pré-
„ fenté à ce jeune prince. Ainfi fes premiers re-
„ gards feront portés fur une claffe d'hommes
„ éloignés du trône, & il apprendra de bonne
„ heure que parmi eux il exifte des vertus".

C'eft d'après ce mémoire qu'ayant fait quelques changements aux difpofitions & conditions du donateur, de fon aveu, elle a proclamé les conditions.

On s'efforce de deviner, au furplus, quel eft ce donateur, & bien des gens nomment M. de Monthion, chancelier de M. le comte d'Artois.

29 *Avril.* Les changements aux conditions du prix, faits par l'académie & agréés du donateur, font énoncés de la façon fuivante.

1°. Le difcours ou *récit* fera fait par le directeur de la compagnie.

2°. L'académie ne pourroit accepter la donation propofée, fi elle renfermoit la moindre difpofition, qui pût intéreffer perfonnellement quelqu'un de fes membres. En conféquence, ce revenu annuel fera employé entiérement à payer une feule médaille, qui fera donnée pour prix de l'acte de vertu.

Le donateur ayant adopté ces changements, la compagnie, d'une voix unanime, & de l'aveu du roi, fon augufte protecteur, a accepté la donation.

Ce prix fera décerné, pour la premiere fois, dans l'affemblée publique du 25 août 1783.

Elle ne portera de jugement que fur les actes de vertu, dont le détail lui aura été remis par écrit, & fera muni d'atteftations fuffifantes.

La date de chaque fait dont on enverra le détail, ne pourra remonter au-delà de deux ans avant l'époque fixée pour la réception des pieces juftificatives, c'eft-à-dire, au-delà du 1 juin 1781.

L'académie choifira parmi ces faits celui qu'elle croira le plus digne du prix, fe réfervant, de l'aveu du donateur, la liberté de le partager, fi elle le juge convenable.

29 Avril. Il y a eu le 24 un concert de bénéfice pour M. *Viotti*, comme il y en avoit eu un huit jours auparavant au profit de madame *Alar*; les billets étoient tous à fix livres Cette derniere, encore piquée d'avoir vu l'enthoufiafme de fes admirateurs s'éteindre en ce moment & de ne tirer qu'un très-médiocre bénefice de la repréfentation extraordinaire en fa faveur, a refufé de chanter le jour de M. *Viotti*, quoique celui ci eût eu la complaifance de jouer au fien. On a été indigné de cette vilaine & fordide ingratitude.

29 Avril. Le livre à la mode aujourd'hui, c'eft-à-dire, celui qui fait la matiere des converfations, eft un roman intitulé : *les Liaifons dangereufes*, en quatre petits volumes. Il eft attribué à un M. *de la Clo*, officier d'artillerie, auteur de quelques opufcules en profe & en vers, & fur-tout de la fameufe *Epître à Margot*, qui parut en 1773, qu'on attribua à M. Dorat, & où la comtesse du Barri étoit désignée sensiblement, ce qui obligeoit le poëte de garder l'anonyme.

Dans son dernier ouvrage, très-noir, qu'on dit un tissu d'horreurs & d'infamies, on lui reproche d'avoir fait aussi ses héros trop ressemblants : on assure d'ailleurs, qu'il est plein d'intérêt & bien écrit.

30 *Avril.* Extrait d'une lettre de Toulouse, du 15 avril..... On ne peut rien d'égal à l'impression que les talents de Mlle. *Colombe* ont faite à Toulouse. L'enthousiasme le plus vif & le plus juste a signalé chacune des représentations qu'elle a données : les acclamations, les lauriers, les couronnes en ont été le gage, la preuve & la récompense. Les vers suivants furent faits sur le champ à l'occasion de deux colombes qui s'éleverent du milieu du parterre, & qui prirent leur vol vers le théatre.

  Quels nobles traits ! que de beautés !
  Et quelle voix enchanteresse !
  Ah ! tous les cœurs sont dans l'ivresse,
  Tous les regards sont enchantés.
  Tu parois, & notre théatre
  Retentit d'applaudissements.

De l'amour, du plaisir les doux frémissements
Remplissent pour toi seul un parterre idolâtre ;
 Puis-je à l'instant me ranger sous ta loi ?
Réponds, & dût ton cœur être toujours rebelle,
Je jure ici de n'adorer que toi,
 Si tu n'es pas une immortelle.
 Mais quel objet s'offre à mes yeux surpris ?
  Deux colombes fendent la nue...
  C'est l'attelage de *Cypris*,
  Et la déesse est reconnue.

30 *Avril*. De Bâle, du 25 mars... Les fciences viennent de faire une très-grande perte dans la perfonne de M. Daniel de Bernouilli, docteur en médecine, profeffeur de phyfique, d'anatomie & de botanique, qui eft mort ici le 17 de ce mois, âgé de quatre-vingt-deux ans. La fociété royale de Londres, les académies des fciences de Paris, de Pétersbourg & de Berlin, s'honoroient de compter parmi leurs membres un homme de ce mérite, dont le nom a acquis de pere en fils la célébrité la plus éclatante & la plus durable. Il fut appellé avec *Nicolas*, fon frere, à Pétersbourg, lors de la fondation de l'académie. Ils y arriverent en 1725. *Nicolas* y mourut l'année fuivante, & la *czarine* voulut faire les frais de fon enterrement.

30 *Avril*. Il fe forme de toutes parts des fociétés, des mufées, en forte que Paris va bientôt fe divifer, comme Londres, en cotteries à l'infini. Une fous le titre des *Enfants de l'harmonie*, eft une réunion de gens qui font de la mufique, & cependant admettent parmi eux, comme amateurs des favants, des hommes de lettres, & des artiftes de tout genre. Un peintre qu'on croit être M. Renou, ayant été initié dans cette fociété, y a prononcé un *parallele de la mufique & de la peinture*, imprimé dans le journal de Paris du 29 avril, où il y a de très-bonnes chofes, quoique le ton en foit un peu emphatique pour une affemblée bourgeoife.

Il n'eft pas jufqu'au fauxbourg Saint-Marceau où il vient de naître un *mufée d'éducation* qui a mérité l'approbation du gouvernement. C'eft un M. *Collinet David* qui eft chef de cet établiffement.

1 *Mai*. 1782. Extrait d'une lettre de Bordeaux, du 27 avril... Vous trouverez ci-joint la fameufe

lettre du roi à notre parlement, & l'arrêté des chambres du 20 février, fait en conséquence. Vous jugerez sans doute, comme moi, que le parlement s'en est tiré aussi adroitement qu'il pouvoit, c'est-à-dire, en vrai Gascon.

Lettre du roi au parlement de Bordeaux, du 22 Décembre 1781 (1).

Nos amés & féaux, nous nous sommes fait représenter en notre conseil votre arrêté du 23 novembre dernier, contenant cinq chefs de remontrances, que vous vous proposez de nous faire, ensemble toutes vos précédentes remontrances, nos différentes lettres-patentes, les ordres que nous avons donnés pour leur exécution, & les extraits des registres plumitifs de notre parlement.

Comme la plus grande partie des objets contenus dans votre arrêté, a été traitée dans vos précédentes remontrances, & attendu qu'il est instant de rétablir le service dans notre parlement, & de n'y pas laisser languir plus long-temps l'administration de la justice, nous avons jugé à propos de vous faire connoître nos volontés : nous comptons que vous vous y conformerez comme bons & fideles sujets, & comme officiers de notre parlement affectionnés au bien de notre service, & à la distribution de la justice, **que vous savez être votre premier devoir.**

---

(1) M. le procureur-général avoit ordre de ne présenter cette lettre que lors que le parlement seroit réuni. En conséquence elle n'a pu être présentée que le 20 février 1782.

Nos lettres-patentes du 23 décembre 1780, concernant le Sr. Dupaty, préſident de notre parlement, ne renferment aucune inculpation. Elles contiennent, au contraire, un témoignage honorable de notre confiance dans l'intégrité de notre parlement, & l'aſſurance où nous ſommes, que toutes les fois qu'il ſera aſſemblé en totalité, il rendra toujours aux loix & à notre autorité l'hommage qui leur eſt dû. Vous avez enrégiſtré ces lettres-patentes le 7 mars dernier, & notre intention eſt qu'elles ſoient exécutées.

Les lettres-patentes du même jour 23 décembre 1780, concernant le Sr. Dufaure de la Jarte, notre avocat-général, ont été de même par vous enrégiſtrées le 8 mars dernier ; ainſi elles doivent être exécutées, & notre intention eſt que vous vous y conformiez.

Notre confiance dans la fidélité & dans l'attachement de notre parlement, nous aſſure que vous ne nous ferez plus ſur ces deux objets de nouvelles repréſentations.

Notre intention a toujours été de laiſſer à l'adminiſtration de la juſtice ſon libre cours ; mais après avoir examiné les extraits de vos regiſtres, après nous être fait rendre compte de la procédure, par vous commencée au ſujet de certains imprimés, faits ſans noms d'auteurs & d'imprimeurs, & ſans privilege ni permiſſion, ainſi que des articles de vos remontrances, touchant ces imprimés, des conſidérations importantes, qui intéreſſent également votre délicateſſe & le bien de la juſtice, nous ont déterminés à en attribuer la connoiſſance à notre parlement de Touloufe.

A l'égard du ſieur le Berthon, premier préſident de notre parlement de Bordeaux, nous avons bien voulu le renvoyer à ses fonctions, & nous comptons qu'il vous donnera l'exemple de la soumission que nous doivent les membres de notre parlement, & du zele que tous & chacun d'eux doivent apporter au bien de notre service, & à l'administration de la justice.

Ce que nous pouvons faire de plus favorable pour notre parlement, est de vouloir bien regarder comme non avenu, tout ce que vous vous êtes permis de dire sur nos ordres particuliers : & l'article de votre arrêté, qui tend à nous supplier de retirer toutes nos lettres-patentes dans lesquelles est insérée la clause *à peine de désobéissance*. Nous n'avons d'autre objet dans cette lettre que de ramener à leur devoir par notre bonté paternelle, ceux d'entre vous qu'une erreur fâcheuse a semblé en éloigner.

Nous avons vu, par les extraits des regiftres plumitifs des différentes chambres de notre parlement, que malgré l'absence de ceux d'entre vous, que leur santé ou des accidents imprévus, avoient obligés de nous demander la permission de suspendre leur service, les chambres des enquêtes & requêtes de notre parlement, ont toujours eu dans leurs séances, un nombre suffisant de juges, & que la grand'chambre & tournelle ont été les seules, où l'on a manqué de juges, quoiqu'il y ait toujours eu à Bordeaux un nombre suffisant d'officiers destinés au service de ces deux chambres.

Nous avons observé que plusieurs d'entre vous, quoiqu'en santé, & étant à Bordeaux, ont négligé de se rendre au palais pour les audiences, & pour le jugement des procès, tandis qu'ils ont été exactement aux chambres assemblées. Ils auroient
dû

dû remplir également tous les fervices auxquels ils étoient tenus.

Les caufes n'ont pu être expédiées, les procès criminels n'ont pu être jugés, & il eft à craindre que le plus grand nombre de prifonniers, raffemblés dans les prifons, n'y occafionne une contagion, qui fe communique dans notre ville de Bourdeaux: nous voulons faire ceffer ces inconvénients dangereux.

Quiconque embraffe l'état de la magiftrature, l'embraffe librement. Les épreuves que fubiffent ceux qui font admis dans nos cours, affurent qu'ils doivent connoître en y entrant l'étendue des obligations qu'ils contractent, & combien eft refpectable la religion du ferment que nous avons fait à Dieu, de faire rendre juftice à nos fujets, & que les magiftrats ont prêté à Dieu & à nous de la rendre à notre décharge. Nous vous rappellons tous à ces obligations & à ce ferment facré par lequel chacun de vous eft lié, que nous voulons bien croire qu'aucun n'a eu intention de violer, mais dont quelques-uns fe font écartés par une erreur dont notre fageffe veut enfin les retirer.

Si quelques-uns de vous, ce que nous ne pouvons préfumer, étoient capables de refufer de fe conformer à la volonté dans laquelle nous fommes de rétablir l'union & la paix entre tous les membres de notre parlement, & de faire rendre fans interruption bonne juftice à nos fujets, nous leur permettons de renoncer à leurs fonctions, & nous leur ordonnons de le déclarer fur le regiftre, & avant de défemparer, dans la féance où cette lettre fera lue.

Dans ce cas, notre volonté eft que ceux qui

resteront dans notre parlement, prennent aussi-tôt, & avant de désemparer, les mesures & les arrangements nécessaires pour que le service se fasse, dans toutes les chambres, conformément aux réglements établis pour le service & la discipline de notre parlement. Et les présidents des chambres seront attentifs à nous envoyer exactement les extraits des plumitifs de leurs chambres, conformément à nos précédents ordres.

Ceux qui nous donneront des marques de leur zele pour notre service, doivent compter sur notre affection, sur notre confiance & sur notre protection.

Extrait des régistres du parlement.

La cour, toutes les chambres assemblées, lecture faite de la lettre du roi du 22 décembre dernier, a délibéré qu'il seroit formé un bureau de commissaires, pour aviser aux objets contenus dans les premiers articles des ordres de sa majesté; mais la dite cour n'a pu contenir l'expression de la douleur profonde dont la pénetre l'article de la lettre du dit seigneur roi, par lequel il paroit que les officiers de son parlement ont été étrangement inculpés auprès de sa majesté, puisque l'on est parvenu à faire soupçonner au seigneur roi, qu'il y avoit dans son parlement des magistrats capables de se refuser au rétablissement de l'union & de la paix, à la distribution de la justice, qui auroient la lâcheté de sceller de leur nom cette disposition déshonorante, & de consacrer leur honte dans un monument qui doit passer à la postérité.

La cour voulant prévenir les mouvements de la sensibilité, que ce soupçon excite chez des magiſtrats, auroit cru faire injure à chacun d'eux, en mettant un pareil objet en délibération ; mais elle a arrêté que, puiſque ſon malheur eſt tel, qu'il faut qu'elle établiſſe ſes principes pour en prouver la pureté, elle proteſte que ſon vœu le plus ardent, eſt de voir l'union & la paix régner dans ſon ſein ; qu'elle eſt diſpoſée à faire à cet objet tous les ſacrifices que l'honneur peut avouer ; proteſte la dite cour qu'elle n'a jamais perdu de vue que l'adminiſtration de la juſtice eſt de ſon devoir le plus important, que c'eſt une dette qu'elle a contractée ſous la foi du ſerment, & que chacun des magiſtrats qui la compoſent s'eſt conſacré au ſervice du roi & à l'utilité publique ; dévouement très-honorable par ſon objet, & dont la bienveillance du ſouverain & l'eſtime du public peuvent être la ſeule récompenſe, mais devenu trop pénible par les coups multipliés auxquels il expoſe.

La cour déclare enfin qu'après l'inutilité de ſes réclamations, il ne lui auroit reſté d'autres reſſources que de renoncer volontairement à l'exercice de ſes fonctions, & de ſupplier le roi d'agréer ce ſacrifice ; mais ce moyen extrême lui eſt encore enlevé par l'interprétation que l'on pourroit donner auprès de ſa majeſté aux motifs de cette démarche. Fait à Bourdeaux en parlement, toutes les chambres aſſemblées, le 20 février 1782.

1 *Mai* 1782. Extrait d'une lettre de Bruxelles, du 25 avril.... Vous ne connoiſſiez l'abbé Néedham que par les mauvaiſes plaiſanteries de M. de Voltaire ; & vous me demandez une notice ſur ce ſavant, mort ici le 30 décembre 1781.

Il étoit né à Londres, en 1713, d'une famille illuſtre & d'origine Saxonne. Son pere ayant laiſſé à son décès plusieurs enfants en bas-âge & peu aisés, celui-ci prit l'état ecclésiastique ; & après avoir professé les belles-lettres & la philosophie en Angleterre & à Lisbonne, il accompagna dans leurs voyages de France, de Suisse, d'Italie, &c. plusieurs jeunes seigneurs Anglois. En 1768, las de cette vie errante, il se fixa dans le séminaire des Anglois à Paris, où il se livra totalement à l'étude de la physique & de l'histoire naturelle. A cette époque il fut nommé correspondant de l'académie des sciences de Paris. Dès 1749 il avoit été reçu membre ordinaire de la société royale de Londres, & l'on doit observer qu'il est le premier ecclésiastique catholique que cette compagnie ait adopté comme membre ordinaire regnicole.

Au commencement de 1769, il fut invité par le gouvernement des pays-bas Autrichiens, à venir concourir à l'établissement d'une société littéraire à Bruxelles ; & il en a été directeur pendant onze années consécutives.

Cet abbé est peu connu dans le monde, parce que ses travaux, quoique très-nombreux, n'étoient propres à le faire connoître que des savants. Il a été éditeur de plusieurs ouvrages estimés d'eux, & en a traduit ou composé onze, au nombre desquels se trouvent les *nouvelles observations microscopiques*, qui provoqueront les sarcasmes du philosophe de Ferney. Il le qualifia, croyant le rendre plus ridicule, de jésuite Irlandois, quoiqu'il fût très-bien que Needham n'étoit ni jésuite, ni Irlandois.

Le 2 *Mai*. Outre l'acte d'autorité exercé par le ministere pour empêcher l'effet de l'arrêt du parlement en faveur du sieur Beresford, on sait qu'il y a eu requête préfentée au confeil, & qu'il a été caffé. On veut que le parlement, très-mécontent de ces actes irréguliers & defpotiques, doive fe réunir à cet effet demain, pour avifer à ce qu'il y auroit à faire, ce qui exige néceffairement l'affemblée des chambres.

2 *Mai*. L'académie françoife ayant appris par l'un de fes membres, & à l'infu de Mad. Harriague, petite-fille de Racine, que cette dame, chargée de famille, avoit très-peu de fortune, en a informé le roi, protecteur de cette compagnie, & S. M. a accordé fur le champ à Mad. Harriague une penfion de 1200 liv.

2 *Mai*. Un M. Grouber de Groubental, connu dans la république des lettres par plufieurs ouvrages, & par un féjour affez long à la Baftille, avoit annoncé, par la voye du journal de Paris, qu'on avoit dépofé chez lui un morceau fait pour intéreffer également les favants, les curieux, les amateurs. C'étoit l'urne cinéraire, contenant les cendres de l'empereur Alexis Comnene II, mort à Trébifonde en 1203. Cette piece parfaitement confervée avoit été découverte en 1773, auprès de Trébifonde, par le comte de Tottleben, officier-général au fervice de la Ruffie, en faifant fouiller à des retranchements où s'eft trouvé le tombeau de l'empereur.

Un M. Bourguignon de Saintes s'éleve aujourd'hui contre ce monument, & prétend que c'eft une impofture, qu'il eft l'ouvrage d'un François.

2 *Mai*. Les comédiens Italiens annoncent pour demain la premiere repréfentation du *Vaporeux*, comédie nouvelle en deux actes, en profe.

3 *Mai*. MM. Piis & Barré, font tellement humiliés des bonnes & mauvaifes plaifanteries dont on

les a accablés, qu'ils n'osent rien risquer & restent dans un silence qui ne leur étoit pas ordinaire. M. Guichard vient d'enfanter encore une épigramme, qui porte à plomb sur leurs ouvrages; elle est adressée au plus insolent des deux.

>Ton Pegase, Piis, est tombé dans l'orniere;
>Le dieu du goût t'a fermé l'*ostium*;
>Au bon Jesus je fais cette priere:
>*Auge Piis ingenium.*

Ces mots tirés de quelque bréviaire, ont paru très-plaisants.

3 *Mai.* En effet, les chambres ont été assemblées aujourd'hui, où l'on a dénoncé un arrêt du conseil des dépêches rendu du propre mouvement du roi, le 27 Avril 1782, dans l'affaire de Mad. Hamilton. En voici la teneur remarquable.

Le roi s'étant fait représenter en son conseil l'arrêt de son parlement de Paris du 25 mars dernier, rendu sur les contestations qui étoient pendantes entre le sieur Benjamin Beresford, d'une part, & le sieur Gawen Hamilton, la dame Rowan son épouse, & la Dlle. Hamilton, leur fille, d'autre part, &c. Oui le rapport, le roi, étant en son conseil, a cassé, &c. l'arrêt du 25 mars, évoqué en son conseil, tous les appels & demandes respectives des parties, circonstances & dépendances; déclare nulles les procédures faites tant au châtelet de Paris, qu'en tout autre des tribunaux de son royaume, sauf aux parties à se pourvoir, ainsi qu'elles aviseront, devant leurs juges naturels: ordonne S. M. que les gardes donnés à Mlle. Hamilton, seront incessamment levés: enjoint S. M. au sieur Bazin de se retirer sans délai d'auprès dudit Sr. Beresford ; a mis S. M. toutes les parties fous fa fauve-garde, tant qu'elles feront dans fes états, fait défenfe au Sr. Beresford d'attenter à la fûreté & à la tranquillité des dame & demoifelle Hamilton, fous les peines au cas appartenantes ; décharge ladite dame & ladite demoifelle Hamilton des condamnations, des dommages, intéréts & dépens prononcés contr'elles ; ordonne S. M. que le préfent arrét fera fignifié de fon exprès commandement, &c.

C'eft M. Amelot, le maître des requêtes, fils du miniftre, qui a fait le rapport de l'affaire.

Avant de lire cet arrêt, le dénonçant avoit rappellé l'affaire, où, d'une part, le Sr. Beresford, prêtre Anglois, étoit venu en France réclamer dans les tribunaux Mlle. Hamilton, comme fa femme, prétendant qu'il l'avoit époufée deux fois, l'une en Ecoffe, & l'autre à Londres ; de l'autre, Mlle. Hamilton fe défendoit en foutenant que ces deux mariages, fe détruifoient réciproquement, étoient nuls, même en Angleterre ; & que par conféquent ils ne pouvoient donner de droit contr'elle en France.

Il a obfervé que le procès porté d'abord par le fieur Beresford devant les juges de Lille & au parlement de Douay, avoit été évoqué par des lettres-patentes, & attribué à la chambre de la tournelle du parlement de Paris, faifie de la connoiffance d'une plainte en crime de rapt, de féduction, rendue par M. & Mad. Hamilton, contre le prétendu mari de leur fille, qu'ils accufoient d'avoir abufé de fon caractere *de prêtre* & *de prédicateur*, pour enlever à fes parents l'héritiere d'un grand nom & d'une grande fortune, à l'âge de 15 ans, par le miniftere d'une femme-de-

K 4

chambre qu'il avoit envoyée exprès pour la féduire, lorfque lui-même étoit fans fortune, fimple chapelain, fils d'un cordonnier, & maître d'école d'un village.

Sur quoi le Sr. Beresford avoit demandé que Mlle. Hamilton lui fût *rendue* comme fa femme, ou qu'elle fût *conduite* en Angleterre fous bonne & fûre garde, pour être remife à un juge de paix.

Mad. & Mlle Hamilton demandoient, au contraire, ou que la cour ftatuât fur la validité ou l'invalidité des mariages, ou qu'en renvoyant les parties à fe pourvoir devant leurs juges nationaux, elle voulût bien accorder en France, fûreté, liberté & protection à Mlle. Hamilton.

La contradiction de l'arrêt du confeil avec les lettres-patentes, la forme infolite de la caffation & le defpotifme qu'on y a remarqué, ont déterminé les chambres à arrêter qu'il feroit fait des repréfentations au roi fur la furprife faite à fa religion.

En conféquence, on a nommé des commiffaires pour en rédiger les articles; & ils devoient rendre compte mercredi de leur travail aux chambres affemblées.

4 *Mai* La premiere repréfentation du *Vaporeux*, joué hier aux Italiens, a eu beaucoup de fuccès. Quoique la piece reffemble de très-près au Sidney de Greffet, on y a trouvé du mérite & plus de gaieté; on la dit d'un M. Marfollier, auteur de plufieurs autres ouvrages qui n'ont pas également réuffi.

4 *Mai*. Le 24 mai 1774, il fut paffé un traité entre M. le duc d'Orléans, comme propriétaire, à titre d'apanage, du Palais-Royal, dont la falle fervant à l'opéra, étoit une dépendance, & les

officiers municipaux de Paris, comme administrateurs à perpétuité de l'académie royale de musique, dont le privilege appartenoit à la ville depuis plus de 25 ans.

Les claufes principales du contrat portoient:
1°. que M. le duc d'Orléans avoit le droit inconteftable d'exiger qu'on lui rétablit une falle nouvelle, à la place de celle qu'avoit bâti le cardinal de Richelieu dans fon palais, & qui venoit d'étre incendiée le 4 avril 1763, par les gens de l'opéra; qu'en conféquence la ville feroit conftruire, à fes frais, un autre édifice qui feroit plus vafte & plus commode, au moyen du facrifice que le prince faifoit au public, non-feulement d'une plus grande portion de fon apanage, mais encore de plufieurs maifons qu'il poffédoit patrimonialement comme acquifes par lui-même, ou par les princes fes prédéceffeurs.

2°. Que la nouvelle falle une fois conftruite avec toutes fes décorations, tant intérieures qu'extérieures, appartiendroit, *ainfi que l'ancienne*, en toute propriété à M. le duc d'Orléans, comme faifant partie de fon apanage, ce nouvel édifice étant le remplacement & *le jufte* dédommagement de celui qu'avoient incendié les gens de l'opéra.

3°. Que les officiers municipaux de Paris, en cette qualité *d'Adminiftrateurs à perpétuité* de l'académie royale de mufique, auroient, *comme par le paffé*, *fous le bon plaifir du roi & de M. le duc d'Orléans*, la jouiffance & l'ufage feulement de la nouvelle falle, pour le fpectacle & les bals de l'opéra.

4°. Enfin, que dans ce cas où le roi jugeroit à propos, foit de fupprimer l'opéra, foit de le transférer ailleurs qu'au Palais-Royal, dès-lors la ville

K 5

reſtitueroit au prince ladite ſalle de ſpectacle, avec toutes ſes décorations, tant intérieures qu'extérieures, pour en réunir la jouiſſance avec la propriété. Tel eſt le titre qui ſert de baſe aux prétentions & démarches du duc de Chartres.

5 *Mai*. Les comédiens François annoncent pour demain la premiere repréſentation *d'Agis*, tragédie en cinq actes & en vers. Elle eſt de M. Laignelot, qui l'a déja fait jouer à Verſailles, où elle n'a pas réuſſi.

5 *Mai*. Une circonſtance qui donne encore plus de force au traité paſſé entre M. le duc d'Orléans & la ville, c'eſt qu'autoriſé formellement par le feu roi, il reçut la ſanction légale par des lettres-patentes en forme d'édit, données au mois d'août de la même année 1764, & enrégiſtrées au parlement purement & ſimplement le 28 dudit mois.

En conſéquence, la ville fit conſtruire la nouvelle ſalle de ſpectacle ſur les plans annexés au traité; & l'édifice terminé, M. le duc d'Orléans fut appellé le 4 mai 1771, pour conſtater l'état actuel de ſa propriété.

Depuis ce temps juſqu'au 6 juin 1781, les choſes reſterent dans cet état ſans aucun acte ſur cet objet de la part d'aucune des parties. Ce jour-là, comme le ſpectacle finiſſoit, le feu prit au rideau, puis au ceintre. Il y avoit encore du monde : pas un pompier; ils étoient partis les premiers : pas une goutte d'eau : les réſervoirs étoient à ſec, les robinets rouillés. On avoit offert quelque temps auparavant de garantir l'opéra du feu, pour 12000 liv. L'expérience inconteſtable, faite à la comédie italienne, a prouvé que le moyen étoit infaillible.

M. le duc de Chartres, poſſeſſeur du Palais-Royal,

par la rétrocession du duc d'Orléans, offrit de rebâtir la salle en deux ans au plus tard ; de faire l'avance des fonds qui lui seroient remboursés par portions dans tels délais qu'on jugeroit nécessaires; d'agrandir le théatre ; d'ajouter 25 loges d'acteurs; de sacrifier le dessous de son appartement, pour faire dans la grand'cour de vastes débouchés par des portiques clos & couverts, capables de contenir 1500 personnes, de construire un escalier neuf en pierres, pour communiquer de tous les rangs de loges à ce portique ; de pratiquer dans la cour des fontaines, deux sallons & un débouché couvert par la rue des Bons-enfants ; de donner dans cette même cour des fontaines un escalier particulier destiné pour leurs majestés, lorsqu'elles honoreroient le spectacle de leur présence, avec un appartement commode joint à leur loge, sans la communication avec le reste de la salle ; enfin, de prendre toutes les précautions possibles contre le même incendie.

Le 15 d'août, M. Amelot répondit à ce mémoire que, malgré l'avantage des propositions de son altesse sérénissime, examinées avec attention par sa majesté, le roi n'avoit pu se déterminer à consentir que la salle de l'opéra fut reconstruite au Palais-Royal, que son intention étoit qu'elle fût à la proximité de son château des Tuilleries, avec lequel elle pût communiquer ; qu'il avoit même déja fait choix du terrein, & donné les ordres nécessaires pour qu'on s'occupât sur le champ de la réduction des plans.

M. le duc de Chartres, en conséquence de cette transaction, cas prévu par le traité, fit assigner au parlement la ville, pour qu'elle fût tenue de remplir son engagement dont elle se croyoit délivrée par un simple arrêt du conseil du 17 mars 1780,

K 6.

non enrégistré, qui la dépouille du privilege de l'académie royale de musique.

Les officiers municipaux demanderent là-dessus l'évocation du procès au conseil. M. Amelot en instruisit encore M. le duc de Chartres le 6 janvier dernier : le prince ayant désiré que l'affaire restât en justice réglée, le même ministre, par une réponse du 24 janvier, déclara que sa majesté en laissoit la connoissance à la grand'chambre, devant qui la contestation étoit agitée.

De là, les plaidoieries dont on a parlé, & qui doivent se terminer incessamment par un arrêt.

5 *Mai.* Un citoyen, qu'on croit être le même qui a déja donné, il y a deux ans, à l'académie des sciences un fond de 12000 liv. pour des objets rélatifs aux sciences ou aux arts, & dépendant du choix de cette compagnie, vient de destiner une autre somme de 12000 liv. à placer dans le nouvel emprunt en rentes viageres sur la téte du roi & sur celle de monseigneur le dauphin, pour un prix annuel en faveur d'un mémoire ou d'une expérience qui rendra les opérations des arts méchaniques moins mal-saines ou moins dangereuses. Il a développé ses vues estimables dans un mémoire extrêmement bien fait, plein d'humanité, de raison & de sensibilité, écrit d'un style simple, noble & touchant, qu'il a adressé à la compagnie.

L'académie ayant accepté, avec la permission du roi & d'une voix unanime, cette donation, a proposé en conséquence pour le premier prix de ce genre, qu'elle proclamera dans l'assemblée publique d'après pâques 1783, *de déterminer la nature & les causes des maladies auxquels sont exposés les doreurs au feu ou sur métaux, & la meilleure* maniere de les préferver de ces maladies, foit par des moyens phyfiques, foit par des moyens méchaniques.

L'académie s'eft déterminée pour ce fujet, parce qu'il a déja occafionné quelques tentatives ; que le peu de temps accordé aux favants qui concourront, ne comportoit pas un fujet qui demandât des recherches plus multipliées ; que les mémoires pourront fournir des connoiffances utiles, même pour plufieurs autres artiftes ; enfin, parce que les objets fur lefquels s'applique cette dorure au feu, font aujourd'hui fi nombreux, & forment une branche de commerce fi confidérable, qu'ils multiplient tous les jours les victimes de cet art, fi nuifible à ceux qui le pratiquent.

5 *Mai*. M. *Blanchard* devient depuis quelque temps la matiere des converfations & de la curiofité générale. Sa machine pour voler eft à fon point de perfection, & il a offert de la montrer au public aujourd'hui. Ceux qui l'ont vue s'ils ne croient au miracle, ont acquis au moins beaucoup de confiance en l'auteur. Il eft très-jeune encore ; mais depuis qu'il fe connoît s'eft occupé des moyens de voler. Il a étudié la conformation & le vol de toutes les efpeces de volatiles avec la plus grande attention ; il a fait déja plufieurs effais pour voler avec des ailes, & en a fenti l'impoffibilité. Il a donc eu recours à une machine qui pût fendre l'air comme un vaiffeau fend les eaux, & ramaffer fous elle un volume de cet élement affez confidérable pour le foutenir. Il eft parti de ce principe, & paroît l'avoir fi bien médité & approfondi, que les plus habiles gens ne peuvent lui faire une objection qu'il ne l'ait prévue & ne la réfolve fur le champ. Il a donc la plus grande

théorie de son art ; mais il y a encore loin de la spéculation à la pratique.

Monsieur, monseigneur le comte d'Artois & le duc de Chartres l'ont encouragé, & lui promettent chacun 4000 louis s'il réussit.

6 *Mai.* L'urne cinéraire prétendue de l'empereur Alexis second, a la forme des anciens calices ou ciboires. Ce vase est autant qu'on peut le soupçonner, d'argent émaillé. On remarque dans la cavité, qui a peu de profondeur, le buste d'un homme de 40 à 45 ans, avec de la barbe, & portant sur sa tête un bonnet recourbé par devant, qui ressemble parfaitement au bonnet phrygien, tel qu'on le voit sur les monuments où *Atys* & le Dieu *Linus* sont représentés. Les autres figures du vase, qu'on peut regarder comme des ornements de pure fantaisie, sont des femmes nues, des génies ailés, d'autres génies avec des cornes & des pieds de chevre, & les attributs des vents, des termes, de Priape, de Pomone & des fruits. C'est dans cette partie de vase qu'on dit être renfermées les reliques de l'empereur. Le pied du vase représente *Neptune* & *Amphitrite* portés sur des chevaux marins, & précédés de tritons ailés & armés de fouets, avec un cortege de monstres marins à corps de chevre, &c. Ce vase est passablement conservé, quoique réparé en plusieurs endroits. Sans être d'un dessin bien pur & bien correct, il ne laisse pas que de faire quelque plaisir aux amateurs.

Suivant une gazette allemande de Hambourg, du 19 octobre 1775, ce vase a été trouvé dans un tombeau de marbre noir.

Sur la partie inférieure de ce tombeau, on lit une inscription grecque ainsi traduite. "Aux Dieux

,, Mânes ou infernaux d'Alexis fecond, empe-
,, reur, Céfar, pere de la patrie, pour honorer
,, fa mémoire. ,, Sur le côté droit on voit un
oifeau tenant un rameau dans fon bec, au deffus
eft une couronne & le monogramme de J. Ch.
formé par deux lettres grecques : au deffus de
l'infcription eft un vafe d'où fortent des flammes:
dans la partie poftérieure du tombeau eft repréfenté un croiffant au milieu de cinq étoiles ; on
voit fur le côté gauche une urne cinéraire de la
forme de celles qu'on appelle *Alla*, une branche
d'arbre & un trident.

Suivant le critique, le tombeau a été compofé
à deffein de faire valoir un vafe moderne, en lui
donnant des caracteres d'antiquité, qui, n'étant
ni raifonnés ni foutenus, révoltent au premier
coup d'œil le connoiffeur.

Outre les raifons très-détaillées que M. Bourguignon fournit pour démontrer l'impofture, une
plus courte, plus certaine & fans réplique, c'eft
qu'il a remarqué fous le pied du vafe des petites
fleurs-de-lys.

6 Mai. Le livre nouveau qui fait le plus de
bruit actuellement, c'eft un *Journal de M. le comte d'Eftaing*. Ce feigneur, alarmé de voir paroître
ce livre, eft allé au roi le défavouer : S. M. a
donné fur le champ ordre à la prévôté de Verfailles d'arrêter les libraires de cette ville qui en
avoient prefque toute l'édition qui a été ainfi
faifie. Malheureufement pour l'un d'eux, dans
les perquifitions qu'on en a faites chez lui, on a
trouvé deux exemplaires de *la vie d'Antoinette*, ce
qui a rendu fon affaire beaucoup plus mauvaife ;
en forte que l'autre ayant été relâché au bout de
quelques jours, celui-ci court rifque de pourrir à

Bicêtre, où vraisemblablement il a été transféré.

6 *Mai*. Il n'eſt pas étonnant qu'*Agis*, joué aujourd'hui, n'ait pas plu à Verſailles; le ton républicain de cette tragédie n'étoit pas fait pour être agréable en pareil lieu : au contraire, il a fort réuſſi à la ville. L'auteur en forçant un peu l'hiſtoire, a converti les Ephores en un ſénat factice, tel que nous avons vu ici le parlement Maupeou, & la reſſemblance s'eſt trouvée ſi parfaite, que les alluſions continuelles auxquelles elle prétoit, ont produit une vive ſenſation, quoique bien inférieure à la fermentation que ces diverſes tirades auroient cauſées il y a quelques années; mais auſſi il y a grande apparence que l'on n'en eût pas permis la repréſentation. A diſcuter l'ouvrage comme piece, il a beaucoup de défauts, & l'on conçoit aiſément que c'eſt celui d'un jeune homme. A ce titre il donne de grandes eſpérances & mérite d'être encouragé. Son dénouement dans le coſtume & dans les mœurs lacédémoniennes, n'a pas excité l'admiration que le poëte avoit lieu d'attendre, d'autant qu'il a été très-mal exécuté.

6 *Mai*. On ne peut peindre l'affluence de monde qui s'eſt rendu hier chez M. l'abbé de Viennay pour voir la machine aërienne de M. Blanchard, quoiqu'il n'en eût encore annoncé qu'une ſimple démonſtration. M. le duc de Chartres, M. le duc de Bourbon & M. le duc d'Enghien en ont d'abord entendu une particuliere Cependant le public s'eſt amaſſé en foule, & malgré le temps effroyable qu'il faiſoit & une pluie averſe, les curieux abondoient en telle quantité que la garde nombreuſe n'a pu la contenir, & qu'elle a inondé la cour, le jardin, les eſcaliers & les appartements

de la maison. L'ouverture de la nouvelle salle de la comédie françoise n'avoit pas attiré plus de monde & de voitures.

L'affluence ne permettant pas de laisser la machine dans le sallon doré où on l'avoit placée pour les princes, & la pluie de la montrer en dehors, M. Blanchard a pris le parti de lire un discours où il a rendu au public un compte circonstancié de sa machine & des inconvéniens dont elle étoit susceptible.

Son projet est de s'élever de terre avec son vaisseau en partant de quelque point de la superficie que ce soit, & par quelque temps qu'il fasse, de parvenir assez haut pour franchir la région des vents, des orages & des tempêtes, enfin d'acquérir assez de vîtesse pour faire environ trente lieues par heure.

Sa machine est configurée comme le corps de l'oiseau, convexe par dessous & par dessus, se rétrecissant à l'avant & à l'arriere, ayant une espece de proue imitant la tête, & un gouvernail en forme de queue. Le corps est d'un bois léger & solide, partagé en différens membres, ainsi que celui d'un bâtiment de mer; il est traversé de deux especes de petits mâts à égale distance de l'avant & de l'arriere & entr'eux. C'est au milieu qu'il doit siéger; il peut avoir par derriere lui un compagnon. Les membres sont revêtus d'une sorte de composition, formant un matelas impénétrable à la balle, & tout l'extérieur est recouvert d'un carton vernissé, comme les voitures de carton dont on a parlé dans le temps. Il entre dans sa voiture aërienne par une porte qui se referme; il y voit clair par des glaces comme dans une gondole, & il a une soupape pour renouveller l'air d'heure en heure, s'il en a befoin. A fa machine font adaptées fix ailes, dont une à l'avant, une à l'arriere & deux de chaque côté. Elles font d'égal volume, c'eft-à-dire, de dix pieds d'envergure, fur dix pieds de large. Ce qui fait cent pieds pour chacune, & en tout fix cents de fuperficie ; c'eft avec ce volume d'air qu'il a calculé pouvoir fe foutenir en l'air avec tout fon attirail.

Les deux ailes de l'avant & de l'arriere fervent à fon afcenfion ; il les fait mouvoir avec un reffort qui les étend rapidement & leur donne la fecouffe néceffaire pour l'exalter. Parvenu au point où il veut être avec un mouvement de fyftole, il met en jeu les quatre ailes faifant la fonction du foufflet, & lui fourniffant alternativement un volume d'air affez confidérable pour fe foutenir & planer.

M. Blanchard n'a pas diffimulé dans fon difcours qu'il prévoyoit deux inconvénients trèsgrands qu'il n'avoit pu encore parer, celui de fe trouver mal dans cette machine à ne pouvoir plus lui donner le jeu néceffaire pour fe foutenir, & celui, ne voyant point au deffous, d'ignorer fur quel endroit il rabattroit.

Le premier inconvénient cependant deviendroit prefque nul s'il avoit un compagnon : mais il ne fera pas aifé à trouver pour le premier effai.

7 *Mai*. Nous fommes dans le fiecle des inventions. Le fieur *Didelot*, qui s'occupe depuis plufieurs années à chercher une liqueur propre à éteindre les matieres combuftibles, comme goudron, foufre, effences, térébenthine, huile, &c. ayant annoncé qu'il étoit parvenu à compofer un eau qui éteint abfolument les flammes, en en

répandant une très-petite quantité fur l'objet enflammé, ainfi qu'il réfultoit de plufieurs effais qu'il avoit tentés avec un fuccès complet, a été admis hier à en montrer une expérience publique : il l'a faite de deux manieres.

1°. Sur la riviere en face de la place de *Louis XV*, il a fait placer un ponton garni de fes mâts & cordages ; on y a mis le feu que toute la pluie qui tomboit ce jour-là en abondance ne pouvoit éteindre : il eft parvenu à le faire avec une très-petite quantité de fa liqueur, dont il a injecté à deux fois la machine enflammée, avec une groffe féringue, en forme d'arrofoir ; à la premiere, l'action du feu s'eft confidérablement ralentie, & à la feconde il a difparu abfolument.

2°. Il a mis le feu à un boulet d'une invention nouvelle, qu'on croit être de celle propofée par M. de Bellegarde ; il a fait voir qu'avec de l'eau naturelle, on ne faifoit qu'en augmenter l'ardeur, & au contraire, avec fa liqueur il l'a rendu abfolument nul.

M. de Caftries, enchanté de cette découverte, a autorifé le fieur Didelot à fe rendre à Breft pour y faire plus en grand fes expériences, pour les varier, les multiplier de toutes les manieres ; & fi le fuccès fe foutient, il paroit difpofé à faire acheter au roi ce fecret infiniment utile.

7 *Mai*. Extrait d'une lettre de Vienne, du 20 avril... Le célebre Métaftafe, auteur de tant de chef-d'œuvres de la fcene lyrique italienne, eft mort ici le 14 du mois dans la quatre-vingt-quatrieme année de fon âge. La maladie l'a empêché de voir le pape ; mais dès que fa fainteté l'a fu en danger, elle lui a envoyé fa bénédiction

in articulo mortis. C'eſt ce dont le ſaint-pere a fait le plus de diſtributions dans ce pays-ci.

On dit que la ſucceſſion de M. Métaſtaſe monte à 150,000 florins en argent ou en effets.

8 *Mai.* Un M. de Juillé vient d'écrire une lettre circulaire à tous les militaires de ſa connoiſſance réſidant à Paris, en date du 3 mai, & imprimée, où il leur propoſe d'établir un *club militaire* à l'inſtar de celui qui s'eſt formé, il y a quelque temps, mais qui ne ſera compoſé que d'officiers ou gens au ſervice. Son objet, comme celui de l'autre, eſt de charmer l'ennui de tant d'oiſifs qui ne ſavent que devenir, ſur-tout dans cet état, faute de ſociété ou d'occupation. Il annonce que le gouvernement approuve ſon plan, & il indique un jour où ceux qui agréeront ſa ſouſcription, ſe réuniront pour rédiger les réglements de cette aſſemblée.

8 *Mai.* On écrit beaucoup ſur le pape & ſur ſon ſingulier voyage à Vienne; on parle d'un dialogue entre l'empereur & le ſouverain pontife.

8 *Mai.* Les comédiens François, qui, en vingt-deux jours depuis l'ouverture de leur nouvelle ſalle, ont gagné 75,000 livres, ſans compter le produit des loges à l'année, amorcés par cette heureuſe recette, cherchent à la ſoutenir, & en conſéquence annoncent pour vendredi 10 une quatrieme nouveauté, c'eſt *L'homme dangereux*, comédie de M. Paliſſot, dont il eſt queſtion depuis dix ans, & déja imprimée dans ſes œuvres. Cette piece à la lecture eſt très-froide, n'a nulle invention; mais elle eſt bien conduite, écrite purement & avec beaucoup de nerf, comme tout ce qu'a compoſé ce poëte.

8 *Mai.* Un poëte patriote a réduit l'hiſtoire de

la *Ligue* en une piece réguliere de ce nom : on conçoit combien ce fujet eft fufceptible de faire une tragédie excellente, mais difficilement admife fur la fcene.

9 *Mai*. M. *Blanchard*, à mefure qu'il approche du terme où il doit remplir fon entreprife, en apperçoit les difficultés. En conféquence elle eft retardée de trois femaines, & il annonce qu'étant occupé pendant ce temps à perfectionner fon vaiffeau volant, il ne recevra perfonne pour le voir.

Quoi qu'il en foit, en attendant on lui a déja fait la devife fuivante en un diftique latin.

Æthereum tranabit iter quo nomine Blanchard,
Impavidus fortem non timet icariam.

9 *Mai*. On ne fait fi l'épigramme fuivante fur la piece de Moliere à la nouvelle falle eft de l'abbé Aubert, ou de M. de Charnois, ou de quelque autre ; car il ne manque pas d'ennemis : mais elle eft au moins jufte & porte à plomb fur l'étrange audace de ce poëte.

Défefpéré de voir tous fes écrits
Suivre le fort de fa mufe tragique,
Que fait la Harpe ? Un drame fatyrique,
Contre lui-même & contre fes amis :
Pouvoit-il mieux ? Ses vers font applaudis.

9 *Mai*. La conteftation élevée entre M. le duc de Chartres & la ville fe fuit, & il paroît déja des mémoires de part & d'autre. On attribue celui du duc de Chartres à l'abbé Baudeau, & en effet il n'eft pas figné de M. Doucet fon avo-

cat ; il ne l'eft que du procureur. Il confirme ce qu'on a dit : il eft précieux par l'hommage que S. A. S. rend aux loix. Sur ce que la ville lui offre pour raifon péremptoire de fon refus, un *arrêt en commandement*, *une force majeure*, il s'appuie fur le principe plus conftant & plus conforme à la juftice & aux droits de la nation, qu'un arrêt du confeil ne peut balancer, encore moins détruire, anéantir un acte légal & revétu de toutes fes formalités ; qu'aucun citoyen ne peut être condamné, fans avoir pu fe faire entendre ; qu'enfin le roi n'eft cenfé prononcer, fous cette forme impérative, même dans fes affaires propres & particulieres, qu'avec cette reftriction, *fauf le droit d'autrui*. Ainfi, la nouvelle falle étant mife, en vertu de lettres-patentes, *à la charge de la ville*, le prince avoit le droit d'exiger d'elle *en juftice*, la confervation & la reftitution de ce théatre. Ce droit précieux, *légalement* acquis au prince apanager, ne pouvoit ceffer ni s'affoiblir que par des actes revétus des mêmes formalités ; il n'a point été détruit par ceux de 1781, qui lui font étrangers & inconnus, manquent de toute authenticité, de tout enrégiftrement, qui d'ailleurs ne rétractent aucune des obligations impofées à la commune & à fes biens patrimoniaux, pendant le temps qu'a duré la poffeffion du privilege de l'académie royale de mufique, privilege dont elle fe qualifioit avec l'approbation du roi, *propriétaire à perpétuité*, dans les actes folemnellement confirmés de 1764.

C'eft d'ailleurs la ville elle-même qui s'eft emparée des matériaux fauvés du dernier incendie ; c'eft la ville qui tient encore l'enceinte de ce bâtiment, par un gardien qu'elle a nommé, qu'elle y loge & qu'elle foudoie. C'eft donc à la ville feule

que M. le duc de Chartres pouvoit & devoit s'a-
dreffer : elle eft fa feule partie, fuivant toutes
les regles de droit, la foi des traités, & l'autorité
de la chofe jugée.

10 *Mai*. L'inftruction concernant l'infulte faite
par M. de Chabrillant au procureur Pernot étant
finie, on a fu que M. le garde-des-fceaux avoit
enjoint au châtelet de furfeoir, & de lui envoyer
les charges & informations. On a craint que ce
ne fût le prélude de quelque coup d'autorité. En
conféquence, le fait a été dénoncé à la tournelle, & il a été arrêté que le lieutenant-criminel
& le procureur du roi feroient mandés au pied
de la cour pour rendre compte de l'état du procès.
On regarde ce *veniat* comme un coup de fouet
à la jurifdiction inférieure pour l'exciter à rendre
une prompte & févere juftice.

10 *Mai*. On trouve dans le *Mémoire pour les
prévôt des marchands & échevins de la ville de
Paris*, contre M. le duc de Chartres, un hiftorique affez curieux, & du Palais-Royal, & de
la falle.

Le Palais cardinal, conftruit par Richelieu, à
fa mort le 4 décembre 1642, fut habité par
Louis XIII, en vertu d'une donation du défunt,
& prit le nom de Palais - Royal. Après ce roi,
Anne d'Autriche s'y fixa jufqu'en 1651 avec
Louis XIV & *monfieur*, fes enfants.

En 1652 Louis XIV céda à la reine Anne
d'Angleterre, fa tante, l'ufage de ce Palais jufqu'en 1661, que *monfieur*, frere du roi, y fut
logé, & enfuite l'eut par augmentation d'apanage, fuivant les lettres-patentes du mois de
février 1692, titre de la maifon d'Orléans.

A ce Palais étoit annexée une falle de fpectacle,

appellée la *falle des comédies & machines*. Les chef-d'œuvres de Corneille y ont été joués. Lorfqu'on détruifit le petit hôtel de Bourbon & fon théatre pour travailler à la colonnade du louvre, Louis XIV voulut que la troupe de Moliere paffât, fous le titre de troupe de monfieur, dans la falle du Palais-Royal, où elle joua pour la premiere fois, le 5 novembre 1660, la comédie de l'*Etourdi* : elle y continua fes repréfentations jufqu'au décès de cet inimitable comique, arrivé le 17 février 1673.

A cette époque, l'établiffement à Paris d'une académie de mufique étoit nouveau. L'abbé Perrin en obtint le premier privilege en 1669; il fut révoqué au mois de mars 1672, & accordé à Lully, qui repréfentoit au jeu de paume de belair, rue Mazarine. Le roi lui donna la falle du Palais-Royal, où il fe tranfporta & débuta par *Cadmus*. Lully mourut en mars 1687 : Francine, fon gendre, lui fuccéda, &c.

En 1749 les affaires de l'académie royale de mufique étoient en fort mauvais état, fes dettes montoient à 1,900,000 liv. Louis XV, par un arrêt du confeil du 25 août 1749, pour rétablir ce fpectacle, en confia l'adminiftration à la ville. Elle acheta deux maifons pour faciliter l'entrée de ce fpectacle. Le 6 avril 1763, la falle fut brûlée; M. le duc d'Orléans en follicita le rétabliffement au Palais-Royal : de là un arrêt du confeil revêtu de lettres-patentes du 11 février 1764, qui l'ordonne conformément aux defirs de S. A., & aux offres par elle de rendre cette falle plus fpacieufe & plus commode, en fourniffant tout le terrein néceffaire à cet effet.

En exécution des ordres du roi & du traité
de

de 1764, la nouvelle falle a été conftruite par les foins des adminiftrateurs, moyennant le coût de 2,300,000 liv.

Au mois de mars 1780, Louis XVI a retiré à la ville l'adminiftration de l'opéra, toujours de plus en plus difpendieufe & à charge. Le feu y a pris le 8 juin 1781. L'incendie étant arrivé depuis la ceffation de fon adminiftration, la ville ne fe prétend plus garante de rien, & veut que M. le duc de Chartres foit déclaré non-recevable dans la demande qu'il a formée contr'elle le 19 octobre 1781, pour qu'elle lui remette la falle de l'opéra au même état de conftruction qu'en 1771, ou foit condamnée à lui en payer la valeur, fuivant les devis & marchés faits & paffés alors.

18 *Mai.* L'*Homme dangereux*, joué aujourd'hui, comédie en trois actes & en vers, qui fembloit d'un titre trop vague à la feule infpection, ne le remplit pas en effet à beaucoup près, & devroit plutôt s'appeller le *Satyrique.* Il eft d'autant moins dangereux qu'à une méchanceté atroce, il ne joint pas ces dehors féduifants de nos aimables roués du fiecle ; peu fecond en reffources, il n'a jamais que des chanfons, des libelles à compofer, & il s'y prend fi groffierement, qu'il ne peut long-temps faire des dupes. Comment fuppofer qu'il aille dévoiler, fans aucune précaution, à une jeune innocente, la candeur même, le moyen noir qu'il doit mettre en œuvre pour fupplanter fon rival qu'elle feint de ne point aimer, d'où nait cependant tout le reffort de l'intrigue ? Le dénouement n'eft pas plus adroit & l'on paie trop bien d'ordinaire les artifans de méchancetés qu'on emploie, pour qu'il foit vrai-

Tome XX. L

femblable que le faifeur de libelles n'ait pas graf‑ fement foudoyé celui auquel il confie fes hor‑ reurs littéraires à imprimer.

Il y a peu de gaieté dans cet ouvrage, mais de la bonne efpece, c'eft-à-dire, du comique de fituation; il eft écrit du meilleur ton, & le ftyle en eft excellent. Si M. Paliffot avoit autant d'i‑ magination que d'efprit, il iroit loin dans ce genre; mais fon aridité fe manifefte dans toutes fes comédies; & *le Méchant*, fur lequel eft cal‑ qué celui-ci, eft encore infiniment fupérieur à *l'Homme dangereux*.

10 *Mai*. Le *Journal de M. d'Eftaing*, bro‑ chure qui n'a pas 200 pages, n'eft pas le fien dérobé, comme on fe l'étoit d'abord imaginé. C'eft celui d'un officier qui ayant fervi à fon bord & témoin oculaire des opérations de fes campagnes de 1778 & 1779, en rend compte en hiftorien fidele.

10 *Mai*. Les *Confeffions* de Jean-Jacques Rouf‑ feau, tant attendues, paroiffent enfin, & fe vendent même avec une forte de tolérance. Mais on n'en a que la partie la moins curieufe; elles ne vont que jufqu'au temps où il vint à Paris & fe fit auteur. Cette fouftraction fait mê‑ me appréhender que le furplus ne foit pas par‑ faitement exact.

11 *Mai*. Il ne s'agit plus d'un hydrofcope, c'eft-à-dire, d'un homme qui a l'art de découvrir de l'œil une fource inconnue dans les entrailles de la terre, mais d'un particulier qui en mar‑ chant éprouve, quand il eft à l'endroit de quel‑ que eau fouterraine, une telle commotion que la baguette qu'il tient en main, entre en mou‑ vement & roule avec une rapidité finguliere.

C'eſt ce qu'on a vu ces jours derniers au Luxembourg, où il s'eſt promené avec ſa baguette divinatoire en préſence de beaucoup de ſpectateurs & de quelques membres de l'académie des ſciences. Il ſe ſervoit d'une baguette de bois; on lui en a ſubſtitué de fer & de cuivre qui produiſent le même effet. Bien plus, un particulier qui n'a point cette vertu hydraulique, quand il eſt touché par lui, l'acquiert, & la baguette roule à l'inſtant dans ſes mains. Il faut, avant de rien ſtatuer à cet égard, attendre que les ſavants en aient parlé & ſe ſoient débattus.

12 *Mai.* Il eſt peu de gens qui ignorent que l'*Homme dangereux* eſt une comédie déja ancienne du ſieur Paliſſot; mais peu de gens en ſavent l'origine & l'anecdote qu'on rappelle aujourd'hui.

Après avoir joué les philoſophes dans la piece de ce nom, l'auteur voulut leur faire eſpérer la revanche, & leur laiſſer le plaiſir de croire qu'on l'alloit jouer lui-même ſous le nom de l'*Homme dangereux*, comédie de caractere où il étoit dépeint de maniere à accréditer la ſuppoſition. Il la fit parvenir aux comediens, comme un ouvrage venu de Bordeaux; elle fut reçue, apprife & même annoncée en 1771; mais le ſecret ayant tout-à-coup tranſpiré, il ſurvint un ordre qui en arrêta la repréſentation. Les mémoires de Bachaumont ont rendu plus amplement compte de cette anecdote dans le temps.

22 *Mai.* M. de Montigny, penſionnaire ordinaire de l'académie royale des ſciences pour la claſſe méchanique, eſt mort il y a quelques jours. Ce ſavant peu connu comme tel, l'étoit beaucoup par les places qu'il occupoit: il étoit en

outre tréforier de France, général des finances, grand-voyer de la généralité de Paris, commiſſaire du conseil au département des ponts & chauſſées, commiſſaire départi par ſa majeſté pour la direction générale du pavé de la ville, fauxbourgs & banlieue de Paris.

12 *Mai*. M. de Boynes, outre ſa faillite envers ſes créanciers, a eu la douleur de voir renouveller au parlement le procès diffamant qu'il avoit déja perdu au châtelet. Il s'agiſſoit de lettres de reſciſion dont on demandoit l'entérinement, à raiſon d'une léſion énorme qu'on avoit éprouvée ſur la vente forcée d'une habitation à Saint-Domingue, qui lui avoit été faite. On dit forcée, parce qu'il avoit abuſé de ſon autorité du temps qu'il étoit miniſtre, pour déterminer ſes cohéritiers à lui vendre le bien. Enſuite on lui reprochoit de ne l'avoir fait eſtimer que 60,000 livres de revenu, au lieu 120,000 livres qu'il valoit; enfin de l'avoir acquis ſur le pied de quatre années du revenu ſeulement, contre l'eſpece de tarif du pays, qui eſt d'eſtimer la valeur d'une habitation ſur le pied de huit années. Il paroît que toutes ces accuſations ont été reconnues vraies à peu près, puiſque M. de Boynes a perdu d'une voix unanime. Comme il a été très-malade & n'eſt que convaleſcent, on lui a diſſimulé juſqu'à ce moment cette perte; mais on l'y prépare en lui faiſant entendre que toutes les préſomptions ſont contre lui.

12 *Mai*. Les repréſentations du parlement ne ſont pas encore prêtes. On préſume qu'il eſt queſtion d'y faire entrer d'autres objets, tels que celui de la ſuſpenſion des procédures dans l'affaire du procureur Pernot.

12 *Mai*. L'*Inconnue perſécutée*, opéra bouffon,

musique del signor Anfossi, célebre compositeur Italien, jouée avec peu de succès l'année passée, sur le théatre des menus, a été reproduite aujourd'hui à l'opéra avec des changemens dans l'intrigue, & des additions dans le chant. Quoiqu'il y ait peu de différence, l'enthousiasme a été tout autre. Il est vrai que les amateurs déterminés du genre, s'étoient rendus en foule à cette représentation, & avoient mis toutes leurs troupes auxiliaires sur pied. Il faut voir si l'admiration & sur-tout si la foule se soutiendra.

13 *Mai*. L'art des avocats est admirable ; on avoit cru jusqu'à présent le procès intenté par le duc de Chartres à la ville, légitime & bien fondé ; aujourd'hui M. Dandasne a établi le contraire avec tant de succès, que les gens impartiaux reviennent à son avis, du moins commencent à croire qu'on a fait mal diriger sa demande au prince.

L'avocat adverse éleve trois questions.

1°. Le roi a-t-il pu retirer à la ville son privilege d'administratrice perpétuelle de l'opéra, sans offenser les loix du royaume ?

2°. Les prévôt des marchands & échevins, de leur côté, ont-ils dû se prêter à l'exécution d'un arrêt du conseil ?

3°. Enfin par l'exécution de cet arrêt, le corps-de-ville a-t-il été valablement déchargé de ses engagemens relatifs à l'académie royale de musique ?

M. Dandasne résout le premier problème en distinguant en la personne du roi deux qualités : l'une de souverain législateur, & l'autre de souverain administrateur. Au premier titre, il fait les loix & les envoie à ses cours pour être enrégiſtrées ; il veut alors qu'elles ſoient fixes & durables. Au ſecond, il ſe ſert de ſimples arrêts du conſeil, déciſions verſatiles à ſa volonté, ſuivant le beſoin du temps & des circonſtances. Or l'arrêt du conſeil de 1749, qui attachoit au corps-de-ville le privilege & le régime de l'opéra, n'a point été revêtu de lettres-patentes, il eſt donc reſté ſujet au changement, & c'eſt ce que n'a pas aſſez conſidéré d'abord le conſeil du duc d'Orléans, lorſque S. A. a contracté, & récemment celui du duc de Chartres, lorſqu'il l'a déterminé à attaquer la ville.

Le ſecond problême ſe réſout par le premier. Dès que le roi a pu changer à ſon gré l'adminiſtration de l'opéra, la ville n'a pu s'y refuſer comme à une déciſion légalement émanée du trône.

La ſolution du troiſieme problême n'eſt pas plus difficile. Les engagements ſe délient de la maniere dont on les contracte: or, par une analyſe très-longue & très-diſcutée, M. Dandaſne fait voir que l'engagement contracté par la ville envers le duc de Chartres n'étant que relatif à la choſe adminiſtrée, il ceſſe à l'égard de la ville, dès que ſon adminiſtration lui eſt retirée.

L'écrivain, d'abondance, reprend enſuite les objections répandues dans le mémoire adverſe & les pulvériſe.

On ne peut ſe diſſimuler que M. Dandaſne, lorſqu'il a plaidé, a été extrémement applaudi, & que M. Doucet dans ſa réplique n'a eu qu'un ſilence morne.

C'eſt à mercredi qu'eſt renvoyé le jugement de ce grand procès.

13 *Mai.* L'auteur du journal de la campagne de M. le comte d'Eſtaing durant les années 1778

& 1779, commence d'abord par établir le caractere de ce général, auquel il donne de grandes qualités, telles que la valeur, l'activité, la sévérité de la difcipline, la conftance à foutenir les fatigues; mais il lui trouve des défauts non moins grands & très-dangereux: favoir, un entêtement aveugle, une méfiance extrême, une dureté incroyable. Il lui reproche enfuite beaucoup de fautes, foit dès fon départ dans la Méditerranée, foit à fon arrivée & durant fon féjour à l'Amérique feptentrionale, foit à Ste. Lucie, foit à la Grenade, foit enfin à Savanah. Les partifans outrés du comte d'Eftaing, veulent que cet ouvrage foit d'un ennemi cruel, mais adroit, qui ne le loue d'abord que pour mieux accréditer fes imputations calomnieufes.

13 *Mai*. Le *défœuvré*, ou *l'Efpion du Boulevard du Temple*, a caufé une telle rumeur dans les divers tripots des baladins qui y jouent, qu'ils fe font portés à l'extrémité violente de faire arrêter le libraire *Aubry*, ayant fa boutique à l'hôtel-de-l'Hôpital, à l'entrée des Boulevards. Le fieur *Bordier*, acteur d'Audinot, avec un de fes camarades, eft venu chez lui fous prétexte d'en acheter deux exemplaires, & ce libraire les leur ayant adminiftrés, ils ont appellé la garde, & l'ont fait traduire devant le commiffaire Maillot. Celui-ci a envoyé chercher le fieur *Henry*, exempt de la librairie, aux mains duquel il a remis l'accufé, comme fon jufticiable. L'exempt eft allé en perquifition chez le délinquant, & a trouvé quelques exemplaires de cette brochure & du *Tableau de Paris*. En conféquence il l'a mené chez le lieutenant-général de police pour prendre fes ordres. Mais ce fage magiftrat n'a

pas jugé le cas aſſez grave pour mériter une détention.

Cependant les hiſtrions ont été furieux, surtout le ſieur Audinot, qui a vu reparoître dans ce pamphlet une ſentence criminelle, renduc contre lui le 10 janvier 1776, dont on a parlé, qui devoit être affichée, & dont il n'a obtenu la ſouſtraction que moyennant une ſomme de 60,000 livres. Sa femme, en conſéquence, eſt allée en députation chez le magiſtrat, qui lui a promis juſtice de l'auteur, ſi elle acquéroit des preuves du délit, & du reſte, l'a conſolée en lui diſant que tout le monde étoit ſujet à être déchiré; que lui-même avoit vu ſe répandre des libelles contre lui, & que tout récemment la calomnie avoit eu l'audace d'attaquer les perſonnes les plus auguſtes.

Ces graves événements répandus dans le public, ont donné de la vogue à la rapſodie foraine, & l'édition étant épuiſée, on en prépare une ſeconde, corrigée & augmentée.

Les baladins ſoupçonnent véhémentement un ſieur Mayeur, auteur de pieces foraines jouées chez Nicolet & Audinot, & aſſez initié dans leurs tripots pour en connoître les anecdotes & pour les répandre. Comme en outre il eſt acteur des grands danſeurs du roi & très-ménagé dans la brochure, cela augmente les ſoupçons.

14 *Mai.* On appelle *ſourciers* les hommes de l'eſpece de celui dont on a parlé, d'après le talent qu'ils ont de découvrir les ſources ou eaux ſouterraines. Celui dont il s'agit eſt un nommé *Bleton*, déja fort connu en province, & qui a donné lieu à un ouvrage ſur cette matiere par M. *Touvenel*, également recommandable comme

chymiste, physicien & médecin. Il est intitulé : *Mémoire physique & médicinal*, & montre des rapports évidents entre les phénomenes de la baguette divinatoire, du magnétisme & de l'électricité. Il en résulte que l'auteur croit à ces phénomenes *hydro-électriques*, dont il a fait plus de six cents expériences ; & il paroît difficile que les plus incrédules résistent aujourd'hui à celles auxquelles on soumet le sorcier moderne. Au reste, plusieurs physiciens & minéralogistes du premier ordre parlent de ce phénomene à ne pas laisser même de doute sur sa possibilité & son existence. Tels sont *Neuman*, *Diederich*, *Formey*, *Sigaud de la Fond*, &c.

Outre les expériences faites au Luxembourg, le jeudi 9, il en a été tenté une sur une partie de l'aqueduc d'Arcueil, sous les yeux de M. Guillaumot, intendant-général des batiments du roi, inspecteur-général des carrieres ; & elle a réussi de la façon la plus complette. Cet architecte, accompagné des inspecteurs, du plombier de la ville, des fontainiers, a vérifié, les plans à la main, les largeurs, les angles, les sinuosités, enfin les points presque mathématiques désignés par Bleton avec tant d'exactitude, que si ce plan venoit à se perdre, on le recommenceroit sur les traces du sourcier. Il a assigné jusqu'à la largeur du diametre du chenal principal de la source ; il a indiqué deux petits embranchements transversaux, indication prise d'abord pour une erreur, mais dont l'existence a été vérifiée à l'instant même.

Les expériences du jeudi 9 ont été répétées le samedi 11 avec plus de rigueur & d'exactitude, & toujours avec le même succès.

La sensation qu'éprouve Bleton consiste en symptômes nerveux, spasmodiques & convulsifs, qui se manifestent par la rotation d'une baguette de métal ou de bois, pourvu qu'elle ne soit pas de sureau, supportée par ses deux index.

M. Thouvenel dans son écrit sur cette matière prétend qu'en isolant les sourciers, par le moyen d'une toile cirée, du gâteau électrique, ils n'éprouvent plus aucune sensation, ni leur baguette aucun mouvement. On ne dit pas qu'on ait fait cette expérience à l'égard de Bleton.

Il est question de faire de nouvelles expériences à Menil-montant, où se trouvent des aqueducs, qui amenent à Paris l'eau du pré Saint-Gervais, & l'on prend les plus grandes précautions pour en vérifier la justesse & l'authenticité.

14 *Mai.* Le roman des *Liaisons dangereuses* a produit tant de sensations, par les allusions qu'on a prétendu y saisir, par la méchanceté avec laquelle chaque lecteur faisant l'application des portraits qui s'y trouvent à des personnes connues, il en a résulté enfin une clef générale qui embrasse tant de héros & d'héroïnes de société, que la police en a arrêté le débit, & a fait défendre aux endroits publics où l'on le lisoit, de le mettre désormais sur leur catalogue.

L'auteur est fils d'un M. Chauderlot, premier commis d'un intendant des finances : il a déja éprouvé beaucoup de chagrin de la publicité de son ouvrage. Parce qu'il a peint des monstres, on veut qu'il en soit un, *fœnum habet in cornu, longe fuge.* Il est allé à son régiment travailler à une justification.

15 *Mai. L'Espion du Boulevard du Temple*

fait tant de bruit, qu'il exige un détail plus circonstancié. Cet ouvrage, dont le titre promet peu, n'est pas sans mérite ; & si l'auteur eut traité de personnages plus connus & plus importants, il auroit eu une vogue infinie. Les chapitres plus tolérables, sont ceux où il passe en revue les spectacles forains, tels que celui des *Eleves pour la danse de l'opéra*, le théatre des *associés* ou *grimaciers*, parce que leur principal talent est de faire rire par des grimaces ; les *grands-danseurs du roi* sous la direction du sieur Nicolet ; *l'ambigu comique*, sous celle du sieur Audinot ; enfin, les *variétés amusantes*. Il n'est aucun des acteurs ou actrices dont il ne rapporte les anecdotes, & quelques-unes deviennent intéressantes par la filiation qu'elles donnent aujourd'hui d'héroïnes sur le pinacle. Les gradations de leur fortune fournissent assez de matiere au philosophe ; celle qu'on y trouve aussi du talent de certains auteurs & acteurs, s'essayant d'abord sur des treteaux, & devenus ensuite des êtres importants, n'est pas moins amusante & consolante pour le citoyen obscur, qui voit ainsi naître & s'élever les réputations. Le chroniqueur des boulevards entre à cet égard dans des détails si particuliers & si circonstanciés, qu'on ne peut guere lui refuser sa confiance.

Le tout est lardé de pieces de prose, de chansons, de contes, d'épigrammes, de vers qui ont presque tous du sel & de la gaieté, quelquefois de l'obscénité & de la plus grossiere ; mais c'est le genre, & si elle peut être bien placée quelque part, c'est en pareil sujet.

Quelle gloire pour les traiteurs, pour les maîtresses des cafés borgnes des boulevards, de voir leurs noms moulés & leurs aventures célébrées ! Le moyen qu'elles ne veulent pas acheter la brochure, & l'étaler fur leur comptoir. Après avoir ri de toutes les efpeces que l'efpion paffe en revue, il réfulte cependant de fon tableau une vérité très-affligeante pour l'homme de bien : c'eft que ces boulevards font le repaire de tous les plus mauvais fujets de Paris, l'école de tous les vices, & leurs fpectacles des goufres où va s'engloutir le gain des artifans, des ouvriers, des manouvriers, de tout le peuple en un mot, & fe perdre l'innocence des enfants des deux fexes.

Du refte, en revenant à l'ouvrage, il feroit à fouhaiter que l'auteur s'élevant jufqu'à une fphere plus brillante, paffât ainfi en revue les grands fpectacles, & fur-tout l'opéra qui ne fe trouve pas aujourd'hui fort éloigné de fes domaines, & pourroit entrer dans fes obfervations.

15 *Mai.* M. Diderot, fâché qu'on eût mutilé fon ouvrage fur Seneque, a pris le parti de le faire imprimer en pays étranger, fous le titre plus impofant d'*Effai fur les regnes de Claude & de Néron, & fur les mœurs & les écrits de Seneque, pour fervir d'introduction à la lecture de ce philofophe.* Il eft auffi plus étendu, & embraffe deux volumes avec un grand appareil de notes de deux efpeces : les unes de l'editeur, & les autres de l'auteur même. Tout cela fent beaucoup le charlatan. Pour furcroît, il y a joint une efpece de dédicace à un M. Naigeon, qui y a fait les premieres notes, & eft repréfenté comme l'inftigateur du travail du philofophe, conjointement avec un baron d'Holbach. Celui-ci tient bureau ouvert de philofophie, il eft le point de ralliement, c'eft à fa table que viennent s'affeoir les Ariftippes de la

fecte moderne. M. Diderot a affecté de faire venir dans les notes le nom & les éloges des principaux, qui fans doute le prôneront à leur tour. Qui croiroit que l'étalage de tant d'érudition n'a été imaginé, comme on l'a dit, que pour amener une note fanglante contre Rouffeau ? Il n'étoit que défigné dans la premiere édition; dans celle-ci M. Diderot le nomme & redouble de fureur. Il fentoit approcher le moment de la publicité des fameufes *confejjions*, & il a cru fa diatribe plus néceffaire. Sous prétexte de fe difculper, il la développe & l'étend ; il s'en fait d'autant plus gloire, qu'il déclare avoir fu être ménagé, & ne venger en ce moment que les philofophes, fes confreres & fes amis.

Outre cette digreffion qui fait grand bruit, comme il a replacé dans l'édition nouvelle des morceaux retranchés dans celle de France, on a trouvé différentes allufions au regne precédent, qui excite une violente tempête contre le moderne Tacite.

16 *Mai*. Hier M Seguier a porté la parole dans le procès entre la ville & M. le duc de Chartres : il l'a fait avec un ordre, une netteté qui ont fatisfait fingulierement tout l'auditoire ; d'autant mieux qu'en convenant de la validité de l'acte en lui-même, titre de S. A., il a prouvé invinciblement qu'elle n'avoit aucune action à exercer contre la ville.

En confequence, les juges ont abfolument décidé en faveur de la ville, & condamné le duc de Chartres aux dépens envers elle pour avoir mal dirigé fa demande ; fauf au prince à fe pourvoir pour les indemnités qui lui font dues contre l'academie royale de mufique même, que le parlement, d'après le développement de M. l'avocat-général, a reconnu pour un corps réel, subsistant, ayant une propriété, des revenus, &c.

Le public, toujours de plus en plus mal disposé contre M. le duc de Chartres, a singuliérement applaudi à l'arrêt.

16 *Mai*. Depuis quelque temps on parle d'un mémoire envoyé au ministre par M. Linguet du fond de sa captivité, suivant lequel, après avoir fait voir l'insuffisance des signaux, des pigeons, des bombes, des coups de canon, des fusées & autres moyens mis en pratique jusqu'à présent pour transmettre rapidement une nouvelle d'un pays à un autre, il offre d'indiquer une meilleure méthode qu'il a imaginée, suivant laquelle un avis seroit donné de Brest, ou de Bayonne à Versailles, de quelque étendue qu'il soit, & la réponse de Versailles à l'un de ses ports, seroit rendue en moins de temps, qu'il n'en faudroit au scribe le plus habile pour le copier lisiblement six fois.

Le prisonnier demande en conséquence d'être provisoirement mis en liberté, afin de faire l'essai de son secret, & sa liberté entiere s'il est jugé bon.

Comme il y a près d'un mois qu'on annonce cette singuliere découverte, qu'on assure même que le frere de M. Linguet est à Versailles pour solliciter les ministres à cet égard, & qu'il n'en est encore résulté aucune réponse satisfaisante, bien des gens révoquent la nouvelle en doute.

17 *Mai*. Quoique l'époque où l'académie françoise doit pour la premiere fois adjuger le prix servant de récompense chaque année à l'ouvrage de littérature, le plus utile au bien de l'humanité, qui aura paru durant son cours, soit encore éloignée, elle est presque déja décidée d'avance : on

dit que les juges fe font arrêtés d'une part fur le livre, fur l'éducation de Mad. la comteffe de Genlis ; & de l'autre, fur les *Lettres d'Emilie* de Mad. d'Epinai, autre virtuofe très-renommée. On ne fait encore quel livre fera préféré. Mais on eft fur-tout bien aife que ce foit une perfonne du fexe qui foit couronnée, afin d'encourager les femmes à courir la carriere.

17 *Mai*. Un arrêt de réglement, rendu le 19 février 1782, concernant l'adminiftration de la nouvelle prifon conftruite à l'hôtel de la Force, mérite d'être connu dans fes principales difpofitions, très-fages.

D'abord, on y affujettit tous les prifonniers aux exercices défignés de religion & piété, fous des peines plus ou moins graves, en cas de récidive.

Enfuite on y veille à la police des chambres & des dortoirs, & fur-tout au maintien des mœurs, par la féparation des filles & des femmes prifonnieres, d'avec les hommes, & l'infpection fur les perfonnes du fexe qui peuvent venir voir les prifonniers. Les meres, femmes, filles ou fœurs peuvent feulement entrer en dedans de la prifon des hommes; les étrangers ne peuvent leur parler qu'au parloir, & réciproquement de même des hommes pour la prifon des femmes.

D'autres articles veillent contre les monopoles de tout genre & de toute efpece, que commettent les concierges envers les prifonniers. Il leur eft défendu d'en exiger de l'argent, fous quelque prétexte que ce foit; on profcrit même la rétribution que les anciens prifonniers pourroient exiger des entrants à titre de *bien-venue* ; le tout fous des peines graves contre les contrevenants.

Certains enfin prefcrivent les égards, que les

concierges doivent avoir pour les prisonniers, reglent le prix du loyer des chambres particulieres, les heures de repos, la quantité de boisson que les prisonniers peuvent faire venir.

18 *Mai.* Extrait d'une lettre de Lyon, du 13 mai... M. le comte & Mad. la comtesse du Nord viennent de partir de cette ville, après y avoir passé sept jours, & avoir répandu non de l'argent, mais de l'or immensément. Vous en pourrez juger par un seul trait. On avoit mis un petit détachement du guet sur pied pour veiller à leur sûreté, à leur passage, & empêcher que la foule en approchât trop. Le comte du Nord, en reconnoissance de ses bons offices, a fait présent au sergent d'une montre d'or émaillée & enrichie de diamants. Dans ce guet il s'est trouvé un Russe, il l'a dégagé, lui a donné rendez-vous à Pétersbourg, & en attendant 50 louis pour son voyage. Ses libéralités se sont étendues non-seulement aux manufactures de cette capitale, où l'impératrice des Russies fait travailler beaucoup; mais même à nos hôpitaux où ce prince a été conduit par la seule humanité. Qui le croiroit, en revanche, par la grossiéreté de notre populace, il n'a recueilli que des mortifications; il ne faisoit pas un pas qu'il n'entendît répéter à ses oreilles: *Ah! mon Dieu, qu'il est vilain!* Il a soutenu tout cela avec beaucoup de prudence & de philosophie; cependant un jour en se retournant vers quelqu'un qui l'accompagnoit, il a dit assez haut pour être entendu, mais d'un ton honnête & modéré: " Assurément ,, si j'avois été jusqu'ici à ignorer que je fusse laid, ,, ce peuple me l'auroit bien appris. ,, On compte qu'il a dépensé peut-être un million durant son séjour en cette capitale. Il va maintenant à Dijon.

19 *Mai*. Les bruits avant-coureurs de la fortie prochaine de M. Linguet de la Baftille, viennent enfin de fe réalifer. Il paffe pour conftant qu'il a obtenu aujourd'hui fa liberté à cinq heures du foir : c'eft la grande nouvelle de tous les bureaux littéraires.

C'eft à M. le marquis de Caftries, & fur-tout à M. de Charlut, fils de ce miniftre, qu'on attribue cet heureux événement.

Il eft très-vrai qu'il avoit adreffé au premier, comme miniftre de la marine, un mémoire affez étendu fur la découverte de fon nouveau fecret. Bien des gens croient le favoir en gros, & affurent qu'il confifte à inférer la lettre qu'on voudroit faire parvenir dans un boulet qu'on lanceroit au moyen d'un mortier à une certaine diftance, & qui reçu & renvoyé de même, parviendroit très-promptement, fans que les agents de ce meffage rapide puffent favoir & decouvrir la nouvelle qu'ils tranfmettroient. Au refte, le mémoire de M Linguet eft encore empreint du feu ordinaire de l'écrivain, feu qui ne femble point s'être éteint dans fa retraite. Il demandoit à effayer fon invention de Saint-Germain à Paris, & c'étoit l'affaire de quelques minutes. Ses amis difent que fon fecret a été trouvé très-bon, c'eft-à-dire très-poffible, & qu'on va l'exécuter.

19 *Mai*. M. *d'Alembert*, toujours très-jaloux de montrer de temps en temps des preuves de fa correfpondance avec le roi de Pruffe, a fait part d'une lettre de ce monarque au philofophe, au fujet du voyage du pape à Vienne ; mais après en avoir donné connoiffance, il paroît qu'il l'a retirée, car on n'en peut avoir de copie que difficile-

ment. On dit que le pape n'y est pas mal plaisanté, ce qui est assez vraisemblable.

19 *Mai*. Mlle. *Maillard* a débuté avant-hier à l'opéra dans le rôle de Colette du *Devin de village*, avec beaucoup de succès. Elle joint à une figure intéressante, un son de voix agréable, une prononciation nette & un chant facile. Elle est pour l'organe bien supérieure à la Dlle. Audinot & à la Dlle. Buret; mais elle est gauche comme actrice, ce qui est plus étonnant en ce qu'elle a déja joué pendant quelque temps au petit théatre des comédiens du Bois de Boulogne, & y recevoit des applaudissements. Vouée à la scene dès son enfance, elle prenoit des leçons de danse au magasin de l'opéra; mais la trouvant peu propre pour le chant à raison de son organe, on la fit changer de destination.

20 *Mai*. On s'entretient aujourd'hui de M. Linguet avec autant d'empressement qu'on le faisoit au moment de sa détention. On fait toutes ses démarches; on rapporte ses propos. Quoique la lettre de cachet pour sa sortie fût expédiée dès le samedi, il n'a eu en effet sa liberté que le dimanche à cinq heures du soir; c'est son frere & le sieur le Quesne qui ont été le chercher: ils l'ont trouvé maigre, triste, mais toujours plein de feu & entier. Il est un peu malade & a besoin de se médicamenter. Pour que la surprise de son changement d'état ne lui fît pas trop d'impression, le gouverneur de la Bastille l'avoit depuis quelques jours préparé à cet événement. On persiste à dire qu'il ne le doit qu'au fils de M. de Castries & à son pere. Il n'y a pas quinze jours encore même que le sieur le Quesne ne voyant point le succès des démarches relatives au projet annoncé

de ce prifonnier, en défefpéroit ; car il y a plus d'un mois que la chofe traîne. Soit que le miniftre de la marine ait fait femblant de croire au fuccès de ce fecret pour favorifer M. Linguet, foit qu'il y croie réellement, fa liberté eft le prix de fon invention ; il en a donné le mot, le fieur le Quefne le fait, & on doit en faire inceffamment l'effai.

M. Linguet eft d'abord allé chez le fieur le Quefne, où fon frere & lui ont voulu le prêcher; mais il leur a répondu que c'étoit plus fort que lui; que tout ce qu'il voyoit en France l'indignoit; qu'il falloit qu'il écrivît & qu'il cenfurât; que conféquemment il ne pourroit refter à Paris, & s'expatrieroit de nouveau. Il loge chez fon frere, rue Pavée Saint-André-des-Arts, n°. 20. On l'a invité à ne pas fe montrer de quelques jours, & à ne voir que peu de perfonnes. Sa premiere fortie doit être pour aller chez M. le Noir, & enfuite chez M. *Amelot*.

Il eft très-certain que dans fa correfpondance avec le fieur le Quefne, il y a eu une lacune de fept mois, durant lefquels celui-ci n'a pu lui écrire, lui faire rien paffer, & n'en recevoir aucun figne de vie. Ce qui a donné lieu aux différents bruits de la tranflation de M. Linguet & même de fa mort. Durant cet intervalle, les ennemis de M. Linguet vraifemblablement fe plaifoient à tourmenter fon correfpondant; il recevoit des lettres de différents côtés, où on lui difoit l'avoir vu paffer en route, l'avoir vu à Pierre-Scize, au Mont-Saint-Michel. Sur ces alarmes, le fieur le Quefne alloit les dépofer dans le fein de M. le lieutenant-général de police, qui, fuivant ce que lui dictoit fa fageffe, ne donnoit aucun éclairciffement au fieur le Quefne, & le laiffoit dans fon incertitude.

On affure que c'eft au maréchal duc de Duras feul, que M. Linguet doit fa cataftrophe, effet de la vengeance implacable de ce grand feigneur outré; le fieur le Quefne rapporte qu'ayant été plufieurs fois le folliciter pour le calmer, il l'avoit toujours trouvé furieux, & d'autant plus furieux, qu'il déclaroit avoir été le partifan, l'admirateur, le défenfeur du journalifte, au point qu'il fe feroit rendu le colporteur de fes feuilles; mais qu'il le tueroit s'il le tenoit en fa poffeffion.

Voilà tous les détails qu'on a appris chez M. le Quefne, qui, du refte, raffure plus que jamais les foufcripteurs des annales, & promet que leur auteur remplira tous fes engagements.

21 *Mai*. Le grand-duc & la grande-ducheffe de Ruffie, fous le nom de comte & comteffe du Nord, font arrivés le 18 à Paris, & logés à l'hôtel de l'ambaffadeur de la czarine, fous le nom d'hôtel de Levi, rue de Grammont, au coin des boulevards. Le peuple ne ceffe depuis ce temps d'obfeder leur hôtel. On a trouvé en effet, le comte fort laid de figure, mais la comteffe fuperbe, dans le genre allemand, hommaffe, & de l'échantillon à peu près de Mad. la ducheffe de Mazarin. On dit qu'ils ont trois millions à dépenfer ici.

22 *Mai*. Lundi 13 de ce mois il y eut à l'école royale vétérinaire de Charanton, un concours des plus brillants, où ont affifté prefque tous les miniftres, beaucoup de grands feigneurs, beaucoup de magiftrats, grand nombre de militaires, & une foule de curieux de tous états. C'eft M. Joly de

Fleury qui, comme ministre des finances, y présidoit.

Le concours a eu pour objet les opérations qui ont été faites par les artistes vétérinaires, sur les animaux vivants; ensuite ils ont été interrogés sur la théorie des maladies qui exigent ces opérations; les éleves ont été jugés par l'assemblée, à laquelle avoient été invités plusieurs médecins & chirurgiens, entr'autres les membres de la société royale de medecine.

M. Joly de Fleury a insisté à plusieurs reprises sur la satisfaction que lui & l'assemblée éprouvoient du progrès des éleves: M. Chabert, le directeur de l'école, un des plus savants hommes en ce genre, a reçu du ministre les témoignages les plus flatteurs de son approbation.

Mais la circonstance la plus frappante & la plus honorable pour la France, c'est la réflexion de M. le comte d'Aranda, ambassadeur d'Espagne, qui étoit aussi présent, & a avoué qu'il n'existoit pas de gouvernement où les administrateurs supérieurs entrassent dans des détails aussi multipliés sur les objets intéressants le bien public.

22 *Mai.* Il paroît que Mlle. Arnoult n'a pas été si difficile que Mlle. Raucoux envers la jeune éleve de l'académie royale de musique, Mlle. Aurore, puisqu'elle lui a proposé de la guider dans la carriere du théatre, ce qu'on voit par le remerciement en vers de la pupille.

Vous daignez, célebre Sophie,
A mes talents naissants présenter un appui;
D'un tel soutien mon ame énorgueillie,
Ne craint plus d'obstacle aujourd hui;

Si la route des arts m'eſt par vous applanie,
Bien ſûre du ſuccès, j'oſerai tout tenter :
Eleve de la gloire & ſon intime amie,
C'eſt à vous de m'y préſenter.

22 Mai. Extrait du journal d'un officier de la marine, de l'eſcadre de M. le comte d'Eſtaing. Tel eſt le véritable titre de la brochure qu'on a annoncée, & qui commence à être moins rare. Elle eſt précédée d'un portrait aſſez reſſemblant de ce général, né le 24 novembre 1729. Elle n'a que 126 pages, gros caractere, & n'en eſt pas moins ennuyeuſe par le ton ſec & auſtere de l'écrivain, par ſon ſtyle trop technique & quelquefois peu françois ; ce pamphlet ſans les circonſtances ſeroit illiſible ; mais le deſir de s'inſtruire de faits récents qui ont donné le branle à la guerre actuelle durant encore, fait ſurmonter les dégoûts de cette lecture. On doit la juſtice à l'auteur, de le regarder comme impartial. Il paroît avoir bien analyſé le caractere du comte d'Eſtaing, & fouillé dans les divers motifs qui ont dirigé la plupart de ſes actions. Ce qui contribue encore à lui mériter quelque créance, c'eſt que, quoiqu'il s'annonce pour un officier de la marine, il n'épargne pas ſon corps, du moins les membres qui ont failli : le comte de Breugnon, le comte de Graſſe, M. de Kerſain, & d'autres reçoivent la cenſure qu'ils méritent en général. En étudiant ce journal, on voit que ſi nous avons fait des fautes, les Anglois n'en ont pas moins fait, mais que malheureuſement celles-ci des deux côtés ſont provenues le plus ſouvent d'un défaut de tête, de combinaiſon, de vigilance, de conſtance, de courage même, & que les ſuccès ne ſont presque dus au contraire qu'au hasard & aux fautifes de l'ennemi.

23 *Mai.* Le mémoire par lequel M. Linguet annonçoit sa découverte n'est encore que manuscrit; mais comme il n'est pas excessivement long, les copies s'en multiplient, & il commence à acquerir plus de publicité, sur-tout depuis sa sortie.

Dans les trois premieres pages qui font une espece d'introduction, il annonce tous les moyens connus pour transmettre sûrement des avis, avec promptitude. Il rappelle ceux employés par les anciens & adoptés encore de nos jours : ils ne sont propres qu'à donner l'alarme dans l'occasion, ou à annoncer un seul fait connu d'avance, sans aucun détail, sans aucune circonstance.

Les signaux par les pavillons prouvent, continue l'auteur, qu'il n'est pas impossible d'établir un idiôme constant & réglé, dont la vue sera le seul interpréte, & un interpréte aussi rapide que docile. Il prétend l'avoir trouvé : il propose en conséquence un moyen qui réunit l'unique avantage en ce genre, l'extréme rapidité, à tous ceux qu'on peut desirer dans ce poste occulaire, facilité, sûreté, simplicité, économie.

1°. Il transmettra les avis les plus étendus avec tous leurs détails, les ordres les plus essentiels avec toutes leurs circonstances, sans qu'il soit jamais besoin de rien changer aux signaux ni de faire des conventions nouvelles L'établissement une fois fait, ne sera susceptible ni de dérangement, ni de retard, ni sur-tout de bornes. Quoique son emploi ne dût pas être de rendre des instructions volumineuses; dans un cas pressant, il pourroit les transmettre avec la plus grande précifion, fans prendre beaucoup plus de temps que pour les renfeignements fommaires.

2°. D'une part, le fecret fera impénétrable; les agents intermédiaires ne fauront pas plus ce qui fe paffe par leurs mains que les couriers ne font inftruits de ce que leurs paquets renferment. Le mot de cette énigme volante ne fera connu qu'aux deux extrémités, c'eft-à-dire, des perfonnes fpécialement chargées d'expédier les avis & de les recevoir. D'un autre côté, il y aura un moyen de donner à cette correfpondance aërienne, la même authenticité qu'aux dépêches ordinaires. Enfin, il n'y aura jamais d'erreur à craindre; car on pourra fur le champ en vérifier la juftefle.

3°. Il ne faudra qu'un feul inftrument, ou plutôt un outil affez folide pour pouvoir être fans danger, manié par toutes fortes de mains, & d'ailleurs affez peu compliqué, affez naturel, pour qu'il n'y ait pas de village où l'on ne trouve des ouvriers en état de le conftruire & à plus forte raifon de le raccommoder.

4°. Quant à la rapidité, l'inventeur s'engage à rendre un avis de Breft, ou de Toulon, ou de Bayonne à Verfailles, de quelque étendue qu'il foit, & la réponfe à l'un de ces ports en moins de temps qu'il n'en faudroit au fcribe le plus habile pour le copier lifiblement fix fois. La diftance des lieux n'eft rien pour lui, quoique Toulon & Bayonne foient du double plus éloignés de Verfailles que Breft, l'avis parviendroit auffi-tôt : il parviendroit de même de Conftantinople ou de Pétersbourg, fi les ftations particulieres pouvoient fe diftribuer auffi facilement. C'eft même là ce qui appartient à l'inventeur. Le refte n'eft que l'application heu-

reufe

reufe d'un procédé ufité journellement dans deux métiers des plus connus & des plus vulgaires.

5°. Enfin, l'établiffement complet pour la communication du point le plus éloigné du royaume avec Verfailles, ne coûteroit pas 3000 liv. : de Breft il coûteroit à peine 100 louis; & des autres à proportion. Elle ne pourroit jamais paffer 20,000 liv. pour tout autre endroit. L'auteur propofe de faire les diverfes épreuves à fes frais; de former aux prix ci-deffus tous les établiffements, & de les entretenir en fe rendant garant de tout.

L'épreuve du projet peut s'effayer de Paris à Saint-Germain, en quatre minutes, & peut être fecrete.

Tel eft le précis du mémoire de M. Linguet, plus fagement écrit que fes autres ouvrages, plus clair & plus précis, quoiqu'il préfente encore quelque confufion, quelque ambiguité.

23 Mai. M. le comte & Mad. la comteffe du Nord, ont rempli ces jours-ci à Verfailles, tout le cérémonial d'ufage. La circonftance la plus remarquable eft un propos de Mad. la comteffe le jour où elle fut chez Mad. Elifabeth. Cette princeffe, après avoir fatisfait à l'étiquette, chargea Mad. la comteffe Diane de Polignac, fa dame d'honneur, de la conduire plus loin & jufqu'en dehors de fon appartement : dans ce trajet, la comteffe du Nord témoignoit combien elle étoit enchantée de madame Elifabeth, & s'étendant fur fon perfonnel, ajouta qu'elle l'avoit trouvée charmante de figure & très-bien du refte, ainfi que Mad. la princeffe de Piémont fa fœur : oui, dit Mad. Diane, ces deux princeffes fe reffemblent beaucoup pour les graces & l'amabilité; elles n'ont contr'elles dans leur perfonne que d'avoir trop d'embonpoint. Pour moi, a répondu féchement l'augufte étrangere, elle-même très-corpulente, je ne leur ai point trouvé ce défaut; elles m'ont paru parfaitement bien. A ces mots, elle a quitté Mad. Diane, qui s'eft apperçue de l'indifcrétion & de la malhonnêteté d'un propos qu'elle avoit tenu innocemment ; & fans doute elle profitera de la leçon une autrefois.

24 *Mai.* M. le comte & Mad. la comteffe du Nord ont très-bien débuté ici. Le jour où ils font arrivés, le peuple, inftruit de leur venue, s'étoit raffemblé en foule fur les boulevards aux environs de leur hôtel, en forte qu'ils n'ont pu échapper à la curiofité générale. Dès qu'on les a apperçus, on a crié : *vive M. le comte & Mad. la comteffe du Nord ;* le prince a baiffé fur le champ les glaces de fon carroffe, a rallenti fa courfe, la tête à la portiere, &, avec les marques de la reconnoiffance la plus affectueufe, a répondu : *Braves François, je fuis pénétré de l'accueil obligeant que vous me faites, & je n'en perdrai jamais la mémoire.* Et les cris de redoubler.

Les bruits qu'on avoit répandus, défavorables au comte, à l'occafion de fa figure, ont très-bien opéré ; on l'a trouvé beaucoup moins mal qu'on ne l'avoit annoncé. D'ailleurs, un caractere de bonté fur la figure d'un fouverain eft le plus beau à voir. Quant à la comteffe, elle a plu généralement ; non-feulement elle a les traits beaux, mais fa taille haute empêche qu'elle ne paroiffe trop groffe ; elle a beaucoup de maintien, de nobleffe dans le port & d'aménité dans la phyfionomie.

25 *Mai.* M. & Mad. la comteffe du Nord font venus hier à Notre-Dame, fans en avoir préve-

nu, avec peu de cortege & dans le plus grand myftere; on en a cependant été bientôt inftruit, & quelques chanoines fe font détachés pour leur faire les honneurs.

En entrant, Mad. la comteffe s'eft écriée : *Voilà un beau gothique ; on ne trouve pas dans le monde deux St. Pierre de Rome ; mais n'importe, cette bafilique eft fuperbe dans fon genre ;* elle a tout admiré avec quelques réflexions pareilles, annonçant fon efprit & fes connoiffances. C'eft en parlant fur-tout des tableaux de cette riche églife qu'elle a montré fon goût. Elle a auffi rappellé le cardinal de Rets, & fait voir qu'elle n'ignoroit point notre hiftoire.

Lorfque ces deux illuftres étrangers ont eu parcouru & vifité en détail Notre-Dame & le tréfor, l'abbé de la Fage a dit au comte : " Mon ,, prince, quand le czar Pierre vint ici, il voulut ,, voir le chapitre & le terrein : volontiers a-t-il ,, répondu, j'irai par-tout où vous voudrez bien ,, me mener. ,,

Quand ils ont été au terrein, petit jardin deftiné à la promenade des chanoines habitants du cloître ; M. l'archevêque qui les a vus, a envoyé fon caudataire pour les complimenter, & leur demander quand il feroit permis d'aller leur faire fa cour. Il ne faut pas qu'il fe donne cette peine-là, a répondu le prince, nous fommes ici *incognito*, fans cela nous irions chez lui ; mais nous viendrons le voir officier, ce qu'il fait, dit-on, avec beaucoup de dignité & d'édification.

A cette occafion, le comte, moins parlant & plus timide, a dit à M. de la Fage : " Monfieur, ,, il n'y a pas long-temps, ce me femble, que ,, cet archevêque eft fur le fiege ; fon prédéceffeur

,, avoit été bien *tribulé*. ,, Mon prince, a répondu l'abbé de la Fage, embarrassé, il a eu quelques tracasseries avec les magistrats. Je ne parle pas de cela simplement : il a été *tribulé* par le roi même, par son maître. Mon prince, Louis XV l'aimoit, & s'il l'a exilé, ce n'a été que pour le souftraire aux persécutions du parlement. A ces mots, le comte a haussé les épaules, & fait un signe de pitié qui a parfaitement désigné son peu de vénération pour un pareil souverain.

En général, c'est la princesse qui a brillé, qui a été trouvée charmante & d'une douceur d'ange. Son auguste époux a paru réservé, quoique très-judicieux dans tout ce qu'il dit.

25 *Mai*. Il n'y a pas long-temps qu'il avoit paru un vaudeville sur nos actrices de la comédie françoise, on vient de les chansonner de nouveau. On parle de 11 couplets attribués à M. de Champcenets, en possession de plaisanter ces demoiselles ; on croit que M. de Louvois n'y a pas peu contribué aussi : quoi qu'il en soit, ces jours derniers c'étoit un empressement général, au foyer de la nouvelle salle, de se pourvoir de cette facétie & de la copier.

26 *Mai*. On peut se rappeller une piece de M. de Voltaire, intitulée *Charlot* ou *la Comtesse de Givry*, qui n'a pas encore été jouée, mais seulement imprimée. Les comédiens Italiens se disposent à représenter incessamment cette œuvre dramatique, & sans doute ils ont obtenu l'agrément nécessaire de la famille.

27 *Mai*. M. Linguet a été purgé trois fois depuis sa sortie de la Bastille, & il paroît que sa santé, pour laquelle on craignoit, s'est raffermie. Il a fait les visites de cérémonie, & com-

mence à fe montrer en public; on l'a vu hier au Palais-Royal, mais fans que fa préfence ait fait aucune fenfation. En général, il a eu la douleur de trouver que fa cataftrophe, en le faifant plaindre de tous les ennemis du defpotifme qu'il a trop défendu, ne lui a pas laiffé beaucoup d'amis chauds & zélés.

Pendant l'efpece de retraite dans laquelle il a été obligé de paffer quelques jours, il s'eft fait rendre compte par fes émiffaires affidés de la maniere dont s'étoient conduits fes ennemis durant fa détention; &, pour la plupart, il a remarqué qu'elle avoit été honnête; qu'on avoit gardé fur lui un filence profond, & refpecté fon infortune. Il a cependant été fort fcandalifé du propos de Me. Gerbier, tenu au parquet, qui, lorfqu'on lui dit: *Eh bien, voilà votre ami Linguet qui eft pendu...* répondit avec un fourire ironique: *non, il n'eft encore que pendable.*

Après les propos, & ce qui lui étoit perfonnel, il s'eft fait repréfenter les ouvrages nouveaux intéreffants, publiés durant fa prifon, & l'on parle de plufieurs qu'il a mis à *l'index*, c'eft-à-dire, dont il s'eft chargé de rendre compte dans fon journal; car on perfifte à certifier qu'il en a déja trop dit depuis fa délivrance.

Il a reçu depuis peu une lettre de M. de Caftries relativement à fon projet; mais la fâcheufe nouvelle arrivée par la voie de Londres, donne à ce miniftre d'autres affaires que celle de s'occuper de cette minutie.

Même plufieurs jours après la liberté rendue à M. Linguet, comme il ne fe montroit pas encore dans les lieux publics, une foule de gens en doutoient encore, venoient chez le fieur le Quefne

& fommoient cet agent de le leur repréfenter pour les convaincre. Beaucoup d'autres ont été par curiofité chez lui, fous pretexte de lui demander fon memoire fur fa nouvelle invention.

27 *Mai*. On peut fe rappeller qu'au commencement de 1779, M. le lieutenant-général de police avoit imaginé, pour tirer les prifonniers de Bicêtre de l'oifiveté pernicieufe où ils étoient, de les occuper à plufieurs efpeces de travaux, & entr'autres à y élever l'eau du puits, dont les feaux énormes contiennent jufqu'à 900 pintes d'eau. Il avoit inftitué un prix de 600 livres en faveur de l'auteur qui propoferoit le meilleur moyen de faire exécuter ce projet; car jufques-là un pareil travail fembloit au deffus des forces humaines. Celui de M. de Bernieres fut préféré; il fut exécuté; & après une expérience conftante d'une année, le prix lui a été adjugé; ainfi qu'un fecond de pareille fomme que l'adminiftration avoit joint au premier.

Cette machine vient d'être reconftruite à neuf, & M. de Bernieres a profité de l'occafion pour l'améliorer encore, & empêcher que les feaux ne perdiffent une partie de leur eau avant de parvenir au réfervoir.

Tout cela rend le puits de Bicêtre déja l'objet de la curiofité générale des étrangers, encore plus digne d'admiration, & l'on ne doute pas que le comte du Nord n'aille voir cette merveille en méchanique.

27 *Mai*. Suivant des lettres de l'Ifle-de-France, M. de Sornay, chevalier de Saint-Louis, major d'infanterie dans cette colonie, auroit découvert la folution du fameux problême des longitudes par un moyen fimple & auffi facile qu'eft la mé-

thode en uſage pour la latitude. Le ſuccès en auroit même été confirmé par le réſultat d'obſervations faciles avec ſon inſtrument, lorſque le ſoleil au zénith où à l'horizon s'eſt trouvé éloigné de l'équateur ou dans l'équateur.

Avant de croire décidément à cette merveille, il faut attendre cependant que les ſavants aient parlé.

28 *Mai.* Mlle. de Raucourt a fait imprimer ſa piece d'*Henriette*, où, dans un avant-propos, dans l'eſpoir de mieux ſe concilier l'indulgence du public, elle prétend que ſon drame n'eſt le fruit que de trois ſemaines de travail; qu'elle l'a commencé le 12 novembre 1781, & lu aux comédiens le 7 décembre ſuivant.

28 *Mai.* Les *Liaiſons dangereuſes, ou Lettres recueillies dans une ſociété, & publiées pour l'inſtruction de quelques autres*, par M. C... De. L...

Tel eſt le titre du nouveau roman qui fait tant de bruit aujourd'hui, & qu'on prétend devoir marquer dans ce ſiecle : il eſt en quatre parties formant quatre petits volumes.

Il eſt précédé d'un *avertiſſement de l'éditeur*, perſiflage, où prévenant les alluſions qu'on pourroit trouver dans cet ouvrage, il donne à entendre que ce n'eſt qu'un roman, un roman gauche même, en ce qu'on y a peint des mœurs corrompues & dépravées, qui ne peuvent être de ce ſiecle de philoſophie, où les hommes ſont ſi honnêtes, & les femmes ſi modeſtes & ſi réſervées.

Suit une *Préface du Rédacteur*, qui rend compte de la maniere dont il a été chargé de publier cette correſpondance. Il annonce en avoir élagué beaucoup de lettres, & réſervé ſeulement celles nécessaires, soit à l'intelligence des événements, soit au développement des caracteres. Quant au style, on a desiré que, malgré ses incorrections & ses fautes, il le laissât tel qu'il étoit, afin de conserver sur-tout la diversité des styles, qui en fait un des principaux mérites.

29 Mai. Les *Confessions de Jean-Jacques* sont divisées en livres.

Le premier embrasse les seize premieres années de sa vie, depuis le moment de sa naissance jusqu'à celui où il quitta Geneve sa patrie, en 1728. Cette époque, quoique courte, est assez variée par les différents genres d'éducation qu'il reçut, & d'occupations auxquelles il se livra. L'anecdote la plus curieuse est celle d'une Dlle. Lambercier, sœur d'un ministre chez lequel on l'avoit mis pour apprendre le latin, & qui suppléant à son frere, fouetta un jour de ses mains le petit Jean-Jacques, ce qui lui agita si délicieusement le sang, que depuis lors il n'a jamais perdu le goût de cette volupté, & c'étoit celle qu'il préféroit même à l'œuvre de chair.

Dans le cours du second livre, il va d'abord à Annecy, y fait connoissance d'une Mad. de Warens, qui le détermine à aller à Turin pour s'y rendre catholique; il devient garçon graveur, laquais; il vole un ruban pour en faire présent à la cuisiniere; & étant découvert, il accuse au contraire cette cuisiniere d'avoir fait le crime, & de lui avoir donné le ruban dans le dessein de le séduire; il est chassé avec elle.

Il est placé au troisieme livre dans une autre maison, & s'en fait expulser volontairement par son inconstance naturelle. Il retourne à Annecy chez Mad. de Warens; il entre au séminaire;

on ne peut en faire un prêtre; il étudie la musique fous un M. le Maitre; celui-ci qui l'enseignoit aux enfants de chœur, quitte la cathédrale & revient en France d'où il étoit: Jean-Jacques le fuit par ordre de Mad. de Warens; il s'avance avec lui jusqu'à Lyon, puis l'abandonne au moment où ce malheureux, fujet à l'épilepfie, en éprouve une attaque dans la rue: il retourne à Annecy, & trouve fa bienfaitrice partie pour Paris.

Dans le quatrieme livre, il vifite la Suiffe. Il entre chez M. de Bonnac, ambaffadeur de France à Soleure, s'y attache à la fecretairerie; il en fort pour venir à Paris y faire une éducation; il écrit une fatyre contre l'oncle de fon pupille, & cherche par-tout Mad. de Warens, dont il apprend le féjour dans cette capitale. Point du tout, elle eft repartie; il fe remet à fes trouffes; on lui dit à Lyon qu'elle eft à Chambery, & il s'y rend.

L'époque intéreffante du cinquieme livre, eft le dépucelement de Rouffeau. Il avoit alors environ vingt ans. C'eft Mad. de Warens qui, couchant déja avec fon laquais, lui rend cet office; & cette femme, finguliere comme le héros, qui étoit dévote, n'avoit point de tempérament, arrangeoit ainfi à la fois deux amants, fon confeffeur & fa religion; & l'auteur, au milieu de tant d'inconféquences, la peint fi avantageufement, que malgré fes écarts, fes contradictions & fa crapule apparente, on l'aime & l'eftime. Sa fanté fe délabre avant vingt-cinq ans; il tombe dans un état vaporeux & fpafmodique, dont il ne s'eft jamais relevé.

Le fixieme livre commence par une peinture

délicieufe de la vie qu'il mene dans une campagne où il fe retire avec Mad. de Warens pour foigner fa fanté. Il s'y applique plus fortement à l'étude. Il fe livre à la théologie, à la métaphyfique, à la géométrie, aux belles-lettres. Il devient majeur; il récueille la fucceffion de fa mere: fa fanté ne fe rétablit point; il part pour Montpellier. Bonne fortune qu'il a d'une femme d'un certain parage; elle lui donne rendez-vous chez elle au retour: il revient auffi foible, auffi mal portant; il a des remords fur fon infidélité envers Mad. de Warens, il rompt fon engagement & vole vers elle: il trouve fa place prife par un perruquier. Il ne peut fupporter cette difgrace; & après avoir lutté long-temps, il quitte. Il eft chargé de l'éducation des enfants de M. de Mably, grand-prévôt de Lyon. Il y vole du vin, il fe dégoûte de fon métier; il fent qu'il n'y eft pas propre; il retourne auprès de fa maman. Il n'y refte que peu de temps: la trouvant plus froide que jamais & plus dérangée dans fes affaires, il forme mille projets de fortune dans le deffein de contribuer à la foulager. Enfin, il s'arrête à celui de devenir un fameux compofiteur en mufique, & part pour Paris, afin de foumettre au jugement de l'académie fon projet qui doit faire révolution dans cet art.

Ici finiffent les confeffions, du moins celles imprimées, dont on voit qu'il manque la partie la plus effentielle.

29 *Mai*. M. Guillaumot, intendant général des bâtiments du roi, chargé de préfider aux opérations de l'aqueduc d'Arcueil, a découvert une grande portion d'un ancien aqueduc, conftruit par les Romains pour amener l'eau au palais

des Thermes; on en a fuivi au moins fix cents toifes en ligne droite.

Cet aqueduc n'eft qu'un fimple chenal, dans lequel l'eau couloit à découvert, & il eft conftruit avec des cailloux & de la chaux, les parois intérieurs enduits en ciment; la maçonnerie en eft d'une dureté prodigieufe; & l'on pourra vérifier les recherches de M. de la Saye fur le mortier des anciens Romains. La denfité de la maçonnerie annonce qu'elle a été faite par *maffivation*.

On obferve que l'eau n'y a point dépofé de gravelle, comme elle fait dans l'aqueduc moderne où elle coule fous des voûtes.

30 *Mai*. Le gouvernement, fans faire de loi expreffe pour donner un état légal aux enfants des proteftants en France, en reconnoiffant la validité des mariages, tend indirectement au même but par des loix plus générales & plus adroites. C'eft de cet efprit de tolérance qu'on regarde comme émanée une déclaration du 12 de ce mois, enrégiftrée le 14 au parlement. Le roi y enjoint à tous curés & vicaires, qui rédigeront les actes de baptêmes, de recevoir & écrire les déclarations de ceux qui préfenteront les enfants; leur faifant défenfes d'inférer par leur propre fait, foit dans les regiftres fur lefquels ils font tranfcrits ou autrement, aucunes claufes, notes ou énonciations autres que celles contenues aux déclarations de ceux qui auront préfenté les enfants au baptême, fans pouvoir faire eux-mêmes aux perfonnes aucune interpellation fur les déclarations faites par elles.

On voit que l'objet de la déclaration eft de réprimer le zele indifcret de certains curés ou prêtres encore trop pleins du fanatifme de nos peres, & qui jetoient des nuages sur la légitimité des enfants des proteftants, ou foupçonnés tels, par des reftrictions équivoques, ou l'infirmoient par des affertions contraires.

30 *Mai*. Extrait d'une lettre de Lyon du 20 mai... Il faut vous ajouter quelques particularités nouvelles fur le féjour en cette ville de M. le comte & Mad. la comteffe du Nord.

Le jour de leur arrivée, 7 de ce mois, ils furent au devant de M. le duc & de Mad. la ducheffe de Wirtemberg, qui, fous le nom du comte & de la comteffe de Juftin, arrivoient de Montbelliard à Lyon avec les jeunes comte & comteffe de Juftin, pour paffer en famille le temps qu'ils fe propofoient de féjourner en cette ville.

Dès le lendemain le comte du Nord a parcouru la ville à pied, accompagné feulement de l'un des feigneurs de fa fuite. Il eft allé faire une vifite au prévôt des marchands.

Quand il a vifité les hôpitaux, il s'eft exprimé dans ces termes mémorables, fur ce qu'on vouloit l'écarter d'un féjour que les grands en général évitent avec tant de foin : *Plus les grands font éloignés des miferes humaines, plus ils doivent s'en approcher, afin d'être difpofés davantage à les foulager.*

Un coup d'œil qui a frappé le plus le prince, ç'a été celui de la falle d'armes, dépôt de la manufacture des fufils de Saint-Etienne, où fe trouvent plus de 60,000 armes raffemblées pour le fervice du roi.

Les illuftres voyageurs ont reconnu les attentions perfonnelles de M. le prévôt des marchands par le don d'une tabatiere, & par des paroles de bonté infiniment plus précieufes, en lui difant *qu'ils l'invitoient à conferver le fouvenir du comte & de la comteffe du Nord.*

On croit que c'eft à Dijon que s'eft faite la féparation de l'augufte famille.

31 *Mai.* L'on continue à fuivre les mouvements du comte & de la comteffe du Nord, & l'on revient fur ce qui a précédé, pour ne rien perdre d'un journal auffi intéreffant.

C'eft le 20 qu'ils furent préfentés à leurs majeftés & à la famille royale, accompagnés par le prince de Baratinski, ambaffadeur de Ruffie.

Dans la vifite d'étiquette, le comte déclara à celui-ci qu'il avoit trouvé Louis XVI extrêmement froid; mais il ajouta qu'il en avoit été bien dédommagé dans l'intérieur, où ce monarque l'avoit traité avec la plus grande cordialité.

Mad. la comteffe a été également fatisfaite de la reine. Dans la premiere vifite qu'elle lui fit, S. M. lui dit: il me femble, Madame, que vous avez le même défaut que moi, la vue un peu baffe : j'y fupplée par une lorgnette dans mon éventail. Voulez-vous effayer comment vous ira ce petit fecours? On apporte en même temps cet éventail fuperbe & enrichi de diamants; l'illuftre étrangere en fait ufage & trouve la lorgnette excellente. J'en fuis fort aife, lui répond la reine; je vous prie de la garder. Je l'accepte volontiers, repart la comteffe, puifqu'elle me fert à voir mieux votre majefté.

Lorfque M. le comte du Nord a été voir M. le dauphin, il l'a embraffé, en priant Mad. la princeffe de Guémenée de rappeler fouvent à cet augufte enfant l'attachement qu'il lui vouoit.

Outre un concert que la reine a déja donné à

ces illuſtres voyageurs, où a chanté Mad. *Mara*, il y a deux ſpectacles à la cour.

Le mercredi vingt-deux, on a joué la *reine de Golconde*, & le vingt-neuf *Iphigénie en Aulide*, avec le ballet de *Ninette à la Cour*. Le ſieur *Veſtris*, pere, a reparu dans celui-ci, ainſi que Mlle. *Heinel*, qui eſt ſorti de ſon couvent pour contribuer aux plaiſirs de la cour.

Ils ont été déja trois fois à la comédie françoiſe, ſpectacle qu'ils ſemblent affectionner le plus.

31 *Mai*. Les Confeſſions de Rouſſeau, telles qu'on les a, ne ſatisfont pas à beaucoup près la curioſité du lecteur: il y manque la partie la plus eſſentielle, celle de ſon ſejour à Paris juſqu'à ſa mort. En outre, on a mis des étoiles à quantité de noms qui rendent moins intéreſſants les événements qu'il raconte, faute d'en connoitre les héros. D'ailleurs la plupart des faits ſont minutieux & racontés très-longuement. Il faut un charme auſſi attrayant que celui du ſtyle de l'auteur pour en ſupporter la lecture; mais la ſingularité du perſonnage, le bruit qu'il a fait, la hardieſſe de ſes ſyſtêmes, la naïveté de ſes aveux, l'orgueil qui regne dans toute la narration, ont donné la plus grande vogue à ce livre, quelque imparfait qu'il ſoit, & quelque mutilé qu'on le ſuppoſe.

Ses *Rêveries* ou *Promenades ſolitaires*, qui ſuivent au nombre de dix, ſuppléent au reſte par quelques faits aſſez détaillés, tels que celui de ſa chûte à Menil-Montant le 24 octobre 1776, lorſqu'il fut renverſé par un danois qui précédoit le carroſſe du préſident de Saint-Fargeau. Cependant ils ſont tellement noyés dans des réflexions morofes, dans une foule d'idées noires, apocalyptiques & tenant un peu de la vifion, qu'il eft difficile de dévorer également cette lecture, d'autant que ce rabachage tient beaucoup à un ouvrage de la même efpece, qu'on connoiffoit déja, intitulé *Rouffeau, juge de Jean-Jaques*.

31 *Mai*. Il eft à remarquer que, fuivant l'étiquette, le comte du Nord n'a été préfenté en forme qu'au roi par M. de la Live, introducteur des ambaffadeurs, M. de Sequeville, fecretaire ordinaire du roi pour la conduite des ambaffadeurs, le précédoit.

Le roi attendoit dans fon grand cabinet le comte du Nord, qui lui remit deux lettres, l'une de Naples, & l'autre de Parme, & lui dit que le principal but de fon voyage avoit été de voir S. M. Le monarque lui témoigna toute la fatisfaction qu'il avoit de le voir à fon tour.

La comteffe du Nord, au contraire, ne fut pas chez le roi, mais chez la reine & les princeffes de la famille royale, auxquelles elle fut préfentée par la comteffe de Vergennes, la femme du miniftre des affaires étrangeres.

Les illuftres époux dînerent ce jour même 20 mai, avec toute la famille royale; après avoir été chez eux depuis leur préfentation, & en avoir reçu à leur tour, telle que celle des officiers de la garde, que leur préfenta le maréchal de Biron.

1 *Juin* 1782. M. le curé de Saint Sulpice, invité fans doute de faire connoitre à l'impératrice des Ruffies les établiffements qu'il a formés, en a reçu en remerciment une médaille d'or.

M. Sedaine, qui avoit compofé pour S. M. I. deux pieces en cinq actes, a été gratifié d'une fomme de 20,000 liv.

Madame d'Epinay, l'auteur des *Converfations d'Emilie*, ainfi que fa petite fille, la comteffe de Belzunce, n'en ont pas été oubliées. Le préfent fait à cette derniere eft le chifre de S. M. I.

On a déja parlé des médailles envoyées à M. de Buffon; il y faut joindre des fourrures de la plus grande beauté.

M. Hubert de Leipfick, qui a traduit en françois l'ouvrage de Winkelmann, fur l'art des anciens, l'abbé Galiani, &c. ont eu part à fa munificence : enfin, l'illuftre improvifatrice de Florence, connu fous le nom de Corilla Olympiaca, en a eu une penfion de 100 ducats. C'eft ainfi qu'à l'exemple de Louis XIV, l'immortelle Catherine va chercher le mérite étranger & le récompenfe.

1 *Juin*. Le ballet de *Ninette à la Cour* ayant eu beaucoup de fuccès mercredi dernier, on a confacré cette reprife par le madrigal fuivant, où l'on fait fur-tout mention de l'apparition du fieur *Veftris*, pere, & de la demoifelle *Heinel*.

> Que dans tout fon éclat Ninette a paru plaire!
> Qu'embelli par Veftris, ennobli par Heinel,
>   Ce ballet a dû fatisfaire !
> Puifqu'il n'étoit déja critique fi févere,
>   Qui ne dit : quand on a Gardel
>   On ne peut regretter Noverre!

2 *Juin*. M. de *Caraccioli* a fait pour Métaftafe l'épitaphe fuivante.

> Avec l'efprit fécond de Dante & de Voltaire,
> Dans un fiecle affamé d'écrits licencieux,
> Etranger aux auteurs qui fe faifoient la guerre,
> Il honora les mœurs & refpecta les cieux.

2 *Juin*. M. le comte du Nord, qui n'omet aucun de nos beaux monuments à voir, n'a pas manqué d'aller en Sorbonne viſiter le fameux tombeau du cardinal de Richelieu. Le docteur qui lui montroit l'égliſe, à ce mauſolée lui rappella les paroles mémorables du czar, qui, en voyant ce grand miniſtre, s'écria : *O grand homme ! que ne vis-tu encore ! je te donnerois la moitié de mon royaume pour m'apprendre à gouverner l'autre ;* oh ! Monſieur, a repris avec vivacité le jeune prince, ce n'auroit pas été pour long-temps, il la lui auroit bientôt repriſe.

3 *Juin*. On a parlé d'une comédie de M. Cailhava, intitulée *les Journaliſtes anglois*, reçue aux François le 21 juillet 1778, mais qu'il y eut défenſe de jouer & même d'imprimer. Les obſtacles viennent de ceſſer, & l'auteur eſpere obtenir bientôt ſon tour. En conſéquence, pour ne point avoir l'air d'un plagiaire, il doit prévenir le public, dans une lettre au journal de Paris, où il obſervera que la ſociété des gens de lettres l'a un peu pillé pour enrichir de ſes larcins les *audiences de Thalie*, ou *Moliere à la nouvelle ſalle*.

Il paroît que ce reproche doit tomber principalement ſur les comédiens coopérateurs de M. de la Harpe, tels que la dame Bellecour & le ſieur du Gazon, ayant ſans doute eu connoiſſance de ſon manuſcrit.

En outre, & ceci peut regarder M. de la Harpe, il ajoute que dans ſon *Cabriolet volant*, drame joué par les Italiens en 1770, & imprimé l'année derniere, on trouve une ſcene qui pourroit paroître dérobée à la dixieme muſe de la ſociété, & il ſe diſculpe de l'imputation par l'anachroniſme qui s'enſuivroit.

3 *Juin*. C'est pour demain 4 que le théatre italien annonce la premiere représentation de *la comtesse de Givry*, piece dramatique de Voltaire, en trois actes & en vers.

3 *Juin*. Il y a eu hier à la nouvelle salle d'opéra un bal public & extraordinaire, en faveur de M. & de Mad. la comtesse du Nord, qui s'y sont rendus : la curiosité y avoit attiré une foule prodigieuse, qui a été frustrée dans ses espérances ; car ces illustres étrangers ne se sont pas démasqués.

La reine, qui ne connoissoit pas encore la nouvelle salle, comme salle de bal, y est venue masquée aussi : elle donnoit le bras à *monsieur*. Ceux qui sont au fait de l'étiquette n'ont su que S. M. y étoit que par la marque distinctive qu'elle porte toujours ainsi que la famille royale, & qui est le signe de la reconnoissance pour sa garde, pour sa suite, & pour tous ceux qui auroient quelques fonctions à remplir en cas d'accident. S. M. est presque toujours restée dans sa loge sans se démasquer. Seulement quand elle vouloit parler à quelqu'un, elle l'envoioit chercher par le duc de Coigny.

Il ne s'est passé rien d'extraordinaire à ce bal qu'un propos tenu au duc de Chartres, & qui a fait bruit. Ce prince n'étoit point masqué, ni même en domino ; comme il causoit avec une fille près de la reine, un masque noir est venu se mêler de la conversation ; le prince a trouvé cette familiarité mauvaise, & lui a dit : Est-ce que vous ne me connoissez pas ? Pardonnez-moi, a reparti l'autre, *vous vous êtes trop bien démasqué !* Son altesse a senti tout ce que ce propos avoit de piquant, mais s'est contenue, ne sachant à qui elle avoit affaire, & s'imaginant que ce ne pouvoit être que quelqu'un de très-haut parage ; cependant elle a suivi un instant des yeux l'inconnu, qui a continué à le regarder fiérement ; ce qui a encore plus embarrassé le prince : alors le particulier, car on assure que ce n'étoit pas autre chose, s'est perdu dans la foule & est allé changer de masque.

M. Amelot étoit à ce bal & donnoit le bras à Mad. la comtesse du Nord. On a été surpris de voir un ministre au bal ; mais c'est une fonction nécessaire de celui-ci, quand le roi ou la reine se trouvent dans ces sortes d'assemblées.

4 *Juin*. On a encore chansonné M. le duc de Chartres, sur un air d'Albaneze. *Eh qu'est-ce que ça me fait à moi ?*

>Que Chartres après la bataille,
>Perde un procès aujourd'hui ;
>Qu'entre les François & lui
>Il éleve une muraille,
>Eh ! qu'est qu'ça m'fait à moi ?
>Qu'on le honnisse ou le raille,
>Et ! qu'est qu'ça m'fait à moi,
>Quand je chante & quand je bois ?

4 *Juin*. C'est aujourd'hui que les Italiens jouent la *comtesse de Givry*, ouvrage imprimé depuis long-temps, & que les François avoient dédaigné jusqu'à présent. M. le comte d'Argental, ayant toujours le même zele pour la mémoire de son illustre ami, a fait représenter cette piece chez lui deux fois. La premiere elle a produit peu d'effet, la seconde davantage, & assez pour déterminer à l'offrir au public. Mad. Vestris, présente aux représentations, l'a réclamée au nom,

de fa troupe ; mais on lui a répondu que fon indifférence à cet égard, depuis dix ans que ce drame étoit imprimé, ayant fait préfumer qu'elle ne s'en foucioit pas, la famille s'étoit déterminée à la livrer à la troupe fa rivale.

4 *Juin*. Extrait d'une lettre de Londres, du 15 mai.... M. *Noverre* n'a pas lieu de regretter d'avoir quitté Paris ; il a été accueilli à Londres de la maniere la plus flatteufe. Nos papiers publics s'entretiennent fréquemment de lui ; il eft fur-tout queftion d'un ballet de fa compofition, ayant pour titre *Adele de Ponthieu*. Si l'on en croit les admirateurs, il y a plus de génie dans cette pantomime que dans tout le poëme de M. de Saint-Marc, & ce n'eft pas fans raifon que Garrick appelloit cet artifte le Shakefpear de la danfe.

C'eft le 16 avril qu'on en donna la premiere repréfentation au théatre du roi pour le bénéfice du fieur Noverre, qui a été un des plus confidérables de la faifon. Lorfqu'il s'eft préfenté, il a été reçu avec les plus grands applaudiffements, & fon nom a rétenti dans toutes les parties de la falle avec un enthoufiafme inconcevable.

M. Noverre a dédié fon ballet à Mad. la ducheffe de Devonshire, auffi diftinguée par fon goût & fon efprit que par fa beauté. Outre l'épître dédicatoire, il y a joint des vers d'envoi, qui prouvent combien cet artifte a de talents dans tous les genres. Ils méritent de vous être envoyés, & font dignes de vos poëtes les plus agréables.

D'affez nombreux fuccès ont payé mes travaux ;
J'ai pu m'énorgueillir des plus brillants fuffrages :

Et, lorsque de l'amour j'empruntai les pinceaux,
J'ai vu mille beautés sourire à mes ouvrages.
Il est encore un prix dont mon cœur est jaloux ;
Ce prix seroit pour moi plus flatteur que tout autre :
Mes suffrages passés, je les oublierai tous,
Si je parviens jamais à mériter le vôtre ;
Le sujet que j'ai pris me permet quelqu'espoir ;
   A la beauté toujours fidele,
Je cherche à retracer ses charmes, son pouvoir,
   Et quiconque pourra vous voir,
   Doit reconnoître mon modele.

 Avant-hier M. Noverre jouit d'un nouveau succès en la personne du sieur le Picq, son éleve, qui eut l'honneur de danser devant leurs majestés & la famille royale : vous devez l'avoir vu à Paris. Il emporta tous les suffrages. L'élégance de sa conformation, la noblesse de sa danse, l'harmonie de ses mouvements offrent un ensemble parfait.

 On a commencé de traduire en Anglois les quatre volumes des œuvres de M. Noverre sur son art. Le prince de Galles en a accepté la dédicace. Il faut avouer que depuis les anciens il ne s'est trouvé personne qui ait poussé l'art de la pantomime aussi loin, & l'ait développé avec une théorie aussi savante.

 5 *Juin*. Les deux premiers actes de la *comtesse de Givry*, représentée aujourd'hui aux Italiens, ont paru froids & vuides ; mais le troisieme, très-intéressant, a produit beaucoup d'effet. Ce drame roule sur une supposition, ou plutôt sur un échange d'enfants : son auteur en tire une morale exquise pour apprendre aux meres à les nourrir elles-mêmes, & les rappeller à ce premier

de leurs devoirs. Il avoit vu combien Rousseau étoit devenu précieux au genre humain en prêchant cette maxime, & combien sa réputation s'étoit accrue depuis qu'il avoit mis à la mode, parmi les petites-maîtresses de Paris, un soin que les bourgeoises mêmes envoyoient aux paysannes. Jaloux de tous les genres de gloire, il avoit voulu contribuer aussi à propager cette doctrine bienfaisante & conforme à la nature; & il avoit senti qu'en la mettant en action, ce seroit lui donner bien plus de force & de vogue: malheureusement, deja affoibli par l'âge, il n'avoit pu répandre dans sa piece toute cette vigueur, tout ce brillant coloris de son bon temps; ce qui n'avoit pas peu contribué à laisser ce drame dans l'oubli. Il y a cependant encore beaucoup de vers heureux, touchants, faciles, & l'attention du poëte à parler toujours de Henri IV, à mettre dans la bouche des interlocuteurs plusieurs des beaux traits de la vie de ce grand roi, à citer une foule de ses paroles sublimes, est un autre genre de mérite que Voltaire auroit bien voulu avoir le premier, & qu'il n'a pas dédaigné après M. Collé, & même après M. Durosoy

Tous les Dargental & leur société, qui ont représenté la piece, étoient *in fiocchi* dans la loge du roi. Elle n'a point été mal jouée.

6 *Juin*. M. le comte & Mad. la comtesse du Nord ont été avant-hier chez Mad. de Montesson, pour y voir son spectacle. M. le duc d'Orléans avoit fait venir Comus pour les amuser en attendant. Dans cet intervalle plusieurs personnes de la cour du prince jugerent à propos d'aller se placer, & le nombre en augmentant considéra-

blement, on vint dire au prince qu'il couroit rifque de ne pouvoir fe placer, ni les illuftres étrangers qu'il avoit invités. Le duc d'Orléans furieux, vint fur le théatre, & à travers la toile dit : " Je trouve bien fingulier qu'on ait eu l'in-
,, difcrétion de s'emparer des places au point
,, de n'en plus laiffer à M. le comte & à Mad.
,, la comteffe du Nord & à moi. Que tout le
,, monde forte, je ne veux voir perfonne. ,, Cette apoftrophe caufa beaucoup de murmures; cependant on obeit. Quelques femmes de plus mauvaife humeur ne voulurent pas rentrer & s'en allerent; cependant le grand nombre refta.

M. le duc d'Orléans avoit fait préparer un grand fouper, dont on cite pour trait de magnificence, qu'il y avoit pour 850 liv. de fraifes; mais le comte du Nord s'excufa fur ce qu'il fe fentoit incommodé, & la comteffe fur ce qu'elle ne pouvoit abandonner fon mari, ce qui mortifia finguliérement S. A. On veut qu'inftruits qu'ils n'étoient pas chez le duc d'Orléans, mais chez Mad. de Monteffon, ils n'aient pas cru devoir y manger.

M. le comte & Mad. la comteffe du Nord ont été voir les Invalides, & y ont déployé de grandes connoiffances, fur-tout la comteffe. Elle n'a point diffimulé qu'elle ne trouvoit pas les invalides affez bien nourris : il eft à remarquer qu'ils avoient furpris, & qu'une demi-heure avant on ne les attendoit pas. M. le comte ayant demandé à répandre fes bienfaits fur eux, M. d'Efpagnac lui a déclaré que cet hôpital militaire étant royal, il n'y étoit permis à perfonne de recevoir des dons étrangers : M. le comte a infifté pour les malades, & il n'a pu obtenir plus de liberté à cet égard.

Quand ils ont été dans l'églife, Mad. la comteſſe a été enchantée du dôme; elle a admiré les peintures des chapelles, dont elle a cependant critiqué très-judicieufement des morceaux. A l'infpection de la coupole, elle a demandé à M. d'Efpagnac ce que cela repréfentoit. Il n'a pu la fatisfaire autant qu'elle le defiroit, ni perfonne de l'état-major; il a fallu appeler un vieux invalide qui a rempli ce miniſtere.

7 *Juin. Les Jardins* ou *l'Art d'embellir les payfages*: ce poëme de M. l'abbé Delifle, tant vanté dans les fociétés, tant applaudi à l'académie, où il en avoit fait fréquemment des lectures, vient d'être imprimé, & ne foutient pas fa réputation; mais c'eſt au moins un grand avantage pour les auteurs que ces éloges anticipés, en ce qu'on achete fur parole, que les éditions s'épuifent & fe renouvellent promptement. Le livre reſte bientôt fans lecteurs, mais rend de l'argent au propriétaire; ce qui eſt le but principal.

8 *Juin.* Les journaux François n'ofent encore parler de M. Linguet qu'avec beaucoup de circonfpection; il femble qu'il leur foit même interdit de prononcer fon nom. Le mercure d'aujourd'hui affecte cette réticence en plufieurs endroits. Dans l'un il dit: " on a beaucoup parlé ,, du projet d'établir des communications, & une ,, correfpondance entre deux lieux même très- ,, diftants. ,, Ailleurs il cite une lettre de Boulogne fur mer en date du 30 mai, où il eſt queſtion d'un défi porté par quelqu'un; fe prétendant en état d'exécuter tout ce qu'a promis *la perfonne qui a propofé au gouvernement le moyen de*

de donner & de recevoir des nouvelles de Brest ou de Toulon à Versailles dans l'espace de quatre heures.

Au reste, ce particulier a déposé sur le champ son secret, sous cachet, chez un notaire, secret qui, pour ne nuire en aucune façon à *celui qui le premier avoit conçu ce projet*, ne sera rendu public qu'au cas que celui annoncé ne réussisse pas.

8 *Juin*. La nouvelle chanson sur la comédie françoise a pour titre : *les Adieux des François aux Tuilleries*, vaudeville sur l'air : *mon pere étoit pot, ma mere étoit pinte*.

Après un début fort entortillé & peu élégant, on passe en revue la dame *Vestris*, les demoiselles *Raucourt, Sainval, Préville, Molé, Doligny, Contat, Fanier, Olivier, la Chassaigne* & *Gogo*. On reproche à la premiere ses cabales; à la seconde, son libertinage scandaleux ; à la troisieme, son jeu maigre, pleureur, grimacier ; à la quatrieme, de ne plaire qu'à l'aide de son mari & de vieillir avec lui ; on plaint la cinquieme de voir son mari la quitter pour coucher avec sa fille, la dame Raimond des Italiens ; on annonce la retraite de la sixieme, qu'on paroît regretter peu ; on félicite la septieme sur le goût passager qu'un grand prince avoit pris pour elle, & on l'annonce mere de deux enfants ; on attribue les succès de la huitieme à son grand art de la toilette & des minauderies. La neuvieme est représentée comme éduquée par la dixieme, & vivant sous sa discipline ; enfin, la onzieme termine la bande, & est représentée comme la plus dévergondée de toutes par ses grands travaux & sa longue expérience. Il y a beaucoup de vérité dans ces couplets, où les actrices font bien appréciées ; mais peu de nerf, encore moins de goût, & une tournure triviale & groffiere.

8 *Juin*. M. le *Vacher de Charnois*, qui joue aujourd'hui un rôle dans la littérature à raifon de la cenfure qu'il exerce dans le Mercure fur tous les auteurs dramatiques, avoit débuté par le *Journal des théatres*. Il avoit enlevé ce journal à fon fondateur par fes intrigues, & fur-tout en vertu de fon mariage avec la fille du comédien *Préville*. Celui-ci avoit fourni fes protections pour dot à la future. Cet hyménée a fi mal tourné, que, depuis un mois ou fix femaines, fa femme s'eft évadée avec un mauvais fujet, efpece d'efcroc, n'ayant rien d'aimable ni de féduifant, encore moins de fortune. M. le Vacher a eu recours à la police pour avoir des renfeignements fur cet enlevement, & il n'a pu jufqu'à préfent découvrir où étoit fa femme. Les honnêtes gens le plaignent peu, en ce qu'il donnoit fort mauvais exemple à fa moitié, & qu'il vivoit habituellement avec des filles ; & les auteurs qu'il a maltraités en font enchantés, & font des épigrammes, des vaudevilles pour configner l'événement à la poftérité, & le tourner en ridicule.

9 *Juin* 1782. *Les adieux des François aux Tuilleries.*

Vaudeville fur l'air : Mon pere étoit pot.

Le mauvais goût, l'efprit groffier,
 Sans force & fans malice,
Penfent en vain fe déguifer
 Sous ce vafte édifice.

Les nouveaux venus,
Bientôt reconnus,
Seront mis en déroute.
Leurs plus grands foutiens,
Vieux & fans moyens,
Sont prefque morts en route.

Quel coup pour moi, difoit *Veftris!*
Notre départ m'accable;
Car fans cabale & fans amis
On n'eft pas foutenable.
J'aurai beau crier,
J'aurai beau payer,
Je n'aurai jamais d'ame.
Paris dès long-temps
N'a plus de bon fens,
Contre lui je déclame.

Bon, lui dit *Raucourt*, fans effroi,
Mais un rien t'inquiete!
Point de peur, je prends tout fur moi,
Jufqu'à mon *Henriette*;
Et fi les François
Sont par trop mauvais,
A la nouvelle falle,
Ils me renverront
Par de-là les monts
Pour prêcher le fcandale.

Quand il fallut déménager,
Sainval fit la grimace:
Il faudra pourtant m'arranger,
Dit-elle, en cette place.
Je fuis fans vigueur,
Mais d'un ton pleureur,

J'aurois tous les apôtres,
Et fans aucun art,
Par un doux regard
Je ferai peur aux autres.

C'eſt très-beau, mais c'eſt un peu loin;
　　Dit la dame *Préville*,
Du repos j'ai plutôt beſoin
　　Que d'un grand domicile;
　　Mon teint ſe flétrit,
　　Mon mari foiblit,
　　Je n'ai plus rien à faire;
　　C'étoit mon appui,
　　Et long-temps ſous lui
　　Au public j'ai ſu plaire.

Pour moi, dit la dame *Molé*,
　　Je vis tranquille & ſage;
Mon mari s'eſt encanaillé,
　　Sans quitter ſon ménage.
　　Tout eſt arrangé,
　　Il a partagé
　　Les biens de ſa famille;
　　Tel eſt notre emploi :
　　Il joue avec moi
　　Et couche avec ma fille.

Doligni dit d'un ton naïf:
　　Adieu la comédie!
Je veux faire un plaiſir plus vif,
　　Et je me congédie.
　　Mon air de candeur
　　M'a fait trop d'honneur;
　　Car ma vertu me peſe,
　　Je mettrai du moins
　　Tout le monde à ſon aiſe.

Contat vit fans aucun fouci
  Achever l'entreprife ;
Je fais, dit-elle, en tout païs
  Vendre ma marchandife ;
  Je fuis fans talent,
  J'ai fait deux enfants,
  Mais je fais la bégueule ;
  La ville a le jour,
  La nuit pour la cour ;
  Je ne fuis jamais feule.

Fanier difoit en s'en allant :
Moi fans art je fais plaire.
On peut fe paffer de talent
Quand on eft minaudiere.
  Mon nez retrouffé,
  Mon maintien pincé
Ont toujours fait merveille.
  Mon ton, mon caquet,
  Tout eft déja prêt
Pour quand je ferai vieille.

Mais, dit la petite *Olivier*,
  En moi tout intéreffe ;
J'ai peur dans un fi grand quartier,
  De perdre ma jeuneffe.
  Viens vivre avec moi,
  S'écria *la Chaffaigne* ;
  Prends l'air enfantin,
  A mon magafin
  Tu ferviras d'enfeigne.

Oh ! moi, dit la grave *Gogo*,
  Par-tout je fuis contente ;
Je dois être chere au tripot,
  Car je fuis fa fervante ;

Je fus au bordel,
Et mon naturel
Plut à la France entiere.
Je vais en ce jour
Dans le Luxembourg
Terminer ma carriere.

10 *Juin*. Ce matin, fur les huit heures, une femme bien mife, jolie, en polonoife blanche, eft allé trouver le fonneur à Saint Paul, dont elle étoit connue, & l'a engagé à la laiffer monter à la tour. Là, elle a écarté cet homme fous prétexte qu'elle fe trouvoit mal & qu'elle avoit befoin de quelque eau fpiritueufe; & comme il alloit lui chercher du fecours, elle s'eft jetée en bas. Sa tête a porté fur une borne, en forte qu'elle n'étoit plus reconnoiffable. On eft venu chercher le commiffaire du quartier, nommé le Rat : il s'eft tranfporté fur le lieu, & a d'abord inventorié les poches pour reconnoître le cadavre; il n'a pu douter que ce ne fût fa femme, s'eft évanoui & en eft très-malade. Il eft d'autant plus affecté qu'il a beaucoup de reproches à fe faire à cet égard, & qu'une jaloufie trop bien fondée de fa part a donné lieu à la cataftrophe de fa femme. On affure qu'il entretenoit fous les yeux de celle-ci une fervante.

10 *Juin*. Il y a quelques mois qu'un procureur a voulu paffer de cet état qu'il exerçoit depuis nombre d'années, à la profeffion plus noble d'avocat. L'ordre s'eft affemblé & a refufé fuivant l'ufage. Il a prétendu que ce vieux routier en pratique, fît fon ftage comme un jeune candidat qui vient de prêter ferment. Le corps des procureurs s'eft foulevé, & a en conféquence arrêté de

priver auſſi les avocats du privilege d'être reçus incontinent procureurs comme ci-devant, lorſqu'ils vouloient prendre ce métier plus lucratif.

Me. le Sénéchal, l'un des procureurs de communauté, très-intelligent, très-expert en chicane, a profité de cette querelle pour en élever une plus férieuſe, & demander la disjonction de la communauté entre les avocats & les procureurs, communauté où ceux-ci mettoient tout, & les premiers preſque rien. Il fait voir que ces fonds deſtinés à ſubvenir aux veuves de chaque profeſſion étoient plus appliqués à celles des avocats qu'aux leurs, & parce que les avocats ſont en plus grand nombre, & parce qu'ils gagnent moins en général. Mémoire en conſéquence à M. le procureur-général; & ce chef de toutes les communautés a prêté les mains au nouvel arrangement.

Les avocats ſont aujourd'hui occupés à prendre des tournures pour ſubvenir aux charges qui vont retomber à leurs frais. Ils n'ont juſqu'à préſent qu'un droit de chapelle de 13 liv. 10 ſ. que paie chacun d'eux à ſa réception; ce qui ne peut former une maſſe auſſi conſidérable qu'il la faudroit.

10 *Juin.* Samedi M. de la Harpe vouloit faire remettre ſa tragédie de la reine *Jeanne de Naples;* il eſpéroit qu'elle auroit pluſieurs repréſentations, & que M. le comte & Mad. la comteſſe du Nord y aſſiſteroient. Mais le ſage magiſtrat qui préſide à la police, plus prudent que lui & les comédiens, a envoyé des défenſes de jouer cette piece auſſi long-temps que ces illuſtres étrangers ſeroient à Paris, à raiſon des alluſions malignes auxquelles elle pourroit prêter.

Au contraire, on a remis hier *Gaſton & Bayard*,

qui a donné lieu aux plus grands brouhaha, à raifon de quatre vers à la louange d'un comte d'Eftaing dont il y eft fait mention, & que le public a tout de fuite appliqué au d'Eftaing d'aujourd'hui.

11 *Juin.* Différents avocats s'occupent depuis quelque temps de rendre l'ordre floriffant & d'y établir une union, une harmonie néceffaire. On a déja parlé de plufieurs écrits à ce fujet. Il paroît nouvellement *Lettre de M...... avocat au parlement de Paris, à M....* fon confrere, en date du 27 avril 1782, & imprimée.

Elle a pour objet de faire revivre *le pilier des confultations*, c'eft-à-dire, un lieu de réunion au palais, où les parties trouvoient toujours un tribunal fubfiftant d'avocats propres à les éclairer dans leurs doutes, à les concilier ou à leur donner de fages décifions. C'eft fur-tout en faveur des pauvres que l'inftitution avoit lieu. Elle a été négligée infenfiblement, & eft tombée tout-à-fait en défuétude. En vain un bâtonnier courageux, Me. Laget Bardelin, a propofé de la ramener; il n'a point été écouté, ainfi qu'en bien d'autres occafions.

L'anonyme ne fe décourage pas, il revient fur cet objet, & en traite d'autres non moins avantageux pour l'ordre. Il s'agit auffi de fubvenir au *déficit* caufé par la ceffation de la bourfe commune avec les procureurs, & le zele de l'écrivain n'eft en défaut fur aucun point.

Quoique fa lettre concernant la difcipline intérieure de l'ordre & fes arrangements économiques ne dût pas naturellement être connue des profanes, elle a percé, & eft même tombée aux mains des procureurs, qui en font furieux, parce qu'ils y font traités avec une forte de dédain très-méprifant.

11 *Juin*. Depuis la déroute du comte de Graffe, comme fon nom prête infiniment aux quolibets, on fe dédommage de la premiere douleur qu'on a reffentie par des calambours. On dit que fans l'action de Graffe, (de graces) nous aurions eu un *Te Deum;* que fur le vaiffeau la Nouvelle-Ville de Paris, que le municipal donne au roi, on mettra pour devife : *Vaincre ou mourir : point de grace* (de Graffe).

12 *Juin*. M. le comte & Mad. la comteffe du Nord ne font pas un jour fans être fêtés de quelque maniere. Samedi dernier il y a eu bal paré à Verfailles, plus fuperbe encore pour l'illumination que celui des gardes-du-corps, & non moins bien ordonné. On a fur-tout admiré la grace & l'aifance avec laquelle les illuftres étrangers s'y font comportés, de façon que nombre de nos feigneurs paroiffoient gauches auprès d'eux.

Depuis lundi ils font à Chantilly, & ont été fi émerveillés du local, qu'ils font convenus qu'aucun fouverain en Europe n'en avoit un pareil pour donner des fêtes.

M. Lanjon s'eft évertué, & a fait jouer une piece pour la circonftance, où l'on a trouvé des couplets charmants ; quant au furplus, il a été peu goûté.

12 *Juin*. Le *Vaporeux* en étoit hier à fa onzieme repréfentation, & toujours avec un fuccès foutenu. C'eft une piece d'autant plus adroitement faite, que le fujet, trifte d'abord, devient comique par les fituations qui naiffent du fonds même de l'action & du caractere des perfonnages ; en forte que la gaieté n'en eft point forcée, comme dans d'autres

ouvrages d'un genre semblable, où le poëte amene à cet effet des personnages épisodiques, & ne tenant presque en rien à l'intrigue ; cette gaieté est douce, naturelle & s'insinue dans l'ame délicieusement. La morale en est exquise en outre, & d'autant meilleure, que le principal personnage se combat lui-même sans s'en douter, & se guérit par son propre raisonnement. Un ami qui connoît toute la tendresse du vaporeux pour sa femme, mais tendresse assoupie en quelque sorte par la monotonie, qui a besoin pour être réveillée de quelque intérêt neuf & pressant, conseille à celle-ci de prétexter le même affaissement, le même dégoût de la vie. Son époux alarmé, lui oppose tout ce qu'on peut dire en pareil cas ; elle lui devient plus chere à mesure qu'elle semble disposée à se ravir à lui pour jamais. Lorsque l'ame du vaporeux a repris suffisamment son ressort par une secousse ménagée aussi à propos, sa femme emploie avec succès les mêmes armes pour le rendre à sa famille & à ses amis. Un enfant de six à sept ans, petit personnage difficile à mettre en scene, & ridicule lorsqu'il n'y produit pas une vive sensation, est ici placé très-à-propos pour grouper avec la femme & ramener davantage le cœur de ce mortel léthargique, qu'on ne sauroit exciter par trop de stimulants : le dialogue est pur, facile & d'un très-bon ton.

La piece est très-bien jouée, & les comédiens François ne l'auroient pas mieux rendue.

13 *Juin*. Avant-hier les comédiens Italiens ont joué *le Trébuchet*, opéra comique nouveau, en un acte & en vaudevilles. Cette bagatelle, qui avoit été jouée sur le théatre de Mad. de Montesson avec succès, n'a pas été reçue avec la même

indulgence ici. On a trouvé que toutes les situations en étoient pillées & usées; que le ton en étoit ignoble & même grossier; qu'enfin les airs en étoient mal-adaptés.

Le *Trébuchet* est d'un Puységur, appellé le gros Puységur, pour le distinguer de ses deux freres; il est de la société de Mad. de Montesson, & joue la comédie chez elle, mais annonce peu de talent pour en faire. Comme il ne s'étoit pas fait connoître pour le pere du *Trébuchet*, & qu'il s'étoit mis à l'orchestre, il a remboursé beaucoup de quolibets & de mauvais propos qu'il se seroit épargnés en avouant franchement sa paternité, qui perçoit cependant par une tendresse aveugle, dont on n'a découvert qu'après coup le principe véritable.

13 *Juin*. Les *Liaisons dangereuses* remplissent parfaitement leur titre, &, malgré la réclamation générale élevée contre, on doit regarder ce roman comme très-utile, puisque le vice, après avoir triomphé durant tout le cours de l'histoire, finit par être puni cruellement. Il y a certainement beaucoup d'art dans l'ouvrage, à ne l'examiner que du côté de la fabrique; & si le principal héros n'est pas aussi vigoureusement peint encore que le Lovelace de Clarisse, il a des teintes propres, plus adaptées à nos mœurs actuelles; c'est un vrai *Roué* du jour: d'ailleurs, il est secondé par une femme non moins unique dans son genre, & dont l'auteur n'a point de modele; c'est une création de son imagination. Tous les autres personnages sont également variés; & un merite fort rare dans ces sortes de romans en lettres, c'est que malgré la multiplicité des interlocuteurs, de tout sexe, de tout rang, de tout genre de mo-

rale & d'éducation, chacun a son style particulier très-distinct. Ce livre doit faire infiniment d'honneur au romancier, qui marche dignement sur les traces de M. de Crébillon le fils.

13 *Juin.* On a tant crié contre le parterre assis du théatre François, que le Sr. Clairval, prépondérant aujourd'hui dans la troupe des Italiens, a fait arrêter que le parterre de la nouvelle salle destinée à ce spectacle, resteroit debout comme l'ancien ; & voilà comme on fait tout de travers, s'écrient les frondeurs; car il n'y auroit aucun inconvénient d'asseoir les auditeurs de ce spectacle, où il n'est guere question que de juger de la musique, ce qui n'exige pas la même énergie, le même enthousiasme, que lorsqu'il s'agit de prononcer sur les productions du génie.

14 *Juin.* On renouvelle à l'occasion du poëme des Jardins, imprimé avec un grand luxe typographique & de jolies vignettes, le bon mot de Mlle. Arnoux au sujet de certains ouvrages de M. Dorat : elle disoit *qu'il se sauvoit par les planches* : en effet on critique de plus en plus la nouvelle production de l'abbé Delisle, sans aucun plan, sans division distincte entre les chants, sans épisodes, sans fiction, & où il n'y a qu'une versification quelquefois pure, agréable, harmonieuse, mélodieuse, mais le plus souvent froide, incorrecte & sans l'expression propre.

14 *Juin.* M. & Mad. la comtesse du Nord entremêlent aux fêtes qu'on leur donne, une visite constante de nos monuments & de nos grands hommes. L'académie françoise est la premiere compagnie qu'ils aient été envieux de voir. Ils ont assisté à une de leurs séances particulieres, le lundi 27 Mai. M. de la Harpe lut une piece de

vers adreſſée à M. le comte du Nord, où il le compare aſſez gauchement au czar, avec lequel il n'a rien de commun que ſes voyages. M. l'abbé Arnaud lut enſuite un portrait de Jules-Céſar, où le comte du Nord ſe reconnut encore moins. Enfin, M. de la Harpe reprit la parole & débita ſon épitre à M. le comte de Schouwalow ſur la poéſie deſcriptive, piece déja connue, mais changée & améliorée, qu'on trouva un peu pédanteſque pour la circonſtance.

Les deux voyageurs prirent plus de plaiſir à contempler les divers portraits des académiciens.

L'académie profita de l'à-propos pour leur demander le leur, ce qu'ils ont bien voulu promettre. Il ſera joint à ceux de la reine Chriſtine, du roi de Suede & du roi de Danemarck, poſſédés par cette compagnie.

Le plus curieux de la ſéance, ſans contredit, ce fut d'entendre les illuſtres voyageurs & ſurtout la comteſſe plus cauſeuſe & maniant plus facilement notre langue, louer preſque chaque académicien ſucceſſivement & lui citer des morceaux de ſes œuvres.

Le maitre des mathématiques de l'école militaire raconte que la comteſſe du Nord, lorſque les illuſtres voyageurs ſont venus à l'école royale militaire, lui a fait des queſtions ſur la ſcience qu'il profeſſe, qui l'ont étonné & embarraſſé.

On a remis aujourd'hui *Caſtor & Pollux* au théatre lyrique, pour faire connoitre aux illuſtres voyageurs cet ouvrage de l'immortel Rameau, & le chef-d'œuvre de la muſique françoiſe.

14 *Juin*. On commence à répéter à l'opéra l'*Electre* de M. le Moine, jeune compoſiteur en muſique, dont c'eſt le coup d'eſſai. Il eſt ballotté

depuis un an. Son Electre devoit être jouée lorsque l'incendie est arrivé. Ensuite mademoiselle le Vasseur, chargée du principal rôle, est tombée malade; enfin des concurrents plus accrédités ont profité de ces contre-temps pour le supplanter dans d'autres circonstances. Ses partisants, qui le prônent beaucoup, esperent qu'il va enfin prendre son essort.

15 *Juin.* M. & Mad. la comtesse du Nord sont sur le point de partir & prennent congé dimanche. On parle de deux présents que le roi doit leur faire. L'un est l'histoire du czar Pierre premier, en tapisseries des Gobelins; l'autre une toilette en porcelaine de la manufacture de Seve... Ils y ont été aujourd'hui & agréablement surpris; la comtesse, lorsqu'elle a vu ses armes sur sa toilette, & le comte les siennes sur un service magnifique qu'il admiroit. Il a en outre acheté pour 400,000 livres de porcelaine.

15 *Juin. Castor & Pollux* est comme le signal de ralliement des amateurs de la musique françoise, & à chacune de ses reprises on peut calculer les progrès de ses adversaires. La révolution arrivée en 1753, bien loin de nuire à ce bel ouvrage, sembla au contraire s'affoiblir à son apparition qui fut extrêmement brillante, & consomma la déroute des bouffons. Depuis ce temps *Castor* a été joué plusieurs fois, & toujours avec un triomphe plus foible. Hier on l'a encore admiré, mais sans applaudissements. Ses détracteurs le trouvent dénué de cette expression vive & énergique qui peint dans toute leur force les mouvemens des passions, & dont un musicien qui se vantoit de mettre en musique la gazette de Hollande, ne pouvoit pas avoir d'idée. Mais ils accor-

dent encore à cet ouvrage de Rameau, de grands effets d'harmonie dans les morceaux d'orcheftre & dans les chœurs, & fur-tout une mélodie variée & piquante dans les airs de danfe. Ils conviennent que ces qualités réunies à un très-haut degré dans cet opéra, jointes à la beauté du poëme, à la pompe de la repréfentation, à la richeffe & à la diverfité des ballets, en feront toujours un fpectacle très-impofant, très-noble & propre à faire honneur à la nation.

16 *Juin*. Extrait d'une lettre de Nanci, du 10 juin.... On a joué ici depuis peu *le Comte de Waltron* ou *la Subordination*, tragédie en cinq actes par M. *Moller*, traduite par M. *Ebertz*, affocié honoraire de l'academie impériale des beaux-arts. Elle reffemble comme deux gouttes d'eau au drame joué à Paris fous le titre de *la Difcipline du Nord*, qui y a eu peu de fuccès : celle-ci, au contraire, a été fort applaudie dans cette ville. Comme la traduction en eft dédiée à M. le baron de Pïrh, meftre-de-camp du régiment de Heffe-Darmftadt, il a bien voulu concourir à l'effet de la repréfentation, en procurant aux comédiens des moyens d'exécution qu'ils ne pouvoient trouver que dans un corps militaire....

16 *Juin*. M. le baron de Wurmfer, lieutenant-général des armées du roi, &, comme proteftant, grand-croix de l'ordre du mérite militaire, avoit un neveu dont il étoit mécontent au point d'avoir pris le parti d'obtenir un ordre du roi pour le faire arrêter & enfermer pendant quelque temps à raifon de fon inconduite. Ce jeune homme étoit à l'abbaye Saint-Germain en dépôt, jufqu'à ce qu'on eût choifi une citadelle pour l'y

transférer. En conféquence, il étoit au fecret. Le premier jour où l'on eft venu lui apporter à manger, il s'eft plaint qu'on ne lui donnât ni fourchette, ni couteau. Il s'eft recrié fur ce traitement réfervé aux feuls criminels, & a tellement attendri le guichetier, que celui-ci a pris fur lui de lui prêter un méchant couteau qu'il avoit, & qu'on appelle *Euftache de bois*. Il s'en eft allé. Le prifonnier, muni de cette arme, s'en eft d'abord fervi pour écrire très-lifiblement fur la muraille un petit difcours, où il s'eft élevé contre le defpotifme d'attenter ainfi à la liberté de jeunes gens fougueux & capables des excès les plus violents, au lieu de chercher de les ramener par de bons traitemens & des raifons folides. Il a dit qu'il fouhaitoit que l'exemple qu'il alloit fournir fût utile à l'avenir & fît connoître la vérité de fes maximes. Après ce préliminaire, il a choifi avec beaucoup de recherche le défaut des côtes par où il pouvoit plus fûrement arriver au cœur, & s'y eft donné trois coups de couteau ; il eft tombé fur fon lit. Le guichetier l'a trouvé encore vivant, & tenant dans la main le couteau, que le malheureux jeune homme lui a remis en le remerciant, & il eft expiré.

18 *Juin*. M. Paliffot, brouillé depuis longtemps avec les comédiens, s'eft tellement rétabli dans leurs bonnes graces, qu'outre fon *Homme dangereux* ou *le Satyrique* joué actuellement, ils doivent remettre inceffamment *les Philofophes*; & la délicateffe même des actrices a cédé au point que l'auteur ne défefpere pas de voir jouer *fes Courtifannes* fous un autre titre.

18 *Juin*. Extrait d'une lettre de Berlin, du 15 mai.... Henriette Muller, fille du pays de Meck-

lembourg-Schwerin, ayant écrit au roi de Prusse une lettre très-bien tournée pour lui demander une petite métairie dans ses nouvelles colonies, capable de lui servir de dot, & de lui procurer un bon mariage, ce monarque n'a pas dédaigné d'accueillir cette demande en date du 11 mai.... Dès le 17 il a répondu par un ordre dont voici la traduction.

Mon cher Conseiller d'État de Werder.

" Mon intention est que, lorsqu'Henriette Mul-
„ ler, du pays de Mecklembourg-Schwerin, se
„ mariera à un homme honnête, pour répondre
„ à sa lettre, si naturelle & si touchante, il lui
„ soit assigné dans la Priegnitz, un établissement
„ des nouvelles colonies ; vous y tiendrez la
„ main en temps & lieu, & l'informerez en at-
„ tendant de mes gracieuses intentions à cet
„ égard. " Je suis,

FRÉDERIC.

Potsdam le 17 mai 1782.

18 *Juin.* Le théatre italien devoit donner aujourd'hui une nouveauté, *le Déserteur*, drame en cinq actes, mais elle est remise.

19 *Juin.* Ce matin M. le comte & Mad. la comtesse du Nord, après avoir été déjeûner avec le roi à Choisy, ont dû reprendre la route d'Orléans. Ils n'ont pas été moins magnifiques ici que dans les autres lieux où ils ont passé, & ont laissé des présents considérables à différentes personnes. M. de la Harpe n'a pas été oublié. Cet académicien, plus particuliérement attaché au

grand-duc en qualité de son correspondant, a eu l'honneur de lui faire souvent sa cour, de l'accompagner en différentes circonstances & de le complimenter, ainsi qu'on l'a dit, à l'académie françoise par une épître en vers, imprimée depuis & trouvée détestable. Quoiqu'il en soit, il n'en a pas moins reçu du comte du Nord, pour marque de son souvenir, une tabatière d'or, très-délicatement travaillée, avec les divers attributs des muses, & enrichie de diamants. On estime ce bijou 6,000 livres.

20 *Juin*. Quoique le sieur Palissot, sentant combien les circonstances étant changées, sa piece perdoit de l'à-propos, & sur-tout de la méchanceté qui lui avoit valu un succès si brillant en 1760, ne se flattât pas d'un pareil triomphe, son amour-propre le faisoit compter sur un grand nombre de traits saillants, & des tirades entieres pleines d'esprit & de sel. En effet, aux deux premiers actes ses partisans l'avoient emporté, & la reprise hier lui promettoit une seconde victoire, lorsque les dispositions du public ont changé tout-à-coup sur la fin du troisieme acte. L'arrivée de Crispin sur quatre pattes, tirant une laitue de sa poche, a produit une indignation si forte, qu'elle s'est manifestée d'une maniere sans exemple au théatre. Les cris & les huées empêchoient les acteurs de se faire entendre; & ayant vainement attendu pendant quelques minutes un instant plus calme, ils ont fait baisser la toile. Un moment après, elle s'est relevée, les acteurs dans la même situation, à l'arrivée de Crispin ont repris la scene, & celui-ci remis sur ses deux pieds s'est montré dans le costume d'un philosophe ancien. La piece s'est fini ainsi; mais la fermenta-

tion a duré & s'eſt réveillée encore par intervalles, en ſorte qu'on doit regarder cette fin toujours comme très-orageuſe.

21 *Juin.* M. le comte & Mad. la comteſſe du Nord emportent avec eux les regrets & l'admiration des Pariſiens. Le premier a inſpiré le plus vif intérêt à tous ceux qui ont eu le bonheur de l'approcher & de l'entendre. Affable, prévenant, ſa politeſſe eſt noble & naturelle ; il poſſede toutes les qualités qui annoncent le caractere le plus heureux , & il ne pouvoit manquer de réuſſir dans un pays où la premiere de toutes eſt d'être aimable. Il parle peu, mais toujours très-à propos, ſans affectation, ſans géne, ſans paroître chercher ce qu'il dit de flatteur.

Un jour où M. le comte du Nord étoit entré chez M. le comte d'Artois au moment où le fourbiſſeur de S. A. R. lui montroit des épées d'acier d'un nouveau goût, le prince profita de la circonſtance pour offrir au comte du Nord celle qu'il venoit de ſe choiſir. " Permettez-moi de ,, ne pas l'accepter, dit le comte, & d'*arrher* ,, celle avec laquelle vous prendrez Gibraltar ".

Le jour du bal paré la foule étoit grande, & dans un moment où elle ſe portoit du côté du roi qui n'étoit pas encore aſſis, S. M. dit: *Mais on nous preſſe beaucoup :* à ces mots tout ce qui entouroit le roi fait quelques pas en arriere. M le comte du Nord s'éloigne auſſi en diſant : *Pardonnez, Sire, je me comptois en ce moment au nombre de vos ſujets, & je croyois, comme eux, ne pouvoir approcher trop de votre majeſté.* Le roi lui tendit la main & le plaça près de lui. Tout cela vérifie le vers heureux de M. de la Harpe,

& le meilleur de fa piece, en ce qu'il eft caractériftique.

Aux courtifans jaloux il apprend l'art de plaire.

22 *Juin.* Dans le Mercure du famedi, il fe trouve une analyfe d'une hiftoire de Ruffie par M. l'Evêque. On prétend que le pere de M. le comte du Nord y eft peint fous des traits odieux, & que même l'impératrice des Ruffies fa mere n'eft pas épargnée, relativement à des anecdotes fcandaleufes. On a trouvé très-indifcret ou plutôt très-impudent de choifir le temps du féjour de M. le comte du Nord dans cette capitale, pour publier l'analyfe d'un pareil ouvrage. On s'en eft pris au cenfeur M. de Sancy, qui a été rayé du catalogue. En conféquence il n'a plus la cenfure du Mercure ni celle du Journal de Paris. C'eft M. de Guidi qui le remplace pour la premiere fonction.

M. de Sancy, très-circonfpect ordinairement, réclame contre cette punition, & prétend que c'eft un piege qu'on lui a tendu, & qu'on a furpris fa bonne foi.

22 *Juin.* M. le comte du Nord, à Chantilli, émerveillé de tout ce qu'il voyoit, & fur-tout du local, s'écrioit qu'il changeroit bien fes poffeffions contre celle-là. Vous y perdriez trop, dit le prince, & fur-tout vos fujets. Ah! j'y gagnerois beaucoup, réplique-t-il; je ferois Bourbon, & qui plus eft Condé.

22 *Juin.* Quoique le *Courier de l'Europe*, par fa nature, dût être aujourd'hui la feuille la plus intéreffante, & qu'une expérience foutenue annonce dans fon rédacteur un talent très-marqué

pour ce genre de travail, il eſt obligé de convenir lui-même qu'il devient fort aride. Il ſe plaint que depuis deux ans, il écrit avec un grand déſavantage; que les papiers nationaux, originairement le fondement de ſon entrepriſe & la ſource de ſes richeſſes, ſinguliérement variés alors & remplis de traits piquants depuis l'époque mémorable de l'émeute de 1780, ne ſoient plus remplis que de querelles particulieres, d'inſipides débats, de tracaſſeries religieuſes & civiles, & de quantité d'autres objets encore plus minutieux; il ſe plaint que la correſpondance de l'Amérique, autre mine féconde où il puiſoit, ait abſolument manqué; enfin il paroît que ſa correſpondance avec la France eſt ſouvent arriérée, peu exacte, nullement curieuſe & quelquefois nulle. En conſéquence, il ſe propoſe, à commencer du 2 Juillet prochain, où il ouvrira la ſouſcription de ſon douzieme volume, d'unir à la partie politique tous les détails qui doivent entrer dans le plan d'un journal britannique, conſtitution, tribunaux, ſpectacles & autres amuſements publics, deſcriptions locales, révolutions dans les mœurs & dans les uſages; peut-être même écrira-t-il des *caracteres*, ſeule maniere de faire connoître hors de chez elle une nation que, malgré ſa puiſſance, on ne connoît pas bien encore.

23 *Juin*. Le ſieur *Paliſſot*, convaincu de l'impoſſibilité de laiſſer ſubſiſter dans ſa piece la ſcene du Criſpin à quatre pattes, ce qui la rend bien moins piquante, lui fait manquer à peu près tout ſon effet, & donne au dénouement une ſorte d'inſipidité, a cru devoir concilier encore tout le parti nombreux attaché à Rouſſeau, 1°. par un déſaveu authentique & inſéré au journal de

Paris, qu'il ait eu jamais en vue d'attaquer ce grand homme; 2°. en ajuftant dans la fcene quelques vers très-propres à le juftifier, & à prouver au contraire, fa vénération pour lui, 3°. par la fuppreffion abfolue du difciple du philofophe converti en quadrupede. C'eft dans cet état que les *Philofophes* ont été joués hier pour la feconde fois en préfence d'une affluence nombreufe qu'avoit attiré la circonftance, & en général elle a eu grand fuccès. On a applaudi avec tranfport ces vers adaptés pour ôter toute équivoque & empêcher de laiffer fubfifter l'idée que l'auteur eût eu aucun deffein de flétrir la mémoire de Jean Jacques.

      Je lui dois la juftice
Qu'il ne connut jamais la brigue, l'artifice.
De la philofophie il étoit entêté ;
Au fond plein de droiture & de probité.

On a crié *bis*: & le fieur du Gazon, qui faifoit le rôle, a dû les répéter comme une ariette.

En outre, le fieur Paliffot a eu l'adreffe d'ajouter quelques vers relatifs à la fcene du jeudi.

Ne peut-on pas gagner, des acteurs, des actrices,
Faire baiffer la toile à force de rumeur ?

Mais depuis ce moment un froid glacial s'eft emparé du public, & l'enthoufiafme s'eft évanoui tout à coup.

24 *Juin*. Il paroît deux ouvrages très-propres à jeter un grand jour fur la révolution de Geneve ; d'autant mieux qu'ils font contradictoires. Du côté des repréfentants on a répandu : *Précis*

hiſtorique de la derniere révolution de Geneve, & en particulier de la réforme que le ſouverain de la république a faite dans les conſeils adminiſtrateurs, titre qui annonce déja ſeul le ſyſtême repréſentant.

De l'autre part, c'eſt, *Relation de la Conjuration contre le Gouvernement & le Magiſtrat de Geneve, qui a éclaté le 8 avril 1782*. Cet écrit avec les pieces annexées, a 48 pages d'impreſſion *in*-12.

On lit à la tête un avertiſſement de l'éditeur. Il dit que cette relation avoit été envoyée manuſcrite le 20 avril aux miniſtres de chacune des puiſſances protectrices de Geneve, & n'auroit jamais été publique ſans l'audace des adverſaires à publier leur libelle.

24 Juin. C'eſt le mercredi 5 juin, que M. le comte & Mad. la comteſſe du Nord ont aſſiſté à une ſéance de l'académie des ſciences. M. de Condorcet y lut un diſcours analogue & plus propre à les intéreſſer que des mémoires arides & hériſſés de calculs. Il traitoit *du beſoin qu'ont pluſieurs parties des ſciences de la protection des ſouverains.*

25 Juin. Le *Déſerteur* qu'on doit enfin donner aujourd'hui aux Italiens, eſt un drame en proſe & en cinq actes du ſieur *Mercier*, imprimé depuis long-temps & joué dans toutes les provinces avec beaucoup de ſuccès. Le ſieur *Granger*, le nouvel acteur qui continue à faire les beaux jours de ce ſpectacle pour les pieces purement déclamées, connoiſſant par expérience l'effet que produit *le Déſerteur* à la repréſentation, a déterminé ſes camarades à l'adopter ; ſans doute de l'agrément de l'auteur, qui, brouillé avec le théatre françois, n'a pas mieux demandé.

26 *Juin.* C'eſt dans le Mercure du ſamedi 8 de ce mois, qu'eſt inſéré l'extrait de l'hiſtoire de Ruſſie de M. l'Evêque, fait à ce qu'on préſume par l'abbé *Remi :* & dès le lundi 10, M. de Sancy reçut une lettre de M. le garde-des-ſceaux, qui lui apprenoit que ſur les plaintes de M. Amelot (le ſecretaire d'état au département de Paris, & ayant par conſéquent le Mercure ſous ſon influence miniſtérielle quant à la partie littéraire) à l'occaſion de l'extrait en queſtion, il ne pouvoit ſe diſpenſer de lui ôter la cenſure de cet ouvrage périodique, celle du Journal de Paris, & même d'ordonner ſa radiation de la liſte des cenſeurs.

M. de Sancy, après avoir relu l'extrait, ne pouvant ſe diſſimuler qu'il avoit fait une faute, très-involontaire, cependant avoit cru devoir recourir à la médiation de l'ambaſſadeur de Ruſſie, pour engager ce miniſtre à s'intéreſſer pour lui auprès de M. le comte du Nord, & à réclamer ſon indulgence, ſur laquelle il devoit d'autant plus compter que ce prince ne voudroit pas certainement qu'il fût le ſeul à gémir de ſa venue en France. Mais M. le garde-des-ſceaux s'eſt oppoſé à cette démarche, qui apprendroit au comte du Nord ce qu'il ignore abſolument. En effet, on prétend qu'il a ſouſcrit pour 50 exemplaires de l'ouvrage.

Quoi qu'il en ſoit, on ne peut que plaindre M. de Sancy, dont la négligence eſt d'autant plus excuſable, qu'il ſembloit ne devoir faire qu'une légere attention à l'extrait d'un ouvrage déja approuvé, & dont il a paru pluſieurs volumes.

La rapidité de la plainte & de la punition, font
préſumer

préfumer que M. de Sancy eſt victime d'une cabale formée contre lui, dont on redoutoit l'auſtérité. En effet, il ſemble que le comte du Nord ſeul, ou l'ambaſſadeur de Ruſſie, étoit autoriſé à requérir une pareille ſuppreſſion.

C'eſt le ſieur Cadet de Senneville qui eſt chargé de la cenſure du journal de Paris.

27 Juin. On a fait un vaudeville hiſtorique & ayant plus de ſel que de coutume ſur quelques événements récents, tels que le voyage de la Fayette en Amérique; la coëffure ridicule des femmes d'aujourd'hui; l'allure non moins révoltante de nos petits-maîtres; la nouvelle ſalle de comédie françoiſe, le bateau volant; le ſecret de Linguet, le ſourcier Bleton; enfin, l'arrivée du comte du Nord. Il eſt ſur l'air d'Albaneze : *Eh, qu'eſt-ce qu'ça m'fait à moi?*

Dans les champs de l'Amérique,
Qu'un guerrier vole aux combats,
Qu'il ſe mêle des débats
De l'empire Britannique,
Eh! qu'eſt qu'ça m'fait à moi?
J'ai l'humeur très-pacifique.
Eh qu'eſt qu'ça m'fait à moi?
Quand je chante & quand je bois?

Que folles de leur coëffure,
Nos charmantes de la cour,
Imaginent chaque jour
De quoi gâter la nature;
Eh! qu'eſt qu'ça m'fait à moi?
L'ife eſt ſi bien ſans parure.
Eh! &c.

Qu'en chenille carmélite (1),
Un magistrat chez Laïs,
Courre donner son avis
Sur le pouff & la lévite;
Eh! qu'est qu'ça m'fait à moi?
Jamais je ne sollicite.
Eh! &c.

Que la troupe de Moliere
Quitte le Louvre à grands frais,
Pour essayer nos sifflets
Dans la vaste bonbonniere (2);
Eh! qu'est qu'ça m'fait à moi?
Je suis assis au parterre.
Eh! &c.

Que tout Paris encourage
L'auteur d'un bateau volant,
Qui promet qu'au firmament
Nous irons en équipage;
Eh! qu'est qu'ça m'fait à moi?
Je ne suis pas du voyage.
Eh! &c.

Que Linguet de sa courtine (3)
Veuille apprendre à notre orgueil,
Que l'on peut en un clin d'œil
Se faire entendre de la Chine;
Eh! qu'est qu'ça m'fait à moi?
On m'entend de ma cuisine.
Eh! &c.

---

(1) Nom d'une couleur à la mode.
(2) La nouvelle salle de comédie françoise est peinte en blanc; ce qui a fait dire qu'elle ressembloit à une salle de sucre.
(3) Il étoit encore à la Bastille quand son projet parut.

Que *Verra*, ce pauvre here,
Avec un fimple cordeau,
Nous faffe monter de l'eau
Du puits ou de la riviere;
Eh ! qu'eft qu'ça m'fait à moi ?
Jamais d'eau n'entre dans mon verre.
Eh ! &c.

Que Bleton par fa baguette
Soit fourcier ou non fourcier;
Que l'eau le faifant crier,
En convulfions le mette ;
Eh ! qu'eft qu'ça m'fait à moi ?
A quoi me fert fa recette ?
Eh ! &c.

Qu'un grand duc de Mofcovie
Voyage fuperbement,
Quand le faint-pere humblement
S'en retourne en Italie;
Eh ! qu'eft qu'ça m'fait à moi ?
Je n'ai pas telle folie.
Eh ! &c.

28 *Juin*. Le drame du *Déferteur*, joué mardi dernier, a produit une très-forte fenfation & excité des applaudiffements foutenus, fur-tout le troifieme acte, le plus beau de la piece. Il y a des longueurs dans les deux derniers & trop de capucinades. Le pere du coupable fait trop le confeffeur, parle trop de Dieu & du ciel. Suivant l'ancien dénouement le Déferteur étoit condamné à la mort & fubiffoit fon fupplice ; ce qui devoit le rendre vraiment pénible pour le fpectateur. Le changement de l'ordonnance qui adoucit la peine,

a dû faire changer ce dénouement : l'auteur a profité de la circonftance pour amener l'éloge du roi. On regrette qu'il ne faffe pas auffi celui du miniftre humain auquel il eft dû.

Les comédiens François doivent gémir de voir paffer chez leurs rivaux des pieces *naturellement* faites pour leur théatre. Tout cela doit les faire trembler que peu à peu ils ne s'élevent au rang de fecond théatre national, ce que defirent ardemment les plus zélés partifans de la fcene françoife.

Le *Déferteur* n'a point été mal joué dans toutes fes parties, fur-tout le rôle principal qu'a finguliérement bien rempli le fieur Granger.

28 *Juin*. C'eft mardi prochain la premiere repréfentation *d'Electre*, tragédie lyrique en trois actes, qu'on a annoncée. On affure que les répétitions en ont été fort longues & fort multipliées à caufe de la difficulté de la mufique.

29 *Juin*. Extrait d'une lettre de Berlin, du 8 juin 1782...... La conclufion du petit roman d'Henriette de Mecklenbourg-Schwerin, que vous êtes fûrement empreffé d'approuver, c'eft qu'elle a époufé un honnête garçon auffi peu fortuné qu'elle, & qui entroit pour beaucoup dans la démarche qu'elle a faite; car il falloit avoir la téte exaltée par l'amour pour s'y porter.

Le roi de Pruffe, fuivant fa promeffe, lui a fait donner une maifon avec une grange & une écurie, des beftiaux & un terrein affez confidérable pour former un jour une bonne ferme dans les environs de Neudftat fur la Doffe.

29 *Juin*. Entre les divers écrits qui ont paru fur les troubles actuels de Geneve, il ne faut pas omettre, *très-humble & très-refpectueufe décla-*

ration des citoyens & bourgeois repréſentants, remiſe aux ſeigneurs ſyndics, & à M. le procureur-général, le 31 Mai 1782. C'eſt un imprimé de ſept à huit pages ſeulement.

On y lit que les arrangements donnés par la force, s'ils produiſoient des jours calmes, ce calme ne ſeroit jamais que le ſigne de la ſervitude, d'une ſervitude qui concentreroit la haine dans les cœurs, & qui, briſant les reſſorts de l'induſtrie, chaſſeroit de la ville le commerce & les arts, & porteroit enfin le coup mortel à la patrie.

Les repréſentants y offrent de concourir aux arrangements, diſent-ils, qui iront véritablement au bien de la république, & ils s'empreſſeront alors de rendre la liberté aux perſonnes qu'ils détiennent

Le 30 Juin. Quoique M. le comte & madame la comteſſe du Nord ſoient partis depuis quelque temps, on aime à s'en entretenir encore, & on rappelle les particularités de leur ſéjour, peu connues ou mal éclaircies.

On obſerve que tous les princes du ſang, le prince de Conti eſt le ſeul qui ne leur ait pas donné de fête, & l'on attribue cette froideur à ce que ces illuſtres étrangers, ignorant ſans doute qu'il y eût une princeſſe de Conti, ont beaucoup tardé à lui faire viſite; ce qui n'eſt pourtant pas vraiſemblable.

On aſſure que pour que M. le comte & mad. la comteſſe du Nord fuſſent en état d'être reçus partout où ils voudroient ſans difficulté, & auſſi tôt qu'ils auroient indiqué les lieux qu'ils auroient deſiré viſiter, un exempt de police non-ſeulement prenoit leurs ordres matin & ſoir, mais réſidoit dans leur hôtel, y couchoit & étoit entiérement à leur difpofition.

C'eft le mardi 17 qu'ils furent au parlement. On députa deux meffieurs pour les aller recevoir; C'étoit le jour où fiégeoit le préfident d'Ormeffon qui remplace M. d'Aligre. La grand'chambre étoit en robes rouges. M. le comte & madame la comteffe du Nord furent placés dans une lanterne. On appella une caufe qui devoit être jugée. Meffieurs *Martineau* & *Hardouin*, avocats plaidants, complimenterent ces illuftres étrangers, & le dernier avec plus de fuccès que le premier; M. l'avocat-général *Séguier* enchérit fur eux.

La féance finie, M. d'Ormeffon & les préfidents à mortier s'avancerent quelques pas vers la tribune & faluerent M. le comte & madame la comteffe du Nord, qui defirerent voir le refte du palais, & fur-tout la fainte Chapelle; & M. l'abbé Bexon, grand-chantre, eut l'honneur de les complimenter en *inpromptu*.

On affure que M. le comte du Nord eft allé voir M. Necker, & lui a dit qu'il venoit lui payer fon tribut d'admiration & celui de l'Europe entiere.

Le 4 juin, M. Antoine Mathieu, négociant de Lyon, & M. Prati, compofiteur de mufique à Paris, eurent l'honneur d'offrir aux illuftres étrangers leurs chiffres refpectifs, ouvrages très-précieux par leur délicateffe & leur fingularité.

Dans les jambages & les déliés des lettres P. P. qui compofent celui du prince, fe trouvent ces vers écrits très-lifiblement, quoiqu'en lettres de diverfes grandeurs.

Législateur du Nord, & vainqueur de l'Asie,
Créant un vaste empire au milieu des déserts,
Pierre étonna l'Europe & fonda la Russie :
Voyageant pour s'instruire au loin de sa patrie,
Son jeune successeur annonce à l'univers,
Qu'héritier de son trône, il l'est de son génie.

Dans les lettres M. F. qui composent le chiffre de la princesse, on trouve ce quatrain.

Semblable aux fleurs qui naissent sur ses traces,
Marie étonne & charme tous les yeux,
A son port noble & son air gracieux,
On a cru voir la plus jeune des Graces.

Des ovales opposés à chacun de ces deux chiffres, l'un renferme un rondeau pour le clavecin, l'autre une romance de la composition de M. Prati.

Fin du Vingtieme Volume.

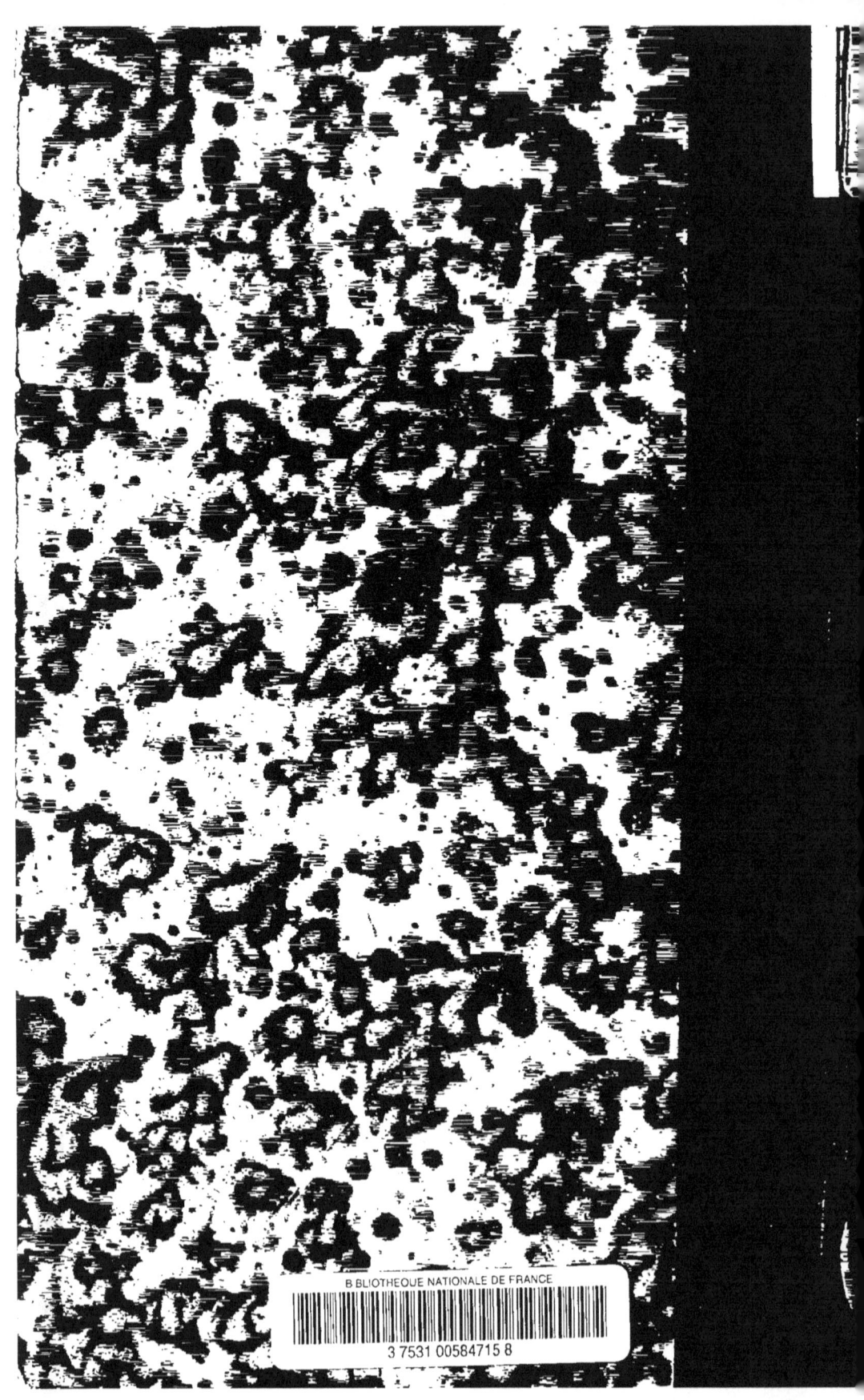

www.ingramcontent.com/pod-product-compliance
Lightning Source LLC
Chambersburg PA
CBHW060403170426
43199CB00013B/1987